ICU式「神学的」人生講義

この理不尽な世界で「なぜ」と問う

魯 恩碩
Johannes Unsok Ro

CCCメディアハウス

この理不尽な世界で「なぜ」と問う

ICU式「神学的」人生講義

はじめに
「なぜ」と問う勇気

ある男子学生は、はっきりと、私に言いました。
「だから、私はキリスト教の神を信じることができません」
そのとき、私には、彼が少し怒っているように見えました。

私は毎年、国際基督教大学（ＩＣＵ）で「キリスト教概論」を教えています。ＩＣＵの学生たちは、この世界の理不尽や不条理について、鋭く捉えているようです。そして彼らの多くは、この世界に満ちている不条理な事象や理不尽な問題と、キリスト教がいう「善良で全能な神」の概念は共存できない、と言います。そのたびに、私は、キリスト教の神を信じることができないと言った、あの学生を思い出します。

もし、あのとき、あの男子学生が本当に怒っていたのだとしたら……。それは、彼にとっては、信仰のはじまりだったのかもしれません。

聖書を読んでみると、多くの場合、信仰は神に対する怒りからはじまります。

創世記18章のアブラハム、エレミヤ書20章のエレミヤ、そして、詩編73編の詩人もそうでした。信仰とは、神を賛美することである。そう思われるかもしれません。しかし、彼らは神を賛美する前に、神に「なぜ」と問いました。「なぜ」と問う勇気を持つ人間であったのです。

ＩＣＵのリベラルアーツ教育とは、こうした「なぜ」の精神を持つ学生を育てることであり、まさに、ここに「キリスト教概論」の存在意義があるのではないかと思います。

キリスト教は、日本では極めて少数派の宗教です。しかし、世界的には二十億を超える信徒数を持つ、世界宗教の一つです。聖書とキリスト教について学び、教養を身につけることは、世界の三割以上の人々の背景にある、価値観や世界観に耳を傾けることです。

そして、アブラハム、エレミヤ、詩編の嘆願者が、なぜ怒っていたのか？　それを理解しようとすることは、自分もまた、不条理で理不尽なこの世界に、対峙する力を手に入れることです。

この理不尽な世界で「なぜ」と問え。

本書が、読者のキリスト教理解を少しでも深めるきっかけになれば、私にとって大変喜ばしいことです。

※本書は学生との対話形式を採っています。会話の流れを妨げぬよう、出典は注記ではなく、巻末の参考文献にまとめました。また、登場する学生の名前は仮名であることも、ここに明記しておきます。

登場人物

教授（男性）
「キリスト教概論」を担当する。グローバルなキャリアを持つ神学者で、牧師。キリスト教と聖書の面白さや素晴らしさを学生たちに伝えようと奮闘している。ときには、うまく伝えられずに、落ち込むことも。

楊（女性）
中国からの留学生。聡明で教養豊か。信仰は持たないが、キリスト教の教えも思想の一つと捉え、前向きな興味を持っている。

田村（女性）
十代で自ら洗礼を受けたクリスチャン。正義感が強く、物怖じしない性格。勉強熱心な努力家。無神論者の遠藤とは、よく意見が対立する。

金（女性）
在日韓国人三世。信仰を持たない。控えめでおだやかな性格だが、思春期の頃には祖母と対立したこともあった。

鈴木（女性）
新入生。いまどきのギャルで、敬語が苦手。ときに一般的とされる倫理規範から外れた価値観も見せるが、明るく前向き。しかし、心のどこかに傷を抱えている様子。

岡田（男性）
家族もキリスト教徒というクリスチャンファミリーに育つ。素直でやさしい心を持つ善良なクリスチャン。世界の貧困や経済格差に関心を持ち、弱者を助ける職に就くことを希望している。現在、就活に苦戦中。

遠藤（男性）
博覧強記の読書家。論理的で冷静。特徴的な話しかたをする。キリスト教に対して批判的立場をとる知性的無神論者。講義ではいつも鋭い問いを投げかけ、教授を考え込ませる。

カールセン（男性）
ドイツからの留学生。快活なムードメーカーだが、恋の悩みもあるらしい。日本が好きで、文化に対する理解も深い。信仰は持たず、神の存在は非現実的だと考えている。

もくじ

第一講

この世界を見るための「準拠枠」

一人の犠牲で、みんなが幸せになれるとしたら？

課題作品

『くじ』／『オメラスから歩み去る人々』

二度失敗したら、三度目はどうなると思いますか？

教授 それでは「キリスト教概論」の講義をはじめます。この授業ではこれから半年にわたって、キリスト教への理解を深めていきます。皆さんが、クリスチャンでも、仏教徒でも、無宗教でも、キリスト教に詳しくても、何も知らなくても……大丈夫。興味がある学生なら、誰でも大歓迎です。

キリスト教について学ぶことは、**自分とは違う他者を理解しようとする**ときに助けになります。あるいは、**人生で躓いたときにも、前を向くヒント**を与えてくれるかもしれません。このことについては、今日、最初にお話していきます。授業では、キリスト教や聖書の教え以外にも、古今の哲学や、法学、文学といった、人類が向き合ってきた様々な思想を取り上げていきます。

さて。それではさっそく、キリスト教を学ぶ意味を考えるときに大切なキーワードをお伝えしていきましょう。

皆さんは「**準拠枠**」という言葉をご存じでしょうか？　英語の「Frame of Reference」という言葉とだいたい同じです。

私たちは物事を理解したり、考えたり、行動したり、判断したりするときに、「己の中に

存在する、ある基準」に従って、行為や態度を決めます。この判断の拠りどころを、「準拠枠」と言います。「準拠枠」は生まれ育っていく過程でつくられていきます。誰しも自分なりの基準を持つようになっていくのです。

皆さんにこんな質問をしてみましょう。

あなたは二度失敗しました。三度目はどうなると思いますか?

岡田 三度目は成功するんじゃないでしょうか。

田村 私は……。うん、やっぱり成功するかなと思います。

教授 皆さん、ポジティブでいいですね。しかし、「また失敗する」と答える人もきっといるでしょう。昨年の授業では「秋になったら?」と聞いてみました。ある学生は「紅葉がきれいになる」と答えました。別の学生は「寂しくなる」と答え、なぜか「彼女が戻って来る」と答えた人もいました。何があったのかは、わかりません(笑)。

同じ一つの事柄でも、人それぞれ、感じ方や考え方は異なります。「寂しくなる」といった学生の感情を理解するためには、「紅葉がきれいになる」という「自分の準拠枠」だけが絶対ではないと理解する必要があります。**「私の準拠枠」とは、世界に、人の数だけ存在しているかもしれない多様な準拠枠の一つである。**そう認識することが大切です。「私の準拠枠を通して見る世界が、いちばん正しい世界である」という先入観のレンズを少し外してみることが、自分のものとは異なる準拠枠を理解することにつながります。

ドイツの小説家ヘルマン・ヘッセ（Hermann Karl Hesse：1877－1962）が書いた『デミアン』（Demian）という小説に、次のような言葉があります。

鳥は卵の中から抜け出ようと戦う。
Der Vogel kämpft sich aus dem Ei.

「卵」は「世界」を表します。**生まれようと欲するものは、一つの世界を破壊しなければならない**ということです。この授業で私が皆さんに願うことは、「卵の中から抜け出ようとする鳥の精神を持つこと」です。若者らしい勇気と柔軟性を持って、もっと広い世界に向かって、常に心を開く。そんな姿勢を持っていただきたいです。

特定の宗教しか知らない人は、宗教を知らない

カールセン ところで、ぼくはベルリン出身のドイツ人なんですが、先生はどちらの国の方なんですか。日本のお名前じゃないですよね。

教授 カールセンさんはドイツ出身なんですね！　私もドイツにいたんですよ。今日は初めての講義ですし、少し自己紹介をいたしましょう。

私は韓国のソウルで生まれました。大学二年生のときにドイツのハンブルクに行き、神学を勉強しました。旧約聖書学で博士号を取るまで、十年間を過ごしました。そして、その後は一年間、京都にある仏教系の私立大学で、研究員として日本の宗教について勉強しました。日本語はそのときに、外国人に日本語を無料で教えているNPO団体で学びました。はじめて日本に来たとき、知っている日本語は「うどん」と「そば」だけだったんです（笑）。

私は、そのNPOで出会った女性に一目惚れをして、一生懸命、日本語を学びました。彼女には日本語をたくさん教えてもらいました。その人が私の妻です。私の日本語は妻のスパルタ教育のおかげです。

楊 「うどん」と「そば」しか知らなかったのに、なぜ日本に来たかったんですか？

教授 そうですね。少しその話をしましょう。

ドイツで博士課程を修了した私が、日本で日本の宗教を学びたいと思ったことは、唐突に聞こえるかもしれません。でも、私は日本という国に、興味を持っていたんです。ソウルで生まれ、二十歳まで韓国で暮らしましたが、いちばん近い隣国の日本について、ほとんど何も知らないことに気づいたんです。「うどん」と「そば」以外に……。

韓国では、植民地時代のことは学校で学ぶのですが、いまの日本のことを知りませんでした。いまの日本ではどのように人々が暮らしていて、どんな文化や宗教があるのかを見てみたかった。ドイツで神学を十年間も勉強した後ですから、周りには、いぶかしがったり、否定的な意見をする人もいました。でも、日本に来たことは、私の人生にとって最良の決断の一つだったと思っています。人生が、より豊かになったからです。

神学者としては、日本の宗教に触れたことで、自身のキリスト教観が変わったことが、大切な収穫でした。

フリードリヒ・マックス・ミュラー（Friedrich Max Müller：1823－1900）は、「現代比較宗教学の父」とも呼ばれる、先駆的な宗教学者です。彼はこんな名言を残しました。

He who knows one, knows none.

「特定の宗教しか知らない人は、宗教を知らない」という意味です。

日本で、特に仏教について学び、仏教は深い洞察を人間に与える宗教だと知りました。仏教を学んだことで、キリスト教についての考察の幅が広がりました。仏教や神道とキリスト教を比較しながら、共通点や相違点を考えるようになりました。

鈴木 質問！　生まれも育ちも東京都中野区の鈴木です。先生にとって、キリスト教と仏教にはどんな共通点があったんですか？

教授 私の考えでは、二つの宗教の根底にある問いが似ているような気がします。**「究極のリアリティ」**とは何か、という問いです。言い換えれば、

何が究極的に存在するのか。
どうやってそれを知ることができるのか。

そして、その「究極のリアリティ」は、私を愛し、受け入れているのか。

「究極のリアリティ」とは何でしょうか。宗教的、あるいは哲学的に考えると、物理的世界は唯一の現実ではない。物理的現実を超越した現実が存在すると考えられるからです。

私たちが感覚的に認識している対象や世界は、「究極的リアリティ」の影にすぎないということです。つまり、物質界とは感覚を超えた究極的現実の偽物である。プラトンのイデア論が説くのはまさにそういうことですね。

実は、こうした考え方は、宗教や神話においては一般的です。**宗教は、私たち人間をこの「究極的現実」に導くもの**とされます。キリスト教ならば、「神」こそが「究極的リアリティ」ですし、仏教では「無」あるいは「空《くう》」などがそれに当たると思います。

日本ではなぜキリスト教はマイノリティの宗教なのか？

楊 私は、キリスト教と仏教の間には、相違点のほうが多いような気がしています。キリスト教は世界的な宗教だけど、日本では少数派の宗教です。

作家の遠藤周作は自らもカトリックで、江戸時代のキリスト教弾圧を背景に、神と信仰をテーマにした作品を書きました。その作品の一つ『沈黙』で、「日本人は人間とは全く隔絶した神を考える能力をもっていない。日本人は人間を超えた存在を考える力を持っていない」と書いています。芥川龍之介は、『神神の微笑』のなかで、「日本人は作り替える能力を持っているから、デウスは負けてしまう」というようなことを述べています。仏教徒が多い日本で、キリスト教が広まらなかったのは、精神的な相違が大きかったからではないでしょうか？

鈴木 一神教の考え方って、日本の風土になじまなかったんじゃない？　日本人って無宗教ってより、多宗教って感じ。おばあちゃんが亡くなったときは、お坊さんがお経をあげてお葬式をしたよ。でも、うちは仏教を特別に信じているってわけでもないし。神社に初詣に行くし、クリスマスだって大好きだし、いろんな宗教儀式や祝賀行事に参加してるよね。

遠藤周作が言うような、「人間とは全く隔絶した神」がなんだかイメージできないなぁ。小さい頃、お風呂やトイレにも神様がいるからきれいに使うように母に言われたけど、そんな感じ。生活の延長にいる、みたいな。

教授 私個人は、思っている以上に、日本でキリスト教の考えは生活に浸透しているんじゃないかな、という印象を持っています。統計によると、小学校から大学まで、私立学校が三千二百校ありますが、そのうち十八パーセントが、カトリックやプロテスタントなどキリスト教系の学校なのだそうです。洗礼を受けるほどではないけど、キリスト教の思想は生活に自然となじんでいる。そんなことがあるかもしれません。とはいえ、統計的には**日本のキリスト教徒は約一パーセント**ほどなので、日本においてキリスト教はマイノリティの宗教だと言えますね。

私は、特に宗教においては、自分が信じるものとは違った教えとの対話が、とても大切な平和的な態度であると信じています。いまの時代、とりわけ大切な態度です。

いま私たちの住む世界では、少数者、すなわちマイノリティの意見が尊重されているかどうか、そして社会的弱者の人権や尊厳が守られているかどうかによって、社会の成熟度が決まります。民主主義社会では、多数決の原則に従って多くのことが決まります。しかし、それが民主主義のすべてではありません。マイノリティや弱者への配慮がなければ、その社会はただの「多数者の独裁を正当化する」衆愚政治に陥ることでしょう。

いろんな角度で人をカテゴライズしようとすると、必ず大多数に属さない人が出てきます。そういう意味では、日本社会にも様々なマイノリティが暮らしていますよね。

自分とは異なる考えやバックグラウンド、文化や宗教に生きる人を無視したり、おかしい人として捉えるのではなく、そうした人たちの生きかたにも、意味と価値がある。その事実に気づくことができれば、私たちは様々なことについて、より広く、深く、考えることができるようになるのではないでしょうか。

「キリスト教概論」の講義を、皆さんの準拠枠を広げるために、役立ててもらいたいと思っています。

人権は大切だけれど、人権って何ですか？

さて、本題に入りましょう。今日は人権と、人間の尊厳について考えます。唐突に聞こえるかもしれません。しかし、人権や尊厳について考えることは、準拠枠を広げることにも関係してきます。まず、皆さんの人間観について質問いたしましょう。

果たして人間は、尊厳を持つ存在なのでしょうか？
もし尊厳を持つのであれば、それはなぜでしょうか？

いろんな答えがあるでしょうね。

この問いは、次の問いとも密接な関係があります。それは、

なぜ人間は生まれながらにして人権を有する存在なのか？

という問いです。一九四八年に制定された世界人権宣言によると、人権が存在するのは人間が尊厳を持つ存在だからです。「すべての人間は、生れながらにして自由であり、かつ、尊厳と権利において平等である」と、宣言の第一条に記されています。

私たちは「人権」という言葉を日常生活で耳にすることがあります。たとえば、毎年十二月十日は世界人権記念日（World Human Rights Day）です。日本でも、十二月四日から十日は人権週間です。

「生存権」や「自由権」、「社会権」などの基本的人権は、近現代民主主義社会の核心的な理念です。**現代民主主義社会は、「人権」という思想の土台の上に成立しているん**と言ってもいいのです。先進国だろうと、開発途上国だろうと、「人権」という概念を無視することはできない世界に、いま私たちは生きています。でも、「人権」を突き詰めて定義しようとすると、簡単ではありません。まず、人権の土台になっている「人間の尊厳」について少し考えてみましょう。先ほどの世界人権宣言によれば、人間は「人権」を有するほどに尊い存在ですが、その根拠はどこにあるのでしょうか？　なぜ、人間は尊いと言えるのでしょうか？　この問いに答えられる人は？

鈴木　人間が唯一無二の存在だからかなぁ。人は皆、違っています。外見も性格も。唯一無二であるということが、人をかけがえのない存在にしてくれるんじゃない？

カールセン　動物も植物も、唯一無二だよね。石ころも、コロナウイルスもゴキブリも唯一無二と言えばそうだよ。でも、全然尊くないなぁ。ぼくは、人は他者から愛されたり、大切にされたりするから尊いんじゃないかと思うんだけど。

鈴木　その意見も少しもろくない？　大事にしてくれる家族がいなかったり、愛してくれる人がいなかったりする人はいくらでもいるよね。そういう孤独な人たちは、人間としての尊厳を持っていないってことないっしょ。

人権とは「発明」か、「発見」か？

カールセン　ぼくは「人権」って、人間がつくり出した概念だと思います。共同体で生きていくとき、他者と調和して生活するために必要な考えだった……そんな気がしています。「神様」の存在と似ているかも。神も、人が生きる都合に合わせて考え出したものだよね。

楊 私も人権や尊厳は、社会がうまく機能するために、言うなれば建前として必要なものとして、人がつくった概念だと思います。ある種の歯止めみたいな。

金 私はいままで、人権や尊厳の根拠は世界人権宣言にあると考えていました。けど、世界人権宣言が成立したとき、その根拠には人間の尊厳に対する信念があったと考えるなら、人権や尊厳が先なのか、世界人権宣言が先なのか、わからなくなってしまいました。歴史を考えると、人権や尊厳が最初からあったようには思えません。やはり、歴史のなかで人間がつくり上げた、あるいは発見したということなのかな。仮に人間がつくったのだとしたら、それは自己防衛のためだったんじゃないでしょうか。

遠藤 ユヴァル・ノア・ハラリが書いた『サピエンス全史：文明の構造と人類の幸福』に次のような文章があるんだ。

見たことも、触れたことも、匂いを嗅いだこともない、ありとあらゆる種類の存在について話す能力があるのは、私たちの知るかぎりではサピエンスだけだ。伝説や神話、神々、宗教は、認知革命に伴って初めて現れた。…虚構、すなわち架空の事物について語るこの能力こそが、サピエンスの言語の特徴として異彩を放っている。…虚構のおかげで、私たちはたんに物事を想像するだけではなく、集団でそうできるようになった。聖書の天地創造の物語や、オーストラリア先住民の『夢の時代（天地創造の時代）』の神話、近代国家の国民主義の神話のような、共通の神話を私たちは紡ぎ出すことができる。そのような神話は、大勢で柔軟に協力するという空前の能力をサピエンスに与える。

ユヴァル・ノア・ハラリ『サピエンス全史』

人権という概念も大勢で柔軟に協力するために、人間が信じ込んでいる架空の事物、つまり虚構ではありませんかね。

教授 皆さんの多くは、人権やその土台である人間の尊厳というものは実体的には存在しない。社会全体の利益のために建前としてあることにする、社会的に約束された規範だと考えているようですね。

では、人権や人の尊厳は、人間によって「発明」されたものなのでしょうか、それとも、「発見」されたものなのでしょうか。どちらの立場を取るかによって、かなり異なる人権観が成り立ちそうです。

遠藤 人権も尊厳も人間が勝手につくり上げたものだと思っている私は、紛れもなく「発明派」だな。

犠牲者のうえに社会的調和が成り立つ二つのフィクション

教授 人権とは「発明」なのか「発見」なのか？　その問いをふまえて、二つの小説『くじ』と『オメラスから歩み去る人々』について考察しましょう。事前に配布したものを読んできていますよね？

『くじ』（The Lottery）はシャーリイ・ジャクスン（Shirley Jackson：1916－1965）というアメリカ人作家による短編です。彼女の名を冠した賞もあるほど、知られた作家です。『くじ』はこんな話です。

舞台はある小さな村。三百人ほどが暮らしています。真夏のある日、幸運を期待する様子で村人たちが広場に集まりました。子どもは石を集め、大人はくじ引きの儀式の準備をしています。この村では毎年、住人全員でくじ引きを行うのです。

儀式は楽しい雰囲気ではじまりました。しかし、徐々に緊張感が高まっていきます。そして、やがて、このくじ引きが重大な意味を持っているということが明らかになります。物語は、くじに当たった人を石で打ち殺すというショッキングな結末で終わります。

金　ストーリーは異なりますが、アーシュラ・K・ル・グィン（Ursula K. Le Guin：1929－2018）が書いた『オメラスから歩み去る人々』（The One Who Walk Away from Omelas）と設定が似ていますよね。この小説も「**一人の犠牲者と集団**」という設定です。小説のように極端ではありませんが、現実社会でも、多数の人々のために少数の人々を切り捨てるようなことは多々あります。

教授　『オメラスから歩み去る人々』のあらすじも少し紹介してくれませんか。

金　はい。

世界のどこかに存在するオメラスという町の話です。オメラスは治安も良く、経済的にも豊かで、すべてにおいて理想的な楽園です。貧困も、人種差別も、暴力もありません。戦争や犯罪もありません。しかし、この町にも一つだけ、暗い闇があります。町には一人、虐待されている子どもがいるのです。この子は、暗く不潔な地下に閉じ込められています。生き残るための最低限の食糧だけが与えられ、日常的に殴られているのです。

オメラスの幸福は、この子をひどくいじめることを条件にして維持されているのです。この子を地下室から救い出せば、町の幸せはすべて水の泡のように消えてしまいます。物語は、一群の人々が、その子の姿を見た後、オメラスから歩み去るところで終わります。

岡田 オメラスを去った人たちは、どこに向かったのか。それは作品には書かれていません。ぼくは、彼らが向かった先には、あの子のような犠牲者が生まれない社会があるのだと思って読みました。

でも、そんな社会はあるのかな。この日本だって、オメラスとはまた違った苦しみや悲しみに満ちています。**ぼくたちが、使い、食べ、着ているものはどこかの国での不当な労働の成果かもしれない。**ぼくたちの世界は、そういう意味で、オメラスやくじを引く村に似ているのではないか。

ぼくたちの世界がオメラスやくじを引く村と違っているのは、**この世界で搾取されている人間は一人ではない**、という点です。経済的に貧しい国で労働を強いられているたくさんの人々がいます。それを知りながら、ぼくらもまた物語の世界の住人のように、見て見ぬふりをしています。

田村 オメラスから去った人たちは、大多数に歯向かう勇気がないから、逃げたのかな？いろんな解釈ができそうだよね。たとえば、改革するための力をどこか別の地で養い、いつかオメラスに戻ることを目標にしている、とか。私には、オメラスから歩み去る人々が、物語の希望のように思えました。

楊　すみません、私は理想の都として描かれているオメラスが、本当に幸福な場所なのか疑問です。一人を犠牲にして成り立つ幸福は、本当の幸せなのかな……って。岡田さんが言うように、実は私たちもオメラスの大多数と同じことをしていると気づかされますよね。私たちの生活は、多数の人の尊厳のない労働のうえに成り立っていると知っています。でも、ほとんどの人は、結局は何も行動しません。便利な生活が脅かされることにつながるからだと思います。**自分の幸せのために、誰かが不当な犠牲者になっている。それを意識した時点で、その幸せは本当の幸せではなくなってしまう**ような気がします。義憤、罪悪感、共感といった感情が心に引っ掛かり、幸福を上書きするからです。

カールセン　ぼくは、犠牲者がどんな人物かによっても、違った感情になるのではないかと考えました。『くじ』の犠牲者は一人の村人です。『オメラスから歩み去る人々』では子どもでした。仮に、くじを当てたのがホームレスで、虐待されているのが元犯罪者ならばどうですか。住人はそのままの生活を続けていたのではないか。犠牲になったのは運が悪かった、あるいは、虐待されるのは行いが悪かったからだと言われて、他者の不幸を踏み台にした幸福を受け入れるような気がします。日本は、ホームレスや元犯罪者への援助が手厚くありません。**「そうなったのは自業自得」「自己責任」という考え**があるからではないでしょうか。日本は「助けて」という言葉を口にしにくい社会なのかもしれません。

鈴木 私には他者を犠牲にして生きているという実感はないかも。誰かの労働のおかげでサービスを受けているって感じ。その労働者がみんな不幸なのかなぁ。もちろん無理矢理に働かされている人もいるとは思う。でも、「自分の生活が、無理矢理に働かされた誰かのおかげである」って考えには、けっこう驚いたかな。日本はどんどん不景気になっているから、自分が経済的に搾取されていると感じる人も多いってこと?

一人の犠牲をどう考えるか?

金 私は『オメラスから歩み去る人々』には、**「多くの人が幸福になるために、一人を犠牲にしてもいいのか」という人権問題**が横たわっていると感じました。言うなれば、虐待されている子が私たちの世界のマイノリティです。学校での「いじめ」のシチュエーションに似ています。いじめが起きているクラスでは、いじめられている人がいるから、他の人たちは自分は安心して生活できるし、いじめられている人を救おうと動けば、自分に火の粉が降りかかると考えています。オメラスでも同じです。オメラスや、いじめが起きているクラスでの多数派のあり方は、多くの人を幸福にする選択かもしれません。でも、**マイノリティのことを考えると、最大多数の最大幸福が最善と言えるかは疑問**です。

オメラスでは、たとえ子どもが地下から外に出られたとしても、自由を謳歌できるかは不明だと語られていました。あくまで、外の人たちの視点です。でも、本当は、あの子の幸不幸は彼らが決めるべきことではないんですよね。外にいるから「優位」であり、相手を上から見ることができる。私たちの社会で起きているマイノリティ差別や、格差差別と同じものに思います。

岡田 普天間基地の辺野古移設についても、そうかも。普天間基地は周囲が住宅街で、たくさんの人が住んでる。でも、移設場所となる辺野古にも住民がいる。サンゴ礁の美しい海もある。あるドキュメンタリー映画で、辺野古への移設を食い止めようとする市民の姿を見ました。彼らは辺野古の建設予定地で道路に座り込み、トラックが入ってくるのを防ごうとしていました。でも、結局、願いは聞き入れられなかったんだよね。いまは、移設の工事がはじまっているから。

この場合は、辺野古の人たちが犠牲になったという構図です。でも、どうなんだろう。ぼくは**マジョリティが犠牲になることがあってもいいのではないか**と思いました。それは、マジョリティが不幸になっても良いということではないんだけど。みんなで立ち上がる方法を見つければいいんじゃないかな。

『オメラスから歩み去る人々』で、最後、一群は不幸な子の犠牲自体はそのままで、街を去りますよね。でも、町が犠牲を負っても、みんなでそこから立ち上がろうとすれば、みんなで幸せになる道が見つかったのではないかと残念に思いました。

楊 犠牲者の存在を知った後に町を去った人々とは、オメラスでの幸せに疑問を持ち、解決策を探し求めた人たちではないでしょうか。外に出ても解決策が見つかるかは、わかりません。挫折するかもしれないし、状況をさらに悪化させる現実しか見つからないかもしれない。それでも次のステージを求めて模索することは重要だと思います。**最悪なのは無関心、思考を停止すること**です。他者を犠牲にする生き方、つまり、他者の人権を阻害して生きることをどう防ぐべきなのか。これは、私たち人類全体のテーマではないでしょうか。

「最大多数の最大幸福」はどう測る?

遠藤 私はどの意見にも同意できないな。みんなは、「くじを引く村やオメラスの民の幸福は正当なものではない」という前提で話していたね。しかし、私はそのスタンスにまず疑問がある。確かにオメラスの住人の幸福は一人の犠牲の上に成り立ってはいる。しかし、そのことで必ずしも「オメラスの人々が不当である」、つまり不正義である、とは言えないのでは？
ある社会変化が、もっとも恵まれない人々の境遇を向上させないとする。しかし一方で、その社会変化は恵まれた人々の境遇を向上させているとしよう。そのとき、私なら、その社会変化を支持することは正当だと考えるよ。**いちばんの不正義は、誰の境遇もよくならない状況ではないか。**犠牲者の境遇が向上しないからといって、それが不当であると決めつける権限は誰にあるのだろう。ベンサムの功利主義が追求する「最大多数の最大幸福」の考えに基づけば、一人の犠牲者の幸福より、より多数の人々の幸福が保証される状態がベターではないかな。

カールセン　ぼくは遠藤さんが言ってること、わかる気がするなぁ……。
誰か一人が一回ごはん抜きになることで、十人の友達が高級なレストランで食事ができるとしたら……。たぶん多くが、その会食に参加したいと思うんじゃないの、ってことだよね。それなら、やっぱりぼくもちょっと迷うなぁ。薄情だけど。

岡田　でも、「最大多数の最大幸福」って、誰が測るの？　幸福にはいろいろあるけど、オメラスの民が感じている幸せの総計を「プラス1」と数え、虐待されている子の不幸を「マイナス1000万」と数えることだってできますよね。ソクラテスはこんなことを言ってます。

「善く生きることと美しく生きることと正しく生きることとは同じだ」

少なくとも、ぼくにはくじを引く村やオメラスの住人が、「善く」、あるいは「美しく」、ましてや「正しく」、生きているとは思えないよ。ただ生きるのではなく、善く生きることが大切なのではないでしょうか。

教授 では、もう一つ質問してみましょう。

皆さんがオメラスの市民であるとすれば、**オメラスの状況を倫理道徳的に受け入れることができますか？** あるいは、できませんか？　一人の子の犠牲の上に成り立つ幸せを受け入れますか？　それとも拒否しますか？

カールセン 私はたぶん、オメラスでの幸せを受け入れます。たくさんの人の幸せとたった一人の不幸を天秤にかけると、やはり、より多くの人の幸せを選ぶべきではないかと思いました。どうしても他人のことは自分のことのように考えることができないし……。

先生の問いは、究極的なところ、己に正直になるか、それはつまり、他者の犠牲に目をつぶるか、あるいは、第三者から善人と思われる選択をするかを問う質問ではないでしょうか。私は……やはり、自分に正直に生きたい派ですね。

鈴木 私もちょっとは悩んじゃうな。でも、結局はオメラスで幸せに暮らし続けるほうを選ぶかな。「自分の幸せがいちばん大切」だと思っているし。浅ましい欲かもしれないけど、自分が満たされないのに他者という存在を公平に扱うなんて、やっぱり私にはできないよ。イエスのような聖人や、ソクラテスのような哲人は別だけど……。でも、大多数の人って、私と同じなんじゃないかな。だから、「私は幸せ」っていう鎧が、他の人を救うためにも必要なんだと思う。

田村 私は、どうしてもオメラスでの幸せを受け入れることはできません。誰であっても、小さい子を不幸にしてまで、自らの幸福を追求する権利がないと思うからです。

遠藤 その権利があるかどうかは、誰が判断するんだ？　人はそもそも、「虐待されない権利」を持って生まれるのか？　現実の世界には、虐待されている人が数多く存在しているんだ。一人の犠牲で社会全体の幸せが保証されるのであれば、それはそれでいいと思う。この世界のありのままの現実ってそういうものでは？

「この世界のありのままの現実」と究極的リアリティ

田村 「この世界のありのままの現実」って何？

今日の冒頭、先生は「究極的リアリティ」について触れました。遠藤さんが言う「この世界のありのままの現実」は、少なくとも私にとっては「究極的リアリティ」ではありません。聖書のコリントの信徒への手紙二の4章18節に、「わたしたちは見えるものではなく、見えないものに目を注ぎます。**見えるものは過ぎ去りますが、見えないものは永遠に存続するか**らです」と書いてある通りです。

究極的リアリティにおいて、人には尊厳があるんです。だから私は、どんなに小さく無力な人でも、虐待されたり、拷問されたりしてはいけないと思います。

教授 社会全体の幸福のためであっても？

田村 はい。

遠藤 それはなぜ？　最初のトピックに戻るけど、人権や、その土台になっている人間の尊厳は、「発見」なのか「発明」なのか。**人権や人間の尊厳は、社会をうまく回すために人間がつくり上げた概念、つまり「発明」に過ぎないよ。**社会全体の幸福や利益のために、「建前として、ある」ということにすると、人の尊厳は社会的に約束されたものでしかない。

田村 私の考えは遠藤さんとは違います。**人間の尊厳は人間が勝手につくり上げたものではありません。もともと神によって創られたもので、そのことに人は気づくだけ**なんです。だから犠牲者がいるから自分たちの幸せが担保されるなんて、とても受け入れられない考えだよ。それを自覚したとたん、幸せは血まみれの窃盗品のように見えるのでは？　素直に自分が幸せだなんて思えなくなるんじゃないかな。

楊 私は、オメラスは人間の光と影を表してくれるものだと解釈しました。私、正直、子どもが虐待されていても、自分に関係がなければ、そのうち忘れて普通に暮らすと思う。でも、嫌な人だと思われたくないから、私ならその子を助けるとか、その子の現状に耐えられなくてオメラスを去ると思いたい。「何かしたいはずだ」と思い込んでいるんです。でも、それって、自己利益を求めることには変わりないですよね。

もっと正直に言うと、現実のこの世界は、その子のような数知れぬ人たちの犠牲があってようやく成り立つのではないでしょうか。

この世界で生きている限り、どこへ行っても、誰かの犠牲によって成り立つ平和のなかで生きることになるんだと思う。それを象徴しているのが、オメラスの話で、だから、オメラスを去っても、行き着く先は、やはり誰かの犠牲によって成り立つ世界なんじゃないのかな。

意識しているかにかかわらず、そうした現状を受け入れているからこそ、私たちはこの社会という共同体で暮らしていけているんじゃないでしょうか。

教授 今日取り上げた二つの話は、いろんな解釈ができるでしょう。

私にとって、この二つの話は、人権や、人間尊厳の在りかたについての問いかけです。人権や人間の尊厳は、社会を動かすために人間がつくり上げた概念なのか、それとも、それらは人間の理性以上の存在としてすでにあり、人間は歴史の流れのなかで、それをただ見つけた、気づいた、と考えるべきなのか、という問いです。

皆さんの多くが、人権や人間の尊厳は、社会全体の利益を促すもので、そのために考案されたもの、つまり「発明」であると考えました。しかし、私は思うのです。**人権は社会にとってそんなにいつも都合が良いものであるとは、言えないのではないか。**たとえば、オメラスの話に戻ると、一人の子どもの人権を守るために、社会全体の幸福の形について反省し、それを変えていく努力が必要な場合もありえると思います。

この問いに対して正解は一つであるとは言えません。ただ、皆さんがどのような選択をしていくかについて、じっくり考えることは有意義です。その際、神学、いわゆるキリスト教の価値観と世界観について学ぶことは、きっと助けになりますよ。

それにしても、オメラスから歩み去る人々は、どこに向かったんでしょうね。

もし、どなたか『続・オメラスから歩み去る人々』をお書きになったら、ぜひ本講義のオープンフォーラムに投稿してください。

それではまた、次の講義で会いましょう。

第二講

キリスト教と日本の人権思想

なぜ、すべての人間は等しく尊厳を持つのか？

課題文献

『日本国憲法』

誰にも侵されず、誰もが当然に持つ権利

教授 それでは講義をはじめます。

前回、人権の話になりました。今日は私たちが暮らす日本で、人権とはどういうものとして捉えられているのか見ていきましょう。日本国憲法の第97条は、人権を次のように定めています。

この憲法が日本国民に保障する基本的人権は、人類の多年にわたる自由獲得の努力の成果であつて、これらの権利は、過去幾多の試練に堪へ、現在及び将来の国民に対し、侵すことのできない永久の権利として信託されたものである。

その特色は三つです。

・不可侵性：(原則として) 公権力によって侵されない権利
・固有性：人間として当然有する権利
・普遍性：人種、性、身分などの条件に関係なく享有できる権利

日本でも人権は明らかに大切にされていることがわかります。そして、**日本の人権の概念は、キリスト教の人間観や世界観と無縁ではない**のです。どういうことか？

日本国憲法に見られる人権思想は、ジョン・ロック（John Locke：1632－1704）、ジャン・ジャック・ルソー（Jean Jacques Rousseau：1712－1778）、トマス・ホッブズ（Thomas Hobbes：1588－1679）といった、十七、十八世紀の近代人権思想家から影響を受けています。天賦人権論は明治維新後に加藤弘之や福澤諭吉らによって紹介され、自由民権運動の思想的な柱となりました。近現代の人権思想は、思想的・文化的真空から突然生まれたものではないのです。

聖書のなかのいちばん古い書物は、三千年以上も前に書かれました。そこには、一人ひとりが個人として尊厳を持ち、尊重されることの大切さが鮮明に記されています。個人の尊厳は神からの授かりものであり、その人の外部的な所有や身分などには関係ない。命の尊さは神の前で皆、平等であると教えます。

遠藤　しかし現在、キリスト教聖職者の不正や腐敗は深刻ですが。子どもへの性的虐待や、その組織的隠蔽はあまりにひどい。キリスト教会が人権を語っても説得力がないと思うが、どうだろう。

教授 子どもへの性的虐待はひどい事件です。私も人の親として心が痛みます。しかし、ここでは分けて考えていただきたいのです。

事件を起こしたのはクリスチャンであり、キリスト教ではない、ということです。「信者が悪人だから、その宗教も悪い」という論理は少し違います。

マルティン・ルター（Martin Luther：1483－1546）の宗教改革を受け継いだジャン・カルヴァン（Jean Calvin：1509－1564）は「ecclesia semper reformanda（常に改革されるべき共同体としての教会）」と唱えました。**教会とは、キリストに倣い、善に向かおうとする信仰共同体であり、まだ完成体ではない。**腐敗に陥らないよう、いつも内的に改革していかなければならないのです。

人権という概念の形成とキリスト教

カールセン では、先生、多くのキリスト教国で奴隷制度があったことについてはどうです？南アフリカ共和国では、聖書のある箇所を根拠に、アパルトヘイト（人種隔離政策）が行われていたそうですね。

教授 たしかに聖書には、人間の尊厳や人権の概念とは、矛盾するように見える箇所が存在します。聖書の解釈は何に焦点を当てるかでも変わってきます。

ただ、多くのキリスト者が、人間の尊厳や人権を強調する箇所に注目して、そこから聖書を解釈した。そうして、人権概念の形成を担ったのは歴史的な事実です。アメリカの独立宣言を読んでみても、キリスト教信仰、特にプロテスタント教会の思想がどれだけ深く人権概念の形成に関わっていたかは自明です。ですから、聖書を適切に解釈することはとても大切なことですね。

今日は一つだけヒントとなりそうな聖書の箇所を紹介しましょう。詩編8編4－7節を皆さんと一緒に読んでみます。

あなたの天を、あなたの指の業を／
わたしは仰ぎます。
月も、星も、あなたが配置なさったもの。
そのあなたが御心に留めてくださるとは
人間は何ものなのでしょう。
人の子は何ものなのでしょう／

あなたが顧みてくださるとは。
神に僅かに劣るものとして人を造り／
なお、栄光と威光を冠としていただかせ
御手によって造られたものをすべて治めるように／
その足もとに置かれました。

キリスト教では人間の尊厳を「神の理解しがたい愛と恵み」によって説明します。それは人間がいつも善なる存在だからではありません。**人間は尊厳を持つから神に愛されるのではなく、神に愛されるがゆえに尊厳を持つ**存在です。

聖書によると人間はすべて罪人です。しかし、神はその罪にもかかわらず人間を愛すると聖書は教えます。

なぜ人間は尊いのか。
なぜ人間は尊厳をもつのか。

聖書的に考えますと、創世記1章26－27節に書いてあるように、人間が「神の似姿（imago Dei）」として創造されたからです。ヨハネによる福音書3章16節にあるように、神がそのひとり子であるイエス・キリストを賜ったほどに、この世を、人間を、そしてあなたを、愛してくださったからです。だからこの世は、人間は、そしてあなたは尊いのです。無限に尊いのです。なぜならば、神がこの世を、人間を、あなたを無限に愛しているからです。

神なしでは人権は存在し得ないのか

金 でもやっぱり、人間の尊厳を神の愛で説明することがまず、ピンとこないんですよね。私は神を信じていませんから。他の授業で読んだ憲法学の教科書『憲法Ⅰ：基本権』でも、基本的人権が「超越的存在（神・天・造物主・自然など）によって与えられたと解することは、歴史的・思想的背景からするとありうる一つの解釈であるが、日本国憲法を特定の宗教的観念と結びつけるもので、妥当とはいえない」とありました。神がいることで人権という概念が生まれるなら、神なしでは人権は存在しないことになりそう。そうすると、宗教なしでは、人権は存在しないということになりますよね。

教授 金さんの意見は日本の代表的な法学者、宮沢俊義氏（1899－1976）の考えに似ていますね。彼が執筆した『憲法Ⅱ：基本的人権』という本から少し考察してみましょうか。「人権概念の前提」について論じられている部分を要約してみます。

「人権」概念は、**個々の人間に尊厳を認める価値観**を前提にしている。「人権」概念は、国家によって与えられたのではなく、人間の尊厳そのものに由来する。つまり、**人権は国家に先立って存在する**という意味で「前国家的権利」として捉えられる。「人権」概念は、国家が定める法との関係から考察すると、**国法や実定法によって人権の本質を侵すことは許されない**という特性をもつ。

ここで興味深いのは、宮沢氏がこの大切な人権をどのように根拠づけているのかです。

ここにいう人権の概念は、キリスト教の子でないばかりではなく、どの宗教の子でもない。もちろん人間の宗教である以上、すべての宗教が多かれ少なかれ「人間性」を承認し、それに立脚することはたしかであり、そのかぎりにおいて、人権の概念が、キリスト教にかぎらず、多くの宗教によって承認され、推進されることは、じゅうぶんに可能である。しかし、ここにいう人権は、本質的には、宗教をはなれて、成立するものであり、また、宗教にかかわりなく、根拠づけられるものである。

皆さんはこの主張についてどのように考えますか？

岡田 ぼくが疑問に感じたのは、人権を承認する根拠として、神や自然法を持ち出さずに、「人間性」で、それをちゃんと根拠づけられるのかな、ということです。「神」や「自然法」で説明しなければ、「人間性」がなぜ尊いのか、あるいは「人間」がなぜ尊厳を持つのかが、自明のものではなくなってしまいませんか？　フランスの哲学者ジャック・マリタン（Jaques Maritain：1882－1973）はこう言っています。

「人権の哲学的基礎は、自然法である。遺憾ながら、これ以外の言葉は見つからない」

教授 法哲学者の稲垣良典《いながきりょうすけ》氏は「人権・自然法・キリスト教」という論文で、人権概念の根拠である人間の尊厳について、日本社会では哲学的な議論が乏しいと、問題提起をしています。少し長いですが、引用しましょう。

人間の「尊厳」、すなわち等価物によって置き換えることのできない「絶対的価値」を認めるのか、認めるとしたらいかなる根拠に基づいてか、がそもそも問題であり、造物主や自然法をもち出さないとしたら、何かそれ以上の根拠を提出しなければならないであろう。（略）

現にわが国では憲法の規定が人権を保障し（そしてまた戦争を阻止し）てくれる道徳的（あるいは

魔術的）力をそなえているかのような見解が広く受けいれられており、人権を理論的、哲学的に基礎づけることの必要性は無視される傾向がある。そして、このような見解は何らかの根本的な偏見と独断にもとづくもののように思われるのである。（略）神の、したがって教会の権威への従属から解放されて、人間（あるいは市民）が何者にも支配されることのない自律的主体として歩み始めたことと人権の確立を結びつけることはほとんど「自明の理《トルイズム》」とされている。しかし、私はこうした「自明の理」は今なおわれわれの間に深く根を下ろしている偏見と独断に基づくものであって、人権について正しく理解し、人権を「自明の理」ではなく真理に基づいて根拠づけるためには、歴史の根元的な「語り直し」が必要であると考えている。

人であれば自然にわかる法則——自然法

鈴木 先生、えっと、ところで自然法って何？「自然の法則」みたいなもの？

教授 **「自然法」とは、この世界の本質から導き出される規則や法則**の総称です。物理学的な「自然の法則」とは異なります。近代でも「自然法」と「自然の法則」は混用されることがよくありました。この二つを最初にはっきり区別して使用したのは、ザムエル・フォン・プーフェンドルフ（Samuel von Pufendorf：1632－1694）という、ドイツの法学者でした。
イマヌエル・カント（Immanuel Kant：1724－1804）は、プーフェンドルフに影響を受け、一七八五年出版の『道徳形而上学の基礎づけ』（Grundlegung zur Metaphysik der Sitten）で、「自然法則」についての学問としての「自然学（Physik）」と、「意志」の「自由法則」についての学問としての「倫理（Ethik）」を区分しています。

このように西洋哲学では、**時間と空間を超越して万人に通用する、「自由法則」に関わる規範が存在する**と考えられました。そして、それを「自然法」と呼びました。

皆さんは、この世界には、目に見えないけれども、人間が従わなければならない行動の法則や人生の規則があるように思うことはありませんか？「良心」や「道徳律」という言葉を口にすることがありますが、「自然法」はそれと同じで、人間であれば、あえて学ばなくても誰でも自然にわかる人間の行動に関わる法則です。宗派によって細かい違いはありますが、キリスト教では、創造主である神が、自然法を人間の心に刻み込んだと考えます。

カールセン　少しおとぎ話っぽくなりましたね。せっかく面白い話だと思ったのになぁ。ぼくは、アウグスティヌスの自然法論を思い出しました。アウグスティヌスは、法には二種類あって、一つは**「神定法」**、もう一つは**「人定法」**だと言ったそうです。

神によって制定され、人間の心に書き込まれ、理性によって発見される、永久法の一部としての自然法が「神定法」です。人間によって制定された臨時的、暫定的な法が「人定法」です。

だけど、ぼくはそれを聞いたとき、神によって制定され、人間の心に書き込まれる法なんかあるわけないじゃん！　って思った。そんなふわふわした話じゃなくって、世界人権宣言や憲法のほうが人権の根拠としてはっきりしているし、よりふさわしいんじゃないかなぁ。

人権が先か、法律が先か？

教授　カールセンさんの意見も一理あります。しかし、私の考えでは、世界人権宣言や憲法より先に存在するのが人権です。つまり、政治的社会の基本的な法があって、人権が確定されるのではない。むしろ、個人の侵すことができない権利、つまり人権が先にあって、それを保証するために政治的社会とその法が成立するという考えです。簡単に言いますと**人間の尊厳が先で、法整備が後**。

世界人権宣言や憲法は、時代ごとの国際組織や政府によって、いつでも変更されたり、取り消されたりできるものです。そうした臨時的、暫定的、可変的文書に人権という永久に有するはずの権利を根拠づけるのは、ちょっと不安定ではないですか？

遠藤 先生は神、信仰、神学などと自然法を関連づけようとするが、「近代自然法の父」と呼ばれる法学者フーゴー・グロティウス（Hugo Grotius：1583－1645）は『戦争と平和の法』（De jure belli ac pasis）で、「神は存在しない」と述べている。

私の記憶によると、この箇所は、中世のキリスト教的自然法論、つまり自然法とは神によって創られた人間に、神が植えつけたもので、神が示す光であるという文脈で登場する。グロティウスはしかし、自然法は人間の理性から導き出される法である、だから、たとえ神が存在しなくとも自然法は存在すると結論づけた。これはすなわち、神学・信仰と、法学の決別であり、近代自然法の自立のはじまりとも評価されているそうだ。二十一世紀のいま、自然法を再び宗教や神学と結びつけようとするのは、せっかく定着した自然法の世俗化を逆戻りさせる時代錯誤の試みではないだろうか。

教授 鋭いコメントですね。グロティウス以来、自然法が結果的に世俗化したことはその通りです。しかし、グロティウスの自然法に対する捉え方が、神・信仰を切断して完結しているかといえば、どうでしょう？

実際、グロティウスは「神は存在しない」ではなく、厳密に言うと「神が存在しないとか、神は人事を顧慮しないといった、最大の冒瀆を犯さずには認めることができないことを敢えて容認したとしても」と述べています。そしてその後、「われわれは、創造主としての神に対して服従しなければならない」と続けています。また彼の後年の業績は、神への深い信仰によって支えられています。グロティウスは晩年、『旧・新約聖書注解』を出版しました。この著作は後代の聖書解釈学に深い影響を及ぼしました。

彼は自然法を世俗化しましたが、その世俗性は過渡に強調された部分もありそうです。いずれにせよ、神と自然法の関係は、歴史的発展のプロセスを通じて検証されるべきでしょう。両者がおおよそ似た発想なんだな、とか、逆に両者がまったく別物なんだなという短絡的な思い込みを持たないようにと、個人的には願っています。

私が強調しておきたいのは、**宗教なしに人権は存在し得ないという話ではなく、大切なこととして、人権や人間の尊厳という概念には宗教的次元も含まれているということ**に気づいていただきたい、ということです。つまり、人間の尊厳というのは法律だけで説明できるのではなく、その法律を成り立たせるための、より深い次元の根拠が必要になってくる。目に見える世界を超えたところから与えられる価値や意味なしには、なかなか説明できないことが、世の中にはたくさんあります。人間の尊厳もその一つではないでしょうか。

カントは人権をどう説明したか?

カールセン でも、ぼくはいまだに、なぜ人権に根拠が必要なのかがよくわかりません。人権はそもそもあるものだし、あるものは素直に受け止めればそれでいいのに。理論的、哲学的根拠づけが、なんだか面倒くさいです。

教授 稲垣良典氏が言う、人権の哲学的・理論的根拠の問題ですよね。人権概念について、**理論的、哲学的な基礎づけをしないままにしておくと、人権概念そのものがもろいものになってしまう**ということがあります。

遠藤 法学者の長谷部恭男《はせべやすお》氏が書いた「個人の尊厳」という論文には、「キリスト教神学の立場からすれば、各人に認められる人間の尊厳を尊重することは、せいぜい、神の栄光の実現や来世での各人の救済という目的を達成するための手段にとどまるのではないか、との疑念は残る」としたうえで、「他の人々にとって自分をたんに手段とすることなく、他の人々に対して同時に目的であれ」というカントの定言命法を根拠に、「個人の尊厳の概念は、カトリックの立場よりははるかにカントの立場に近いであろう」とある。

カントの定言命法は一切の宗教的観念から切り離されているから、無宗教者・無神論者も含め、ありとあらゆる人の尊厳を基礎づけることができる。キリスト教や自然法に基礎づけるよりも、カントの定言命法によって基礎づけた方が人権の普遍性をしっかりと説明できるのではないだろうか。

教授 第二次世界大戦の後、世界の秩序を構築していく過程で、世界の人々は人権の普遍化を追求するようになりました。主流だった天賦人権論としての自然権を超える「普遍的」人権論が必要になったのです。

これまでの西欧的な天賦人権論ではなく、**人間の存在そのものから人権が導出されるという人中人権論**が脚光を浴びるようになりました。そのような時代的な背景の影響でカントの定言命法的道徳観は人権の根拠として魅力的な選択肢となったわけです。しかし、カントの論理が完全無欠かというとそうではありません。

たとえば、なぜ人間は、生まれながらに尊厳を持つのかという問いに対して、カント主義者の一般的な答えは、人間が他の動物とは異なり、合理性や自由などの素晴らしい属性を持っているからと言います。しかし、子どもなど、こうした属性を持たない人たちはどうでしょうか？　そういう意味で、カントの定言命法も人権の普遍性を基礎づけるにはじゅうぶんではありませんよね。

人の理性が真理を発見する

鈴木　それじゃあ先生は、人権の根拠として何があると考えているの？

教授　私はクリスチャンなので、キリスト教の観点から見た人権の根拠について少し話しましょう。「人間の尊厳」が合理的で正しいと理性が判断するとき、理性は勝手にそう判断しているわけではありません。理性はそう判断せざるを得ないからそう判断するわけです。つまり、**理性が人間の尊厳は合理的で正しいと自ら定めるのではなく、すでに存在している真理に理性は気づかざるを得ない**、従わざるを得ないということです。

これは、人間の理性では自由に操作できない、従わざるを得ないものが存在するということにつながります。それを自然法と呼ぶ人もいれば、神と呼ぶ人もいるでしょう。もし、そうであれば、万人が従うべき人権という概念を人間が、人間の理性が、勝手につくり上げたというのは、人権にとってのじゅうぶんな説明になりません。

そういう意味で、人権というのは人間理性以上のもの、人間理性をそのようなものとして存在させたものがあるという前提に基づいて成り立つ概念であると思います。

カールセン　うーん、何だか抽象的過ぎてよくわかりません。もっと具体的にいうとどんな感じですか？

田村　先生がおっしゃることは、良いたとえかどうかはわからないけれど、人間の尊厳がアルベルト・アインシュタイン（Albert Einstein：1879－1955）の特殊相対性理論に似ているということですか？　たとえば、「$E = mc^2$」という定理は「エネルギー＝質量×光速度の2乗」を意味する物理学的関係式です。この関係式が合理的で正しいことを発見したのは人間の理性であるとしても、人間の理性がこの関係式を合理的で正しくしたわけではない。言い換えれば、人間の尊厳とそれに基づく人権の正当性が合理的で正しいことを発見したのは人間の理性であったとしても、人間の理性が人間の尊厳とそれに基づく人権の正当性を合理的で正しくしたわけではない。私のなかでは両者がそのような形でつながりました。

カールセン　ぼくは人間の尊厳を特殊相対性理論にたとえることに違和感があるよ。「人間は尊厳を持つ」というアイデアは、もし皆が「そうは思わない」と思えば、実際に「そうではなくなり」ます。アインシュタインの関係式は「私はそうは思わない」とある人が思ったところで、その真理性は少しも揺るがないよね。

人間の尊厳が一過性のものだとしたら——歴史上の過ち

田村　でも、私は皆が「そうは思わない」と思えば人間の尊厳が「なくなる」という考えはすごく怖いと思う。本当にそうなの？　一九三五年、ナチス・ドイツによって制定されたニュルンベルク法が思い浮かんだよ。

この法は「ドイツ人の血統と名誉を保護するための法律」と「帝国市民法」という二つの法律で構成されています。その目的はユダヤ人から公民権を奪い取ることでした。そして、この法が、後のホロコーストにつながるナチ党の反ユダヤ主義的な動きの第一歩となったそうです。ニュルンベルク法って、すごく怖いことだけれど、当時、ドイツの大多数の人々が賛成したんですよね。いまでは、悪法として歴史に名をとどめたけれど。

だから、**皆が一時的に「そうは思わない」と思っても、人間の尊厳という永遠の価値は「なくなる」わけではない**。特殊相対性理論と人の尊厳がまったく同じレベルにあるわけではないよ。でも、重なるところもあるんじゃないかな。

遠藤　しかし、人間の尊厳が理性以上のものであると認めざるを得ないほど、普遍的かつ、恒久のものであるなら、なぜ歴史上、それが踏みにじられるような事件が後を絶たないんだろう。差別、追放、虐殺、搾取、抑圧、奴隷制度……。人類の歴史は人権侵害の事例で満ち溢れている。

田村　**人間の尊厳が普遍的に存在することと、それが普遍的に守られることは別の問題**だよ、きっと。たとえば、ラジオやテレビの電波は、常に放送局から送信され、空中に飛んでいます。でも、それをちゃんと拾って音声や映像に再現できるラジオおよびテレビ受信機がある一方で、それを拾えない受信機もあります。ほかの例なら、万有引力を認識できない人が多いからといって、万有引力が存在しないわけではないよね。

普遍的に存在するけど、普遍的に認識されない。だからこそ、そして守り切れないからこそ、人間の尊厳をいっそう大切にしようとするんじゃないのかな。

遠藤さんは、奴隷制度を人間尊厳の普遍性を否定する例としてあげていたけれど、奴隷にされてきた人たちにも尊厳があって、その尊厳を人々がようやく認識したからこそ、廃止運動が起きたんじゃないの？

科学技術とリベラルな民主主義は似ている

楊 人間の尊厳、人間の尊さ……。宗教でなくても、じゅうぶんにそれを根拠づけられるんではないでしょうか。アメリカの政治経済学者フランシス・フクヤマ（Francis Fukuyama：1952－）は『新版 歴史の終わり』（THE END OF HISTORY AND THE LAST MAN）で、「キリスト教文化から生まれた西洋の価値観や制度に、キリスト教文化の境界を越える普遍性はない」といった主張をする、国際政治学者のサミュエル・P・ハンティントン（Samuel P. Huntington：1929－2008）に反論して、次のように述べています。

私たちの近代技術文明の基礎となっている、そして近世ヨーロッパの歴史のある瞬間に、歴史の偶然の流れであらわれた科学技術は、フランシス・ベーコンやルネ・デカルトのような哲学者の思想が土台になっている。しかし、科学技術はいったん生み出されると全人類共有のものとなり、アジア人、アフリカ人、インド人など、どこの人間であっても関係なく利用できるようになった。

したがって、問題は、われわれがリベラルな民主主義の基盤とする自由と平等の原理が、いかなる場所でも同様の意味をもつのかということだ。私はその答えがイエスだと信じているし、社会が進化するにしたがって世界じゅうで民主主義が進んでいくはずであるという、その理由を説明し得るだけの、歴史的進化に対する包括的な論理が存在すると考えている。

つまり、科学技術と同様に、ヨーロッパで発展したリベラルな民主主義は普遍性を持っているし、人間の尊厳や人権も同様だ、ということです。

私はフクヤマの主張に共感します。政治哲学者J・ロールズ（John Rawls：1921－2002）が唱えた「重なり合う合意（overlapping consensus）」という考えを思い出しました。「重なり合う合意」とは民主主義社会で自由かつ平等な人格を持つ市民が、様々な世界観や価値観から共通の基本原理を見いだし、それに基づいて、正義に関する社会的コンセンサスを可能にすることができるという概念です。**人間の尊厳、人権などに関しては宗教的な基礎づけも宗教的でない基礎づけもあり得て、重なり合う合意として、どちらでも良い**のではないでしょうか。

個人の「人格」の成立

教授 皆さん、興味深い話し合いをありがとうございます。

少し話が変わりますが、キリスト教の人権概念は「人格」という概念と、切っても切れない関係があります。

「人格」の概念が哲学的に形づくられ、それに基づいて一人一人の人間が、それぞれ「人格」として尊厳を認められるようになったのは、キリスト教が地中海世界に伝播された最初の数世紀のことでした。この時代に「人格」が厳密な哲学概念として成立したのは、教会の教義の確定のためでした。つまり、**「人格」の成立は、三位一体の教義において、神の「ペルソナ（人格）」の在り方を説明するための議論からはじまりました。**しかし、それが結局のところ、地中海世界における個々人の「人格」概念を確立することに寄与したのです。

キリスト教的な世界観では、「ペルソナ」つまり「人格」である個々の人間は、本質的にこの目に見える世界、あるいは社会の一構成員である、というだけでは終わりません。**一人**

一人の人間は、自覚的であるかどうかにかかわらず、創造主である神との愛による交わりにおいて生きるべき存在だからです。神との交わりは、それ自体が「究極的な目的性」を持ちます。神との交わりは、他の目的のために手段として使われることを許さない、最高に大切なことです。

そのことから、力や権力によって神との交わりを邪魔したり壊したりしてはいけないという考えが徐々に確立されていきました。

身分、財産、才能、人種、性別などによって差別されない、すべての人間が持つ、絶対的な尊厳とそれに由来する権利がある。

天賦人権思想は、まさに聖書の世界から生まれてきた、言わば聖書の子どもです。このようなキリスト教の考えが、近代思想家を経て、現代の人権思想に大切なインスピレーションを与えていることに注目してもらいたいと思います。

一二一五年のマグナ・カルタ、一六二八年の権利請願、一六七九年の人身保護法、一六八九年の権利章典、一七七六年のヴァージニア権利章典、一七七六年のアメリカ独立宣言、一七八七年のアメリカ合衆国憲法……。有名なものだけでもこんなにあります。

そして、日本国憲法は、アメリカ諸州の憲法や独立宣言などを模範として用いています。

カールセン　日本史についてのぼくの知識は乏しいものですが、日本に西洋の近代的な人権概念が入って来る前の江戸幕末期に、すでに人権思想の気配は存在したんだそうですね。ぼくが読んだ本では、儒学者の貝原益軒《かいばらえきけん》や、思想家の石田梅岩《ばいがん》が取り上げられていました。彼らは、万人が社会的に対等であると考えていました。彼らの平等思想の根底には「天道思想」というものがあったそうです。「太陽が等しく人びとを照らすように、士農工商は身分を超えて究極的には平等である」という考えです。

「天皇型人権」と「欧米型人権」のバランスを保つ

教授　実は私も興味深い本を読んでいます。森島豊氏が執筆した『抵抗権と人権の思想史』という本です。この本で著者は、日本社会に根付いた人権を「天皇型人権」と呼んでいます。天皇型人権はキリスト教の影響の基で成立した「欧米型人権」とは異なり、日本社会において両者は弁証法的な攻防をくり返しているということでした。

楊　「天皇型人権」と「欧米型人権」はどう違うのですか?

教授　森島氏によると、同じ「人権」という言葉が使われても、両者はその構造原理が根本的に異なります。「欧米型人権」では、神の存在を根拠としています。聖書的福音の影響を受けた社会勢力が、人民の権利を侵害する為政者に抵抗することが一つの権利として認められる伝統があります。一方で「天皇型人権」では、天皇に勝る存在を認めないため、**抵抗権が人権の一つとして受け入れられません。**

カールセン 抵抗権がないと、何かデメリットがあるんですか？

教授 『抵抗権と人権の思想史』によると、日本の人権は欧米の人権思想と緊張関係を維持しながらも柔軟に対応し、成長してきました。日本は欧米の人権理念を否定することなく、また自らのアイデンティティーを崩すことなく、絶妙なバランスで両者を総合しようとしました。しかし、満州事変にはじまる十五年戦争前夜、日本は自国の伝統思想を重視しすぎてバランスを崩し、誰も止めることができない戦争へと国全体を暴走させてしまいました。

伝統思想を重んじる日本の人権理念が、軍部の暴走を助長させる装置となったのです。そこには抵抗権の有無が深く関わっていたようです。君主に抗う抵抗権を認めない万民の平等理念は、忠誠理念と結びついています。君主に命じられた正義の戦いをはじめるとき、国民全体で歯止めを失ってしまうからです。

第二次世界大戦の後は、法的に欧米の人権を重んじ、精神的に日本的要素を保つかたちで、再び「欧米型人権」と「天皇型人権」のバランスを調整してきました。しかし、最近、現行憲法の代表的人権条項である97条を削除するかどうかが検討されているようです。

現行憲法97条は授業の冒頭でも引用しました。この条項が本当に削除されることになると、日本社会の人権概念は大きく変質してしまうことが危惧されます。そして、現在もなお、日本国憲法には明文化された抵抗権は存在していません。これは日本社会全体から見てデメリットではないでしょうか?

抵抗権によって社会は乱れないのか?

鈴木 人権のなかに抵抗権を認めると、社会がまとまらない危険性はないのかな。みんなが自分の気に入らない命令に抵抗するようになったら、社会はめちゃくちゃになってしまうんじゃない?

岡田 ぼくは必ずしもそうではないと考えます。ピューリタン革命の際、イギリスの市民は、君主や支配者も「人民の福祉」に従属するよう求めました。そして、「人民の福祉」が君主によって侵害される場合には、抵抗する権利があると主張しました。この意識はイギリスの政治制度や民主主義の発展に欠かせない要素になったと評価されています。

抵抗権と言っても、私利私欲のために抵抗することと「人民の福祉」のために抵抗することには大きな違いがあります。この違いをわかっている市民が営む社会でこそ、真の抵抗権が発揮されるのだと思います。こうした抵抗権がない社会は、前回の講義に出てきた、くじを引く村やオメラスの都と同じ構造になっていくと思います。

教授 私は毎年、この大学でキリスト教概論や聖書学を教えています。そのなかで、今日のように基本的人権の大切さについて触れるときがあります。そのとき、よく感じることですが、多くの学生が人権についてあまりはっきりした考えをもっていないということに気づきます。皆さんの多くが、人権概念を含む、人間が守るべき倫理道徳の規範は、人間が社会を上手く回すためにつくり上げたルールに過ぎないと言います。それはつまり、人権もまた、時代が変わればいくらでも変容し、人類普遍の倫理道徳など存在しないということです。そのような方たちは、「倫理的相対主義」を唱えて、人権の普遍的な正当性を論理的に退けようとします。

もちろん、現代は価値観の多様性を認める時代です。時として「倫理的相対主義」が必要な場合だってあるでしょう。しかし、私には、いま、この世界を生きる多くの若い人たちが、

「普遍的な正当性を持つ倫理道徳の規範は何一つ存在しない」という考えのせいで揺れている、と感じることがあるのです。

すべての人間は等しく尊い

鈴木 ちょっと話がそれるんだけど、前から思っていたことだから正直に言ってみるね。私は、障がいを持つ人や、重い疾患を持つ人がかわいそうだと思ってるんだ。かわいそう、だなんて傲慢なんだけど。そして、そういう人々が子どもをつくることってどうなんだろうと思っている自分がいる。だって、もしも同じハンデを負う子どもが生まれるかもしれないとしたら？　それを考えると、やっぱ子どものために産まないほうがいいんじゃないかなぁと思ってしまう気持ちを否定できない。もっと正直にいうと、治らない障がいや病気を持つ人の命にどのような価値があるのか、納得できる答えがどうしても見つからないの。これは、たしかに、とんでもなく差別的な考えだと自覚している。だけど、私はこの授業では本当のことを言いたい。ただのきれいごとじゃなくって。不治の病で苦しんでいる子どもを実際に見たことある？　私はあるよ。本当に気の毒で心が痛かった。だから悩んでいるの。私はとんでもないことを言ってる。でも……どちらがその子にとっていいことだったのかなぁと。皆はどう思う？

田村　私は、命は神から与えられたものだと思っています。人間は自分の能力や力で生きるのではなく、神の愛によって生かされる存在である。そう、聖書は教えます。**私たちが、どう自分や他人を判断し、評価するかにかかわらず、神から見れば、誰一人として意味のない生はありません。**すべての人間は、いつも神から愛される大切な尊い存在です。

私はこの考えが好きです。キリスト教の教えは、状況によって揺れ動く現代社会で人間の尊厳を守るための一つの精神的土台を与えてくれるのではないかな。神から見ると、心身にハンディキャップを抱えておられる方々も、誰も代わりがいない唯一無二の大切な存在です。弱さを持つ人々がいれば、排除するのではなく、大切に守る。そうしてはじめて、私たちは、成熟した社会を築けるのではないですか。身体的に健康かどうかによって命の尊さは一つも変わらないと思います。

乙武洋匡さんが書いた『五体不満足』という本でとても心に残った箇所があります。乙武さんが先天性四肢欠損という障がいを持って生まれたとき、お医者さんは母親にショックを与えることを恐れて、一ヶ月も会わせなかったそうです。しかし、乙武さんに初めて対面したお母さんの第一声は、「かわいい！」だったと言います。私には、限りない愛を持って見ておられる神にお母さんの姿が重なったよ。

普遍的な倫理基準を持つということ

教授 考えさせられる話です。

前の話とも少し通じますが、毎年授業で、殺人はなぜいけない行為かと問えば、必ず返ってくる答えがあります。「その人が亡くなると悲しむ人がいるから」という答えです。それに対して、「その人が亡くなっても、誰も悲しむ人がいないとするなら、そのような人は殺されてもいいのでしょうか?」とさらに問うと、その答えに詰まる方が多いのです。これは現代の大切な問いの一つだと思います。

くじを引く村やオメラスの話にもつながりますが、神なき倫理道徳、超越なき倫理道徳、人間と共同体だけで成り立つ倫理道徳には、どうしても結局のところ、その共同体のなかでもっとも力のない弱き者を犠牲にしてしまう危険性が潜んでいるのではないでしょうか。聖書は、罪人である人間とは、共同体の一員である以前に、それに先立って神によって無限に愛されるがゆえ、他の等価物によって置き換えられない、かけがえのない存在であると教えています。**人間とは、表面だけでは計り知れない、目に見えない価値を持つ存在である。**そう私たちに教えているのです。

それではまた、次の講義で会いましょう。

第三講

旧約聖書の創造信仰

「この世界のいま」「私たちのいま」はなぜあるのか？

課題文献

『創世記』

壮大なスケールの大河ドラマ？――旧約聖書とは

教授 それでは講義をはじめます。皆さんも、聖書には旧約聖書と新約聖書があることはご存じでしょう。今日は旧約聖書について話してみたいと思います。

旧約聖書は大きく分けて、四つの部分で構成されます。

1　五書：　創世記から申命記まで
2　歴史書：　ヨシュア記からエステル記まで
3　知恵文学書：　ヨブ記から雅歌まで
4　預言書：　イザヤ書からマラキ書まで　※預言書を大預言書（イザヤ書からダニエル書まで）と小預言書（ホセア書からマラキ書まで）に分けることもある

キリスト教の旧約聖書がユダヤ教では「ヘブライ語聖書」や「タナハ（TaNaCh）」と呼ばれ、「律法」「預言者」「諸書」という三つのカテゴリーに分けられています。内容はまったく同じ文書なのですが、ユダヤ教には「旧約」という呼び方は存在しません。**ユダヤ教を信仰する人々は、イエスを救い主として認めていません。**したがって、旧約聖書は決して「古い契約」の書にはならないわけです。

ユダヤ教と比べてみると、キリスト教における旧約聖書のカテゴリーが、イエス・キリストを中心とする救済史という歴史観をもとに形成されたことがわかります。一方でユダヤ教のカテゴリーは、法的、宗教的な権威の順番に従って形づくられたと言えるでしょう。つまり、**キリスト教では、救済の歴史に現われたイエス・キリストを、救い主として信じること**がもっとも大切な信仰の要です。一方で**ユダヤ教では、律法に従って正しく生きること**がいちばん大切な信仰の目標になっているわけです。

旧約聖書は、紀元前十三世紀頃から紀元前一世紀頃までに書かれたと考えられています。そのほとんどがヘブライ語、一部はアラム語で書かれています。千二百年以上をかけて百人以上の著者や編集者が関わりました。壮大な大河ドラマのような書物が旧約聖書というわけです。**人類史上、これほどの年月を要し、これほどの情熱を込めてつくられた書物は他にない**でしょう。

旧約聖書は主に、神と神の民であるイスラエル民族の関係について語っています。五書には天地創造からはじまり、アブラハムに由来するイスラエルの民が形成されていく様子が描かれています。その核心には、神がイスラエルの民と結んだ契約があります。

歴史書ではイスラエル民族が信仰の旅路で経験した勝利と敗北、栄光と罪悪などが迫力たっぷりに語られます。
知恵文学書には、イスラエルの民が神を礼拝し、神に従う際に必要な、賛美と知恵について詳しく述べられています。
預言書では、イスラエルの民が神に対して不誠実であるという警告や批判が伝えられます。そして、神に立ち返り誠実に歩むためにはどうすべきかという勧告や命令が記述されています。

鈴木 なんかスケール、大き過ぎるー！　どんな書物なのか想像できないよ。私は、新約聖書なら少しだけ読んだことがあるんだけどなぁ。

教授 それはとてももったいない。ぜひいちど、創世記を読んでみてください。面白いですよ。旧約聖書には、歴史、法律、預言、小説、詩、エッセイ、手紙など、いろんなジャンルの書物が集められています。そして、この書物の**究極的な特徴は、信仰の書であるということ**です。聖書のいちばんの本質ですね。

この世界のはじまり——創世記を読む

では、みんなで旧約聖書の創世記1章を読んでみたいと思います。この授業での聖書の引用は、基本的に新共同訳（聖書の日本語訳の一つで、「新共同訳聖書」は日本聖書協会から出版されている）を使うことにします。

創世記1章は、実は1章で終わりません。2章3節までの記述によって、ようやく神による世界創造が完了します。というわけで、創世記2章3節までを読んでみることにしましょう。

ちなみにですが、聖書の章の区別は十三世紀のカンタベリーの主教ステーファン・レングトン（Stephen Langton：1150－1228）によって行われました。さらに、聖書の節の区分は、それから約三百年後、フランスで印刷業者を営んでいたロベール・エティエンヌ（Robert Estienne：1503－1559）によって、行われました。ヨーロッパでルネサンスという文化運動が盛んだった時代です。

ルネサンス期にはギリシア・ローマの古典文芸の研究や、聖書原典の研究が精力的に行われました。カトリック信徒だったエティエンヌは、後にプロテスタントに改宗しています。彼は聖書原典に立ち戻るという意味で、当時のカトリック教会で広く使われていたウルガタ（ラテン語訳聖書）ではなく、ギリシア語の新約聖書を出版しました。その第4版が一五五一年に出版されましたが、そこではじめて、聖書本文に節の番号がつけられました。

創世記1章

1）初めに、神は天地を創造された。
2）地は混沌であって、闇が深淵の面《おもて》にあり、神の霊が水の面を動いていた。
3）神は言われた。「光あれ。」こうして、光があった。
4）神は光を見て、良しとされた。神は光と闇を分け、
5）光を昼と呼び、闇を夜と呼ばれた。夕べがあり、朝があった。第一の日である。
6）神は言われた。「水の中に大空あれ。水と水を分けよ。」
7）神は大空を造り、大空の下と大空の上に水を分けさせられた。そのようになった。
8）神は大空を天と呼ばれた。夕べがあり、朝があった。第二の日である。
9）神は言われた。「天の下の水は一つ所《ところ》に集まれ。乾いた所が現れよ。」そのようになった。
10）神は乾いた所を地と呼び、水の集まった所を海と呼ばれた。神はこれを見て、良しとされた。
11）神は言われた。「地は草を芽生えさせよ。種を持つ草と、それぞれの種を持つ実をつける果樹を、地に芽生えさせよ。」そのようになった。
12）地は草を芽生えさせ、それぞれの種を持つ草と、それぞれの種を持つ実をつける木を芽生えさせた。神はこれを見て、良しとされた。
13）夕べがあり、朝があった。第三の日である。

14）神は言われた。「天の大空に光る物があって、昼と夜を分け、季節のしるし、日や年のしるしとなれ。

15）天の大空に光る物があって、地を照らせ。」そのようになった。

16）神は二つの大きな光る物と星を造り、大きな方に昼を治めさせ、小さな方に夜を治めさせられた。

17）神はそれらを天の大空に置いて、地を照らさせ、

18）昼と夜を治めさせ、光と闇を分けさせられた。神はこれを見て、良しとされた。

19）夕べがあり、朝があった。第四の日である。

20）神は言われた。「生き物が水の中に群がれ。鳥は地の上、天の大空の面を飛べ。」

21）神は水に群がるもの、すなわち大きな怪物、うごめく生き物をそれぞれに、また、翼ある鳥をそれぞれに創造された。神はこれを見て、良しとされた。

22）神はそれらのものを祝福して言われた。「産めよ、増えよ、海の水に満ちよ。鳥は地の上に増えよ。」

23）夕べがあり、朝があった。第五の日である。

24）神は言われた。「地は、それぞれの生き物を産み出せ。家畜、這うもの、地の獣をそれぞれに産み出せ。」そのようになった。

25）神はそれぞれの地の獣、それぞれの家畜、それぞれの土を這うものを造られた。神はこれを

見て、良しとされた。
26）神は言われた。「我々にかたどり、我々に似せて、人を造ろう。そして海の魚《うお》、空の鳥、家畜、
地の獣、地を這うものすべてを支配させよう。」
27）神は御自分にかたどって人を創造された。神にかたどって創造された。男と女に創造された。
28）神は彼らを祝福して言われた。「産めよ、増えよ、地に満ちて地を従わせよ。海の魚、空の鳥、
地の上を這う生き物をすべて支配せよ。」
29）神は言われた。「見よ、全地に生える、種を持つ草と種を持つ実をつける木を、すべてあなた
たちに与えよう。それがあなたたちの食べ物となる。
30）地の獣、空の鳥、地を這うものなど、すべて命あるものにはあらゆる青草を食べさせよう。」
そのようになった。
31）神はお造りになったすべてのものを御覧になった。見よ、それは極めて良かった。夕べがあり、
朝があった。第六の日である。

創世記2章

1）天地万物は完成された。
2）第七の日に、神は御自分の仕事を完成され、第七の日に、神は御自分の仕事を離れ、安息な

さった。

3）この日に神はすべての創造の仕事を離れ、安息なさったので、第七の日を神は祝福し、聖別された。

教授 皆さん、2章3節までを読んでどういう感じがしましたか？

岡田 この地球上の一つ一つの被造物が、とても貴重で美しいものであると改めて感じました。この七日間でどうしてこんなに順序よくつくることができたのか、やはり不思議でなりません。

カールセン ぼくは無神論者だから、やっぱり荒唐無稽な話に聞こえちゃうな。いまの科学的な世界観では、神話にしか見えないというか。六日で世界をつくって、七日目に休んだなんてあり得ないよ。

世界を見る——事実（fact）と真実（truth）を区別する

教授 カールセンさんのような意見もありますね。**聖書は数え切れない多数の著者たちによ**

る信仰告白の書である。そのことをまず理解してもらいたいと思います。どういうことか。聖書は著者たちが自分のいちばん深いところにある真実を語っている本だということです。聖書は単なる大昔のおとぎ話ではありません。**「事実（fact）」と「真実（truth）」は区別されるべき**であるということをまずは理解してもらいたいのです。聖書の記述は、すべてそのまま「事実」として受け取るべきものではないけれど、聖書は「真実」について語っているのです。

鈴木 「事実」と「真実」ってどう違うの？ 「事実」と「真実」……。私はあんまり、使い分けてないかなぁ。

教授 「事実」と「真実」の違いを認識することは、聖書を読むうえで大切です。そうですね……。私が思う「事実」は、科学的に証明できる客観的な事柄です。「How（どのように）」という問いへの答えを与えてくれるものです。「真実」は、価値や意味についての答えです。つまり「Why（なぜ）」という問いへの答えを与えてくれるものです。

楊 ちょっとわかりにくいので具体例で説明していただけますか？

教授 そうですね。たとえば美しい秋の空が目の前に広がっているとしましょう。詩人がその美しさを「深く静まり穏やかに眠る湖」と表現したとします。その表現は決して偽りではない。秋の空の深く青く澄み渡っている様子そのものが「事実」だとしたら、それは科学的に証明できる事柄です。それに対して「真実」とは、秋の空を見たときにその人の心に感動が広がった、あるいは、その美しさに心を打たれたことなどを表す表現です。「真実」とはそのできごとが何らかの意義や価値、あるいは深さを有し、受け取る側に感銘や影響を与える。そういった事柄だと思います。この世にはそういったもの、あるいは次元があるのではないでしょうか。「事実」から独立した、そうした「真実」の世界がありませんか?

美しい秋の空がある。太陽の光が地球を取り巻く薄い大気の層を通過し、それが人間の眼球の視神経を刺激して……、という「事実」よりも、「深く静まり穏やかに眠る」という「真実」のほうが、秋空の美しさを如実に表現してくれるのではないか。私が言いたいのはそういうことです。

聖書の世界は、「事実」の世界よりも「真実」の世界に近いのではないでしょうか。宗教と信仰の世界は、もちろん「事実」の世界とも関わりがあります。しかし、それ以上に「真実」の世界と関連するものです。

創世記1章から11章までの物語は、宇宙と人間の起源、罪と疎外の問題、諸民族の由来、文明の始まりなど、世界の根本的な状況を描いています。これは時空を超えた人間の根本的な状況を説明するものであるため、「原初史（Urgeschichte）」と呼ばれています。歴史以前の物語で、特に、「真実の世界」の側面が強いという意味です。

このように、**聖書が語ることは、科学的事実とは次元が異なる、世界と人間の根本的な状況である**、と解釈すれば、聖書と科学は必ずしも対立する関係にはなりません。

遠藤 「真実の世界」は見えるものでもなければ、触れることができるものでもない。ただの感情で説明できるものではないのですか。先生はクリスチャンだから、聖書を美化しすぎではないだろうか。

感情は信頼に値しないのか？——世界は愛に満ちている

教授 そうかもしれませんね。私は聖書が好きですから。

私が言う「真実の世界」を、遠藤さんが「感情の世界」と呼ぶのであれば、それでよいと思います。しかし、「感情の世界」という呼び方には、ある種の含みがありますよね。感情は信頼に値しない、だとか、感情は何かを信じる根拠にはなり得ない、だとか。でも、人間の感情とはそんなに価値や意味がないものなのでしょうか？

十八〜十九世紀ドイツのプロテスタント神学者であったシュライエルマッハー（Friedrich

Ernst Daniel Schleiermacher：1768－1834）は「近代神学の父」と呼ばれる人物です。彼は宗教の本質を人間の神に対する「絶対依存の感情」に求めました。

私は彼の宗教論に全面的に賛成しているわけではありません。しかし、**人間に感情や直観がなければ、宗教は生まれなかった**という意見には同意します。

岡田 確かにキリスト教でもっとも大切にすることは「アガペー」の愛で、愛は感情ですね。

田村 私、愛なき世界って生きる意味を感じられないと思うんだ。

先日とても嫌なことがあったんです。涙目になりながら自転車を走らせていました。頭のなかはその嫌なできごとでいっぱい。

ふと空を見上げると、淡い青色の空に白くぼんやりとした月が浮かんでいました。それがとても美しくて。「人間は醜く、汚いけれど、神様が創造した世界は美しいのだなぁ」と思いました。心が折れても、私は神様が創造したこの世界にいる。きっと大丈夫だ。そう思うことができたんです。

だから「人間に感情や直観がなければ、宗教は生まれなかった」という言葉には同意します。**感情と、聖書のいう「真実」がつなぎ合わさったとき、聖書の言葉や個々人の信仰は、きっとその人を生かしてくれる。**

教授 私もそう思います。個人的な話ですが、私と妻がニューヨークで生活していた頃のことです。住まいを探していたとき、家賃のわりに部屋も広いアパートを見つけました。とても気に入ったので、借りることにしたんです。ただ、一つだけ、その部屋には問題がありました。私たちの前の住人が、窓を開けっ放しにしていたため、鳩が部屋のなかに入りこみ、窓の内側の台のところに巣をつくって、卵を産んだのです。

私と妻が初めてその部屋を見に行ったときは、まだ卵でした。ですが、引っ越したときには、二羽の雛が生まれていて、私たちの顔を見ると、ピヤックピヤックと鳴きました。歓迎してくれたんですね（笑）。

家主さんには、糞《ふん》が衛生上良くないから、すぐに鳩を捨てるよう言われました。でも、私たちはとてもその鳩の雛を捨てることができませんでした。とはいえ、確かに、衛生的ではないし、母鳩が雛に餌を与えるために行ったり来たりするため、窓も開けておいてあげなければなりません。そこで、私たちは頑丈な箱で鳩の家をつくることにしました。雛をそのなかに入れ、窓の外側の台に、ロープで鳩の家をしっかりと固定しました。落ちないようにして、濡れないように雨よけもつくってあげたのです。

ところで、私たちがつくったその箱に、鳩の雛を移すとき、雛が全然鳴きませんでした。なぜ鳴かないのか不思議で、周りを見回してみると、母鳩が向かい側のアパートからじっと見守っていることがわかりました。母鳩がそばにいるから、雛たちは怖がらなかったのです。

鳩は小さな生き物です。ニワトリは、三歩歩くともう忘れている、なんて言われます。鳩の記憶力もニワトリとあまり変わらないそうです。けれども、そんな鳩でも、毎朝、餌を集めに出て行き、午後の同じ時間には必ず雛のところに戻ってくるのです。自分の子どもがかわいくて、かわいくて、自分が一生懸命取ってきた餌を、一粒残らず子どもに与えてやるのです。

ある時、台風が来ました。私たちは心配になって、部屋から鳩の箱を覗いて見ました。すると、母鳩が羽をいっぱいに広げて、懸命に、雛を風から守っている様子が見えました。私はそのとき、神様がつくられた自然の摂理は本当に神秘的だと、改めて感じました。

箱のなかの雛は、一日中静かにしているのに、母親が帰ってくると喜びに満ちた声で力いっぱい鳴きます。鳩のお母さんの存在自体が、鳩の赤ちゃんにとっては、この喜び以上の喜びがないほどの喜びなのです。

それを見た私は、**目には見えないけれど、この世界は、愛に満ちている。**そんな「真実」に目が覚めたような気がしました。

私には息子が一人います。子どもを育てるときも、神の視点からすると、この世には愛と関心なしに生まれてくるものは一つもないと痛感する瞬間があります。私にとって聖書は物理学や生物学ジャーナルに掲載された論文ではない。愛する親から送られた手紙のような存在です。**鳩の雛のように、愛されることに喜びを感じながら読む本。それが聖書ではないでしょうか。**

鈴木 そんなふうに、感情いっぱいで読む本が聖書だとしたら、感情ってみんな違うから、十人十色の異なる真実があるってこと？　湖に感動する人もいれば、しない人もいる。そんな感じでいいのかな？　私は宗教的感情を持って生活している人たちって、なんかいいなぁと思うことがある。宗教的感情は何よりも価値があって、人生の基盤として大きな意味があるんだろうなと思う。でも、私は信仰心が薄いから「絶対依存の感情」は持っていないんだよね。持ちたいとも思ってないし。キリスト教の語る「真実」は、私にとってはどうしても真実とは思えないんだけど、先生はどう思う？

教授 湖に感動する人もいれば、しない人もいる。それでよいと思います。もちろん、信仰の「真実」は感情だけで成り立つものではありません。申命記6章4－5節には次のようなくだりがあります。

聞け、イスラエルよ。我らの神、主は唯一の主である。あなたは心を尽くし、魂を尽くし、力を尽くして、あなたの神、主を愛しなさい。

ここで、「心」とはヘブライ語の「レバブ」を訳したもので、人間のパトス、つまり感情を意味します。「魂」は「ネフェシュ」を訳した言葉で人間のロゴス、つまり理性を表します。そして最後に「力」は「メオド」を訳した単語で習慣と生き方によって形づくられた人間の意志、つまりエートスを示します。

聖書が語るもっとも理想的な信仰の形は感情だけではなく、人間の理性、感情、意志、つまり**知・情・意を尽くして神を愛する**ところにあります。

キリスト教における「創造」というテーマ

楊 創世記1章が語るもっとも重要な真実は何なのですか。

教授 良い質問をありがとうございます。キリスト教の代表的な信仰告白文である使徒信条は、「我は天地の造り主、全能の父なる神を信ず」という文章からはじまります。**「天地の創造主」である神を信じると告白することからはじまる**のです。この「創造」というテーマは、聖書のあらゆるところに出てきます。

先ほど読んだ創世記は、聖書のいちばん最初に登場します。創世記とは英語では

「Genesis」です。この言葉は、ギリシア語で「最初」あるいは「生まれ」という意味です。私たちは「創造」というテーマに、この創世記から出会うことになります。

創世記1章のもっとも重要なメッセージの一つは、**自然は神ではなく、被造物に過ぎない、**ということです。創世記1章の創造物語は、神が月と太陽、そして星をつくったと強調します。

古代には、太陽、月、星などの天体は神として理解され、崇拝されました。しかし、そうではなく、これらは神によってつくられた。そういう宣言により、旧約聖書では、太陽、月、星などの自然は、神の性質は持っていません。それらは神に従属する被造物だという点を明確にしたのです。

創世記1章16節で、神は太陽と月を創造します。しかし、このテキストの著者は「太陽（シャメシュ）」や「月（ヤレアフ）」という言葉を意識的に避けているのです。わざわざ「大きな光る物（ハマオル　ハガドル）」と「小さな光るもの（ハマオル　ハカタン）」という面白い言い回しをして。なぜか。「太陽」や「月」という言葉自体が神の名前、つまり固有名詞だったからです。創世記1章16節の著者は、読み手が一寸でも、太陽や月が神であると誤解する余地を残したくなかったのでしょう。

鈴木 すっごい、用意周到！　そんなことまで考えて書いたんだぁ。

神は無から世界を創ったのか、すでにあるものから創ったのか──グノーシス論争

教授 非常に注意深い人だったのでしょう。キリスト教の創造の教義で、もっとも重要な発展の一つは、紀元後二世紀に起きたグノーシス論争への応答からはじまりました。

グノーシス主義とは、二世紀頃、キリスト教に挑戦した異端宗教（思想）です。グノーシス主義の創造観では、「人間を救済する神」と、「この世を創造した神」は同じ神ではないと考えられていました。この世界を創造した神は、人間を世界から贖《あがな》う（救う）神よりも、遥かに劣る神とされ、「デミウルゴス」と呼ばれました。グノーシス主義者によれば、新約聖書の神は人間を贖う慈悲と愛の神でした。しかし、旧約聖書の神は悪と罪に満ちたこの物質的な世界をつくり上げた下級の神でした。旧約聖書の神と新約聖書の神を同一の神として信仰するキリスト教徒たちは、グノーシスの考えを受け入れることができませんでした。

遠藤 グノーシス主義者たちは、面白いことを考えていたのですね。イギリスの哲学者デイヴィッド・ヒューム（David Hume：1711－1776）が書いた『自然宗教に関する対話』に出てくるフィロの次のようなセリフが思い浮かびます。

「この世界は、ある幼い神が作ってみた粗雑な処女作にすぎない。その神は、自分の拙い腕前が恥ずかしくて、後でそれを捨ててしまった。あるいは、この世界は従属的で劣った神の試作であるのだ。それはより優れた神々の嘲りの対象である。」

教授 たしかに、フィロとグノーシス主義者の世界観には通じるところがあるかもしれませんね。いずれにせよ、キリスト教とグノーシス主義の間で発生した論争（グノーシス論争）で、「無からの創造（creatio ex nihilo）」という思想が深く追究されることになりました。

グノーシス主義者によると、神は、建築家のような存在です。すでにある材料を使って世界を秩序づけた（世界をかたち創った）と考えました。材料はすでに存在していて、創造する必要はなかったわけです。

プラトン（Plato：428/7－347/6 BC）は、対話篇の一つ『ティマイオス』で、世界はすでに存在していた素材からつくられ、現在の姿に形成されたと語っているのですが、このプラトンの思想は、グノーシス主義者たちに受け継がれていきました。そこから次のような結論が導き出されたのです。

神は、すでに存在した材料から物質世界を創造した。

そのため、世界は不完全で、悪が存在する。

使った材料が不完全だというわけです。

プラトン的な世界観に対して、キリスト教の思想家たちが展開した創造についての思想は次のようなものです。

神の創造以前に存在する素材などなかった。

神は無からこの世を創造した。

聖書を歴史批判的な方法、つまり、原著者の意図を汲み取りながら創世記1章を読むと、グノーシス主義者の読み方のほうがより正確な面もあったと言えます。創世記1章2節には、神が世界を創造しはじめる前から存在していたと思われるものがいくつか記されているからです。神の創造は1章3節からはじまりますが、1章2節に現われる「混沌」「深淵」「水」などは神の創造以前にあったものですね。つまり、神の創造とは「無からの創造」ではなかったと。

もちろん、創世記1章の著者が、創造主なる神をグノーシス主義の「デミウルゴス」として想定したわけではありません。しかし、紀元前六世紀から紀元前五世紀にかけて生きていたと思われる創世記1章の著者が、前例のない「無からの創造」という深奥な神学概念に着想を得て、それをいきなり打ち出した可能性は低いでしょう。

キリスト教の歴史において、聖書の解釈は原著者の意図がすべてではなかったわけです。初期キリスト教の神学者たちが創世記1章の原著者の意図を相対化したことは適切だったと思われます。キリスト教の聖書観によりますと、**聖書の究極的著者は神であるため、人間著者の意図を超える神の意図がある**と解釈することができるからです。そして、聖書はいつも読み手が置かれている状況、つまり現在との対話のなかでその真の意味が明らかになっていったテキストであるからです。

このように、原著者の意図とは少し距離がある「無からの創造」という解釈を採択することで、キリスト教は後の世界に驚くべき影響力を発揮することになりました。

遠藤 しかし、「無からの創造」には、どうしても矛盾があるように思うな。神による創造の前は「無」だとする。そうすると、神はいつからいるのです？　神を創造した存在はいるのですか？

教授 創造の「前」、あるいは「後」というのは、時間のなかに存在せざるを得ない人間特有の問いです。**キリスト教の神は、時間さえも超越する神、永遠なる神です。**

キリスト教的観点では、永遠という概念は時間が無限に続くことを意味しません。むしろ、時間の向こう側にある対蹠点《たいせき》のようなものです。神がいる永遠のなかでは、過去、現在、未来がすべて等距離にあります。具体的にいうと、**神は現在にいながら、未来のこと、過去のことがすべてわかる、全知の存在です。**ですから神の視点からすると、時間の前後関係で存在の有様が左右されることはありません。神はいつからいつまでいるとは言えないのです。永遠にいる存在、としか言いようがありません。

金 うーん。永遠は時間の対蹠点かぁ。「無からの創造」という解釈が生み出した影響にはどういうものがありますか？

聖書の動詞は神と人間を区別する

教授 古代のキリスト教の理論家で司祭でもあったエイレナイオスという神学者は、キリスト教の創造の教義は、創造に本来備わった善性を肯定しており、物質世界が悪であると主張するグノーシス主義とは対立すると論じました。キリスト教の「無からの創造」という教義が含む神学的な意味をいくつかの点から見てみましょう。

まず、一つ目は**創造主である神と被造物は、はっきりと異なる**ということです。詩編90編

1−6節を読むと、創造主と被造物の間に存在する境界線が明確に言い表されています。

1）【祈り。神の人モーセの詩。】主よ、あなたは代々にわたしたちの宿るところ。
2）山々が生まれる前から／大地が、人の世が、生み出される前から／世々とこしえに、あなたは神。
3）あなたは人を塵に返し／「人の子よ、帰れ」と仰せになります。
4）千年といえども御目には／昨日が今日へと移る夜の一時にすぎません。
5）あなたは眠りの中に人を漂わせ／朝が来れば、人は草のように移ろいます。
6）朝が来れば花を咲かせ、やがて移ろい／夕べにはしおれ、枯れて行きます。

この詩編では、神の存在と人間の存在がコントラストをなしています。人間は塵、草、花にたとえられ、多くのことに頼らざるを得ない有限で、虚しい存在として描かれています。それに対して、創造主である神は、造られた世界に対する絶対的主権の上に存在しています。このように、聖書は神と人の間に絶対的な違いがあるということを指し示します。

聖書へブライ語には「神」のみが主語になる動詞がいくつかあります。「創造する、造る」という意味を持つ「バーラー（bara'）」も、その一つです。創世記1章で使われている動詞がこの「バーラー」です。旧約聖書は、動詞のレベルでも神と人の間には無限の差があることを示しています。

「**創造**」**という信仰によって、キリスト教はアニミズムや汎神論とは明確に区別できる自然観と世界観を持つ**ようになりました。

岡田 やっぱり神様はドイツの宗教哲学者ルドルフ・オットー（Rudolf Otto：1869－1937）が言うように、人間にとっては「絶対他者」なんでしょうか？

創造信仰はなぜ科学革命をもたらしたのか

教授 創造信仰的に言うと、そういうことになります。

二つ目に注目すべきところは、**神がこの世を無から創造したというキリスト教の創造信仰が、近代科学の誕生を刺激する役目を果たした**という点です。神と自然の位置づけについては、大きく次の三つの立場があります。

1 自然界は、それ自体が神々である。

2 自然界は、神とまったく関係がない。

3 自然界は、創造主によって造られ、その創造主の属性を反映している。

自然科学と神については第八講で詳しく取り上げるので、今日は少しだけ。**1**から**3**まで、それぞれの自然観は次のように整理できます。

1　古代のアニミズム的・汎神論的自然観
2　無神論的自然観
3　キリスト教的自然観

さらには、それぞれの自然観と近代科学の発展の関係は次のようになります。

1　自然を神格化＝研究対象にならない
2　自然を無価値化＝研究する価値がない
3　自然を（神の）法則化＝研究する価値がある

キリスト教の創造信仰は、自然というものが、いつでも法則を超越できる信仰の対象ではなく、いつも神によって決められた法則に基づき動く被造物であるという考えを確立しました。キリスト教信仰が根を下ろした西洋で、近代以後、自然科学が画期的に発達したことは偶然ではありませんでした。

創造信仰のポジティブさと現代民主主義

教授 三つ目に注目すべきところは、**神が世界を無から創造したという教えが、物質世界の肯定につながった**という点です。創世記1章31節には次のような一節が出てきます。

神はお造りになったすべてのものを御覧になった。見よ、それは極めて良かった。

こういった**現世肯定の精神**は、後の歴史に大きな影響を及ぼしました。特に、宗教改革の後に成立したプロテスタント教会の神学や世界観に与えたインパクトは大きかったです。たとえば、宗教改革者として有名なカルヴァンは、当時、修道院などで一般的だった俗世を蔑視する厭世的な傾向を批判し、神の被造物であるという点において世界は敬意を払われ、尊重され、肯定されるべきだと主張しました。このような肯定的な世界観は、キリスト教徒たちの、俗世から分離するのではなく、むしろ積極的に参加し、より良くするために改革しようという精神を育んでいきました。この世界に神の御心を成し遂げようという考え方を生み出したわけです。

こうした前向きなモチベーションは、西洋世界の政治発展に大きく貢献することになりました。カルヴァンの政治思想は、中世の封建的な秩序を崩し、近代民主主義の扉を開くために決定的な役割を果たしたと評価されています。不義の支配者に対して屈するべきではない、というカルヴァンの政治思想は、市民主権を可能にする方向に発展し、抵抗権の定着にも貢献しました。

カルヴァンにとって教会とは、神の言葉を通して神の国がこの世に到来するように働く共同体でした。その目的を果たすための手段として、カルヴァンは教会組織の在り方に注目し、一般信徒から選ばれた長老の集まりが教会を治める、代議制民主主義的な教会政治制度を導入しました。現代の**民主主義制度の大部分は、宗教改革以後のプロテスタント教会の政治制度、特にカルヴァン派の教会組織制度から影響を受けた**ものであると言えるでしょう。

楊 以前、マックス・ヴェーバー（Max Weber：1864－1920）が書いた『プロテスタンティズムの倫理と資本主義の精神』という本を少し読みました。プロテスタント教会の神学は資本主義の発展に関わっていたんですね。

教授 その通りです。それも遡れば、創世記1章の現世肯定の精神に由来すると言えるでしょう。ルターが唱えた万人祭司主義は、上は祭司から下は農民にいたるまで、あらゆる身分の人々が、社会におけるそれぞれの職業や労働を通して、聖職者と同じく神に仕えることになるという思想です。すべての職業に質的な差や貴賤はないわけです。そしてカルヴァンは、ルターの万人祭司主義をさらに発展させました。人間一人一人が神に召された職業を通じて、神の栄光を地上に表す存在であると考えたのです。つまり、**この世のすべての職業や仕事は、神の摂理と導きに直接に結びつけられ、宗教的な意味を持つ**わけです。だからこそ、みんな一生懸命働きますね。

そして、仕事を頑張って得た経済的な利益は、安価で良質なものを人々に提供するという「隣人愛」を実践した結果になるわけです。カルヴァン派の人々は、経済的利益が神の御心に適っている証しであり、救いを確信させる証拠であると考えました。

このようにして、創世記1章の**現世肯定精神は、カルヴァン派の神学を通して近代資本主義を生み出しました。**

また、カルヴァンの現世を肯定的に捉える世界観は、人間観にもそのまま影響を及ぼしました。堕落した人間の罪深い性質を強調しているにもかかわらず、決して人間が神の被造物であるということを見失ってはいけない。人間は罪に汚れてはいるが、神によって創造され、赦され、愛されているということに変わりはありません。それゆえ、人間は尊重されなければならないのです。これが近代の人権思想のはじまりとなったのは、前回の講義で話したとおりです。

カールセン　科学革命、代議制民主主義、近代資本主義、人権思想……。「無からの創造」という解釈がもたらしたものはすごいですね。

教授　今日は、創世記1章に記された創造信仰が、キリスト教によってどのように再解釈され、どのような神学的意味を持ってその後の歴史を方向づけていったのかを考えました。それではまた、次の講義で会いましょう。

第四講 旧約聖書の成立

耐え難い絶望のなかで、なぜ生きなければならないのか？

課題文献

『エゼキエル書』

一神教と多神教の決定的な違い――超神的領域

教授 それでは講義をはじめます。今日も旧約聖書について考察を深めていきましょう。皆さんもきっと、そのいくつかの話は聞いたことがあると思うのですが、ギリシア神話やローマ神話、「古事記」「日本書紀」といった日本の神話など、神話は世界中にあります。古代の神話と旧約聖書を比べると、どんな違いがあると思いますか？

岡田 一神教と多神教の違いではないでしょうか。**聖書が唯一の神を信仰するのに対し、インド、ギリシア、日本神話などの世界にはたくさんの神様が登場します**よね。

教授 そうですね。それがいちばん目立つ違いかもしれません。一神教と多神教は、単純に神様の数が違うわけではありません。イェヘズケル・カウフマン（Yehezkel Kaufmann：1889－1963）という聖書学者によると、一神教と多神教のいちばん本質的な違いは、**「超神的領域（the metadivine realm）」**があるかどうかです。

超神的領域とは何か。**神様でさえどうすることもできない領域**のことです。神々の上にある領域、神々がそこから生まれてきた領域、神々もそこに依存している領域です。ごく簡単に言うと、**多神教には超神的領域があります。しかし、一神教には超神的領域がありません。**

多神教の神々は神といえども、自分たちの上に横たわっている超神的領域の原理に従わざるを得ません。たとえば、ギリシア神話のゼウスやローマ神話のジュピターはそれぞれの万神殿の主神であり、ほぼ全知全能です。それでも、わからないことがあり、できないことがあります。彼らは運命の力に逆らうことはできません。ゼウスやジュピターは人間と比べると、とても力がある神です。しかし、真の意味では全知全能ではありません。こうしたことから、多神教と一神教では、世界観の違いが生じるわけです。

鈴木 世界観の違いとはどんなものですか?

教授 まず、**多神教における神々はすべて、有限な存在**になります。神々は人間のように生まれ成長し、結婚し、子どもを産み、死んでいきます。ですから、多神教では神の系譜がとても重要になります。一方で、一神教では神の系譜は意味を持たないため存在しません。旧約聖書のどこを読んでも、神がいつ、誰から生まれ、成長したのかについての記述は現れません。**一神教の神は、有限な存在ではない**からです。つまり、初めも終わりもない永遠の存在です。聖書の神はすべての存在の源であり、この世界の究極的な原理さえも創造した存在です。一神教の世界観では、神の上に超神的領域が存在しないのです。

こうした違いにより、多神教では神と人間の境界線が流動的である一方、一神教では人間と神の間にはっきりと質的違いが強調されます。多神教の神々は強いパワーを持つ人間の王様のような存在であり、一神教の神は人間とは比べようもない別の存在であるわけです。ギリシア・ローマ神話では神が頻繁に人間になったり、人間が神になったりします。聖書ではそうした事例がほぼありません。

カールセン でも、新約聖書では、もともと神であったイエス・キリストが人間として生まれた、つまり神が人間になった事例がありますよね？

教授 カールセンさん、鋭い！ その事例があるから「ほぼありません」と言ったんです。イエスが人間になったのは、聖書における唯一の例外です。これは、原則の存在を目立たせるほどの絶対的例外です。しかも、その例外というのも、人間を救うために神が施した非常手段でした。

多神教における神々は、人間と同じように自分に関心が強く、人間の救済にはあまり興味がありません。時には悪の誘惑に負けて、罪も犯します。つまり、多神教の世界では、神々と人間の間に道徳的関係は存在せず、神々と人間を「倫理的に中立的な世界（amoral universe)」が包んでいるわけです。その世界は最後まで、善悪のどちらに転ぶかわかりません。

ほかの神話と違う旧約聖書の独自性

従来は、多神教から進化論的にだんだんと発展して一神教が生まれたと考えられていました。しかし、カウフマンは超神的領域の有無により、多神教と一神教はもともと別のものであると考えました。カウフマンが主張した旧約聖書の世界の独自性は次のようにまとめられます。

1　神は無限の存在（全知全能・永遠）
2　神話ではなく、人間の物語である歴史に焦点
3　神と人間の関係が道徳的に規律される

3を少し補足しますと、**旧約聖書の要諦は、神への賛美と感謝**に置かれます。ですから、神の力をどう扱うかという呪術的な関係ではなく、道徳的に規律されるようになるという意味です。ご利益ではなく、神との絶え間ない関係が信仰の目標になるわけです。そうした感覚から、ユダヤ・キリスト教の伝統では、「運命」という概念は「摂理」と「自由意思」に置き換えられるようになりました。

以上を踏まえて、旧約聖書に表れる一神教の特徴は次のように要約できます。

- **Morality Factor（倫理性）**
- **Mortality Factor（限界性）：人間は人間、神は神である。人間が死ぬ。絶対に神にはなれない。**
- **Covenant Factor（契約性）：聖書の神は人間と契約を結び、契約という愛の関係性のなかで存在しようと強く決意する。聖書の神は人間に約束を与え、それを成就する。**

聖書には「Promise and Fulfillment（約束と成就）」という神学的なパターンが存在します。聖書は、神が人と契約を結ぶ物語で満ちています。創世記9章のノア契約、創世記15章と17章のアブラハム契約、サムエル記下7章のダビデ契約が有名ですね。もちろん、出エジプト記19－24章のシナイ契約も重要です。

友が苦しんでいるとき、神はどこにいたのですか？

金 「キリスト教概論」を受けるようになって、キリスト教を一つの視点として、人間の尊厳や人権などについて考えるようになりました。キリスト教はある意味、とても合理的な宗教だと知りましたし、自分には無縁だと思っていたキリスト教が身近になった気がします。ですが、じつは、ひどく悲しいことがあったんです。先月のことです。高校時代の友達が亡くなりました。自殺でした。

先ほど、先生は超神的領域についておっしゃいましたね。超神的領域がないキリスト教では、すべては運命や偶然ではなく、神様の摂理で、導きなのだと理解しました。そうすると今回の不幸も摂理であり、私はそれに導かれるということだと思います。なんだかわからないけれど、神様のような存在が寄り添ってくれて一緒に歩いてくれる様子を想像すると、少しだけ気が休まります。でも、やっぱり悲しい。

亡くなった友達は、亡くなるひと月ほど前に、会いたいとＬＩＮＥを送ってくれました。私は新学期がはじまったばかりで忙しくて、なかなか彼女と都合がつかず、結局、ちょっと落ち着いたらね、ということになりました。でも……。あのとき、会っていたら……。何かが少し変わったかもしれない。友達はいまも生きていたのかも……。

最近は夜も眠れないんです。彼女の死はなんのためだったのだろう？　彼女はなぜ、こんなに若く、死ななきゃならなかったんだろう？　死んじゃったあと、彼女はどうなるんだろう？　これは、彼女を大切に思う私たちにとっての苦難なの？　それにしたって、彼女の人生が突然終わることは、彼女にとってなんの意味があったんだろう？　ぐるぐると頭のなかで考えてしまって。

「Covenant Factor」でしたっけ。**聖書の神は、人間と愛の関係性のなかで存在しようと強く決意する神**なんですよね。聖書の神は人間に約束を与え、それを成就する。でも、本当にそんな神様がいるのなら、神様は友達が苦しんでいたとき、どこにいたのですか？　なぜ、よき摂理で友達を導いてくれなかったんですか？　先生は第三講で鳩の雛の話をなさったとき、見えなくてもこの世界は愛に満ちているとおっしゃいましたよね。聖書は愛する親から送られた手紙のようなものだと。でも私にはその愛が感じられないんです。

なぜ？——短い生と死の意味を問う

教授　悲しいことがあったんですね……。胸が痛みます。そうですね。こんなことがありました。ドイツに留学していた時代のことです。

ある公園に三歳で亡くなった女の子のお墓がありました。墓石にはたった一言、「Warum（なぜ）」と記されていました。たぶん、ご両親によって刻まれたのでしょう。

女の子の生の意味は何であったのでしょうか。

彼女の死の意味は何であったのでしょうか。

女の子の短い生と死に意味があったのだとすれば、それは、死がご両親にもたらした耐え難い苦しみと悲しみよりも大きいものであったのでしょうか。私には、墓石に刻まれた「Warum」という言葉が、人間には答えられない問いを空に向かって発しているかのように思えました。

もし、神が存在しないとすれば、この女の子の死も、両親に与えられた苦痛も、そして、金さんのご友人の短い生も、すべては偶然に過ぎないということになってしまいます。その偶然が生み出した不条理さ、むなしさ、無意味さ……。そうしたものに、人はただ黙って絶望するしかありません。しかし、もし神が存在すれば……。人間と愛の関係性のなかで存在しようと強く決意する神が本当に存在するのであれば、どうでしょうか。**人は少なくとも、その神に対して問うことができます。「なぜ？」と問いかけることができるのです。**なぜ私をこのような目に遭わせるのか？　なぜ私に、こんな耐えがたい苦難と苦痛を与えるのか？「なぜ」と問いかける相手がいるのと、いないのとでは、大きな違いがあります。神に向かって「なぜ」と叫び、神の愛と摂理を発見し、癒やされる。

聖書に現れる多くの人々が、この世界の耐え難い苦しみの渦中で、神に「なぜ」と問いかけました。そうすることで、絶望を超えたところにある、人生の意味や意義を発見したのです。金さんも、旧約聖書の詩編を読んでみてください。ヒントがあるかもしれません。

田村 私はクリスチャンですが、家族が皆クリスチャンというクリスチャンホーム出身ではありません。十五歳でキリスト教と出会い、十八歳で洗礼を受けました。神様を信じてみたいと思ったきっかけは、通いはじめた教会で、自殺について教えていただいたことでした。「自殺はしてはならない。なぜなら、私たちの命は神様から預けられたもので、預けられたものを勝手に捨てることなんてできないでしょう」という教えでした。

この考えは信仰を前提にしているとは思いますが、「じゃあ、私も死ねないなぁ。信じて生きてみてもいいのかなぁ」と感じました。あ、私、そのときクラスでいじめに遭っていたんです。きっかけはちょっとしたこと。いじめられていた子をかばったら、今度は私が標的になっちゃって。

私が知っているキリスト教は、キリスト教のほんの一部です。ただ、キリスト教のコミュニティでは、「私はありのままの姿でいいのだ。なぜなら、神様に愛されているから」という考えによく出会います。小さい頃から周りがみんなクリスチャンなら、何の疑いもなく、そう思えるのかな。でも、私は洗礼を受け、クリスチャンとして新たな人生を歩むことができるという恵みをいただいたけれど、それでも、なかなかそうは思えない。人間の尊厳についても同じように感じるときがあるかも。神様がいて、私たちがどれだけ罪を犯しても愛してくださっている、だから、人間は神の前で平等に尊い。その考えが、わかるし、そう思いたいけど、腑に落ちないことがあるんですよね。

すべての生きものに生きよと命じる者

岡田 ところで、先生が好きな旧約聖書の箇所について知りたいです。

教授 たくさんあるんですよ。でも、いまの話と少しつながる箇所を紹介しましょう。エゼキエル書16章6節です。

しかし、わたしがお前の傍らを通って、お前が自分の血の中でもがいているのを見たとき、わたしは血まみれのお前に向かって、『生きよ』と言った。血まみれのお前に向かって、『生きよ』と言ったのだ。

この箇所は不信仰なエルサレムに対するアレゴリー（比喩）の文脈で現われます。このアレゴリーではエルサレムが、生まれてすぐに捨てられてしまった赤ちゃんにたとえられています。神はこの捨てられた赤ちゃんを憐れみ、良い服を着させ、良い食べ物を食べさせ、ずっと世話をして育てました。しかし、その赤ちゃんは成長するにつれてその神の愛に背を向け罪深い人になってしまいました。でも、**神はその罪にもかかわらず、堕落してしまったエルサレムを厳しく叱りながらも最後まで憐れみ導きます。そして「生きよ」と言う**のです。

岡田 先生はこの箇所がなぜ好きなんですか?

教授 人生のいちばんつらいときに出会った言葉だからかな……。私は、自分のことを堕落してしまったエルサレムのように感じずにはいられませんでした。詳しいことは言えませんが……。初期キリスト教の神学者であるアウグスティヌス(Aurelius Augustinus:354－430)は『告白』で次のように語っています。

あなたはわたしたちを、ご自身に向けてお造りになりました。ですからわたしたちの心は、あなたのうちに憩うまで安らぎを得ることができないのです。

当時の私はまさに心の安らぎを得ない状況にいました。毎日、絶望のなかでなんとか生きていました。そんなときに、エゼキエル書16章6節と出会ったのです。私にはまるで神の声のように聞こえました。

いまでも私にとっての**神は、何よりも「生きよ」と、命じる声のような存在**です。旧約聖書は神の名が「ヤハウェ」であると教えます。その名は古代ヘブライ語で「存在」を意味する語根「ハーヤー」に由来します。「ハーヤー」は「存在する」「ある」「生成する」などを表す言葉です。「ヤハウェ」は「すべてを存在させるもの」あるいは「すべてを生成するもの」という意味です。出エジプト記3章14節では、ヤハウェがご自分のことを「わたしはある。わたしはあるという者だ（エヒェ・アシェル・エヒェ）」と紹介しています。どういう意味かわかるようでわからない自己紹介ですが、私はこれを「**すべての生きものに生きよと命じる者**」と解釈したいです。

楊 確かに「生きよ」と命じる声が聞こえたら、もう少ししっかりして生きられる気がしますね。

教授 生きるのがつらい、死にたい、という考えが脳裏をよぎるときはぜひ、「血まみれのお前に向かって、『生きよ』と言った」というエゼキエル書16章6節を読んでみてください。これ、本当に効果ありますよ。

批判か、非難か――他者とともに生きる心はあるか

鈴木 でもね、先生。本当に生きるのがつらくなっている人に「生きろ」って言うのって、たとえ神様でも、すっごく残酷じゃない? いままで本当に一生懸命生きてきてね、それでもう、これ以上頑張れないってとこまで追い詰められているときに、生きることを強いるなんて、ちょっと無責任だと思うな。死んでしまいたいという、心からの願いを否定するのは、正しいことなの?

教授 そんなふうに限界まで追い詰められてしまう人もいますよね。心から死にたいという願いを否定するわけではありませんが、そのような人でも「生きよ」という神の声を聞いて、その瞬間を何とか堪え、耐え忍ぶことができれば……。やはり生き続けてよかったと思える日が来るのではないでしょうか。

私は皆さんには、どんな状況のなかにいても、そういう希望を持って人生を生きて欲しいと切に願います。私には、「じゃあ、つらいなら死んでもいいよ」と言うほうが、ずっと冷酷に思えるんですが、どうですか?

遠藤 旧約聖書には「生きよ」だけではなく、「殺せ」と命じる神の姿も同時に表われている

のではないかな。たとえば、申命記7章2節や、ヨシュア記6章21節、士師記5章31節などには、残酷で暴力的な表現も見られる。

教授 確かに日本では旧約聖書と言えば、排他的唯一神論や不寛容的選民神学のイメージが思い浮かべられることもあります。モーセ五書だけではなく他の書物も、イスラエルだけに妥当する神の摂理と恩寵、土地の約束と獲得、他民族に対する差別と虐殺で満ちた独善的書物として読まれることが多いように思います。しかし、私は**旧約聖書の真髄は、神の「生きよ」という命令に由来する共存・共生精神にある**と思います。

出エジプト記3章14節とエゼキエル書16章6節などで書き記されている生命肯定精神が旧約聖書の土台であり、それらの箇所と照らし合わせながら読むと、申命記7章2節、ヨシュア記6章21節、士師記5章31節といった、従来の解釈では排他的征服神学の代名詞のように思われている箇所も、共存・共生精神の表れとして読み直すことができます。それらの箇所の行間には、神の悲しみ、悲嘆、そして痛みがにじみ出ているからです。表面的観察で留まることなく、もう一歩踏み込んで読んでみる。そうすると、旧約聖書の根底に流れている魂とは、あくまでも自らとは異なる他者の考えや観点にも耳を傾け、そこからも神の声を聞き取ろうとする、徹底した開放と共存の精神である、と考えることもできるでしょう。

現代社会の最近の風潮では、国籍、文化、人種、性別、経済階層、世代の違いを、間違いのように捉えようとします。そのような不寛容と独存の態度によって、国家、集団、個人の間に生じてしまった分け隔ての壁が一層高くなっています。悲しいことです。

私は**「健全な批判」と「卑劣な非難」を区別する尺度は、他者との共存を求める精神があるか否か**だと考えています。そういう意味で、旧約聖書が教える生命肯定精神や共存・共生精神が現代社会に伝えるメッセージは意義深いものだと思います。

旧約聖書に反映される生命肯定精神と共存・共生精神は、ヤハウェがイスラエルの民だけではなく、他民族を救済するために絶え間なく働いておられ、神の民イスラエルが他民族と共存・共生することを喜ばれる神の真の姿を明らかにするものです。

旧約聖書は「我在る、故に、我思う」

鈴木 先生、顔が真っ赤だよ！　落ち着いて。ほかに特徴的な旧約聖書の考えにはどういうものがあるの？

教授 すみません。少し興奮してしまいましたね。旧約思想（旧約聖書の思想）の他の特徴と言えば……。ああ、これも面白いかも！　旧約聖書に表現されているヘブライ的思想は哲学的体系ではなく、できごとに対する応答なんです。つまり、**旧約聖書において、思想とはできごとに先立って存在するものではなく、むしろ、できごとによって形づくられる**ものなのです。このことは言語のレベルでも表れます。

旧約聖書原文の言語はヘブライ語です。ヘブライ語の単語の語源は動詞に由来します。このことは、ヘブライ語において、行動（動詞）に基づくできごとがとても重要なことを物語っています。ですから、旧約聖書はできごとを語る物語に満ちているんです。名詞の書ではなく、動詞の書なんです。

旧約聖書の考え方は「コギト・エルゴ・スム（cogtio ergo sum）」の反対です。フランスの哲学者ルネ・デカルト（René Descartes：1596－1650）の有名な言葉「我思う、故に、我在り」のことです。これに対して、旧約聖書の典型的な考え方は「我在る、故に、我思う」ということになります。「存在する」というできごとが「考える」という思想より先にあるからです。

カールセン　ほかにも、知っておくべき旧約聖書のできごとを紹介してください。

旧約聖書の内容を網羅する

教授 旧約聖書のできごとを要約してみましょう。

神は最初の人間であるアダムとイブを創造し、楽園であるエデンの園に住まわせます。最初の女性は「イブ」という人ですが、「イブ」は英語の発音です。原文のヘブライ語では「ハワ」と発音します。二人は神の命令に逆らい禁断の果実を食べてしまい、神によって楽園から追い出されてしまいます。その後も神に逆らう人間の罪の歴史は綿々と続き、ノアの時代になります。

ノアは神の前で例外的に正しい人でした。この時代、他の人々は皆、悪と暴力で完全に腐敗していました。神は心を痛め、ノアとその家族、選ばれた動物を残し、その他の人間や動物を洪水によって滅ぼすことにします。洪水の後、ノアの子孫が地上に栄えます。

創世記11章27節にはアブラムが登場します。アブラムは後に神によってアブラハムと改名される人物です。彼の登場は、悪と罪に満ちた暗い現実のなかで、神による、人類を救い出す新しい計画がはじまったことを意味します。イスラエルの民はこのアブラハムに由来する人々です。アブラハムの死後、イサク、ヤコブなどの族長によって形づくられたイスラエルの民は、飢饉を逃れるためにエジプトに移住します。そこまでが**「創世記」**という書物の内容です。

エジプトに移ったイスラエルの民は、最初のうちは、同族である宰相ヨセフの名声のおかげで歓待を受けます。しかしやがて、奴隷として扱われるようになります。

イスラエルの民の叫びに耳を傾けた神は、彼らを救い出すために一人のリーダーを呼び起こします。モーセです。イスラエルの民はモーセの指導のもと、エジプトから脱出し、神から約束されたカナンの地に向かって前進します。その経緯を書き記したのが旧約聖書の二番目の本である**「出エジプト記」**です。

実はキリスト教の神学にもっとも深い影響を与えたできごとの一つが、この「出エジプト」です。キリスト教は個人だけではなく、民族など共同体の救済も重んじます。その思想の源が出エジプトに見て取れます。つまり、旧約聖書において神学的および倫理的土台は出エジプトにあると言えるでしょう。出エジプトは、歴史上の一時点に起きた過去のできごとというだけにとどまらないのです。現在のできごとを解釈するための尺度として機能し、抑圧からの救済を図る原型となっています。たとえば、イザヤ書40章3－4節を読んでみましょう。

> 呼びかける声がある。主のために、荒れ野に道を備え／わたしたちの神のために、荒れ地に広い道を通せ。／谷はすべて身を起こし、山と丘は身を低くせよ。険しい道は平らに、狭い道は広い谷となれ。

カナンの地に定着したイスラエルの民は、ダビデ王によって統一国家を樹立するようになりますが、その後ソロモン王が死ぬと、紀元前九二二年頃、北のイスラエル王国と、ダビデの子孫が治める南のユダ王国に分裂してしまいます。神に対して偶像崇拝の罪を犯し続けた末、両王国は滅びます。紀元前七二二年、北王国はアッシリア帝国によって。南王国のほうも紀元前五八七年、新バビロニア帝国によって。

いま読んだイザヤ書40章3－4節の言葉は、バビロニアに捕虜として連れて行かれていた人々が解放され、故郷に帰還することを示しています。イザヤはこの解放を第二の出エジプトであると考えたわけです。初期キリスト教の教会共同体もまた、このような伝統を受け継ぎ、自らを「出エジプトの共同体」として捉えていました。我々は罪と抑圧に覆われた古い世界から抜け出て、イエス・キリストによって赦され、導かれ、神が約束した新しい世界に生きる群れである。それが初期のキリスト教を信じる人々の自己理解でした。

アブラハム系一神教はなぜ偶像崇拝を禁じるのか

カールセン 偶像崇拝の罪をくり返した結果、北王国と南王国が滅んでしまったって、なぜキリスト教は偶像崇拝をそんなに罪悪視するんです？　神の像を造ることは信仰の表れのようにも思えるけど、どうしてそんなに悪いことなんですか？

教授 いい質問ですね。偶像崇拝は、キリスト教だけではなく、ユダヤ教、イスラム教でも固く禁じられています。偶像崇拝を禁じる戒めは、旧約聖書の代表的な戒めである十戒にも記されています。

あなたはいかなる像も造ってはならない。上は天にあり、下は地にあり、また地の下の水の中にある、いかなるものの形も造ってはならない。あなたはそれらに向かってひれ伏したり、それらに仕えたりしてはならない。

（出エジプト記20章4－5節）

イスラム教の聖典であるコーランには、多神崇拝あるいは偶像崇拝を意味する「シルク（Shirk）」という言葉が現われ、やはり厳しく禁じられています。「シルク」は動詞「シャリカー（sharika）」から派生した動名詞ですが、詳しい意味は「誰かの相手をつくること」で、アッラーのそばに他の神を置く行為を表しています。コーランはアッラーがどのような相手とも力や権能を分けないと強調しています。

このようにアブラハム系一神教（ユダヤ教、キリスト教、イスラム教）では、偶像崇拝が許されない罪として否定的に捉えられているわけですが、その理由について橋爪大三郎氏と大澤真幸氏による共著『ふしぎなキリスト教』では次のように説明されています。

偶像というのは間違った神様ということですから、もちろん崇拝してはいけないわけですが、ならば偶像とは何か、と考えてみると、たいていのものは偶像です。目に見えるもの、さらに一般に感覚や知覚で捉えられるものは、みな偶像です。だから、石像のようなものをあがめても、誰か人間を崇拝しても、すべて偶像崇拝ということになります。神は、結局、「これだぞ」とか「ここにいるぞ」とか示すことはできない。だから、預言者が間に入ってくれないと、神と関係することができないわけです。

要点をかなり正確についていると思います。もっとわかりやすく説明するなら、偶像崇拝は浮気です。アブラハム系一神教では、神と人間は愛の契約という関係を結んだわけです。契約を結んだ神は人に誠実を尽くし、人は神に誠実を尽くす。結婚した新郎・新婦のような関係です。しかし、もう一方で、神は人間にとって絶対他者です。人間の手でつくられた造形物によって表わされるような存在であってはなりません。つまり、**契約を結んだ「もっとも近い存在」であり、人とは明確に違う「もっとも遠い存在」である。**この二つの面が合体しているのが、一神教の奥深いところです。

そういうわけで、人間の崇拝および礼拝を受けるべき存在は真の神しかありません。**嘘の神である偶像を崇拝することは、配偶者以外の異性と浮気をするような不誠実の罪になるわけですね。**

モーセ五書の著者は一人ではない

カールセン 先生、また違う質問なんですが、モーセ五書の著者って誰なんですか？

ぼくはモーセ五書の著者がモーセだと思っていたんだけど、違うと聞いてびっくりしたんです。創世記から申命記までの五冊はモーセではなく、J、E、D、Pという四人の匿名の著者が書いたって、本当ですか？

教授 ユリウス・ヴェルハウゼン（Julius Wellhausen：1844－1918）というドイツの聖書学者によりますと、創世記1章はP資料、あるいは祭司資料と呼ばれる文書の一部で紀元前六世紀頃に成立したものです。詳しく知りたい人は、日本キリスト教団出版局から刊行されている拙著『旧約文書の成立背景を問う：共存を求めるユダヤ共同体』を読んでみてください。

ヴェルハウゼンによりますと、**創世記から申命記までの五つの書物は、J、E、D、Pの四つの資料を組み合わせることで完成**されました。まずJ資料（ヤーウィスト資料）について。ヴェルハウゼンは、この資料がもっとも古いものであり、南王国の伝統を反映していると考えました。南王国というのはユダ王国を表す用語です。ユダ王国由来の伝承が多く、華やかな文体や神人同型論的な表現などが頻繁に表れることがJ資料の特徴です。

カールセン 神人同型論ってどういうことですか？

教授 **神人同型論とは、神に人間と同じ外観や性質を投影し、神を擬人的に描く表現方法**です。たとえば、創世記6章6節に表われる「神が人を造ったことを後悔した」といった表現ですね。

J資料の次に成立したのがE資料（エロヒスト資料）です。神の超越性を強調し、J資料と比べると、人間の倫理道徳性に気を配っています。人類全体の歴史には興味がなく、もっぱら古代イスラエルの歴史に関心が集中しています。J資料を世界主義的とするなら、E資料は民族主義的です。E資料

モーセ五書の四つの資料の特徴

	物語の割合が多い	律法の割合が多い
北王国（イスラエル）由来	**E資料** 紀元前9－8世紀頃に成立	**D資料** 紀元前7世紀頃に成立
南王国（ユダ）由来	**J資料** 紀元前10－9世紀頃に成立	**P資料** 紀元前6－5世紀頃に成立

は北王国の伝統を反映していて、Ｊ資料より百年ほど遅く、紀元前八世紀頃に完成されたと考えられています。

Ｄ資料（申命記資料）は紀元前七世紀頃の資料です。ヨシヤ王の宗教改革を導いた文書だと考えられています。神に対するイスラエルの内面的な忠誠と、絶対的な従順が重んじられます。エルサレム中心の儀式制度を守るよう命じられています。

Ｐ資料は四つの資料のなかでいちばん新しく、祭儀的な戒めや儀式的な規則に最大の焦点が当てられています。Ｐ資料は紀元前六世紀から紀元前五世紀頃、祭司階級に属していた著者、あるいは著者グループによって執筆されたと考えられます。Ｐ資料の著者は様々な目録、系譜、正確な測量の記録を好みました。文体も非常に独自性があります。

ヴェルハウゼンの文書説は、あくまでも仮説です。たとえば、四人の著者なのか、四つの著者グループなのかについて、聖書学の世界では議論が続いています。それどころか、Ｊ資料やＥ資料が本当に存在していたのかについても、激しい論争が行われています。

人間が神の言葉を書いてもいいのか？

金 えっ、でも聖書って神の言葉じゃなかったんですか。四人の人間の思惑や意図がたくさん入り込んじゃうと、神の言葉だとか、啓示だなんて言えなくなりませんか？　人間の言葉で綴られた書物ならば、信仰の対象になる神聖な書物ではなくなるのでは……。

田村 うーん。私もやっぱり、ヴェルハウゼンの文書説はモーセ五書の成り立ちを完全に人間の業として捉えている感じがします。聖書のテキストを歴史的・文化的背景から分析し、解釈を検討することは、客観性を高めるけれど、信仰を持つ私としては、聖書は神の霊感によって書かれた聖なる文書であると思いたい面もあります。

楊 私は聖書の言葉は神の言葉ではなく、著者が独自に考えたことを綴っているだけなのではないかと思いました。それに、一つの経典のなかに、複数の異なる著者による解釈や表現を含むのは、多神教的ではありませんか？　聖書の神様が一人なら、言うことも一つにまとまるはずではないのでしょうか？

教授 おっしゃることはわかります。しかし私は、必ずしもそのような結論に至る必然性はないと思っていますよ。

神が複数の著者を用いてそれぞれに違う意見を述べさせた。そうして、より包括的で、幅広い思想や神学が聖書に含まれるように導いてくださった。そんな解釈もできます。著者が複数いたからといって、必ずしも多神教的であるとは言えません。**聖書を読むときは、内容**

をただ文字通り受け止めるだけではなく、時代背景や執筆動機についても意識しながら読むと、より多くのことを理解することができます。たとえば、それぞれ少しずつ異なる神学や思想を標榜する、J、E、D、Pの四つの資料が編み合わされる形で旧約聖書が完成したということはとても意義深いことです。異質な他者の思想や神学を排斥するよりも、それと共存・共生しようとする編集の方向性がそこに表れるからです。これは、旧約聖書における、もう一つの共存・共生精神の証であると言えるでしょう。こうした聖書理解は、より豊かで成熟した信仰、あるいはキリスト教徒でない人にとっては、他者理解につながると思います。

『神学大全』で有名な中世の神学者トマス・アクィナス（Thomas Aquinas：1225－1274）は、神の恵みは自然を破壊せず、むしろ完成する（Gratia non tollit naturam, sed perficit）と考えました。言い換えれば、信仰は理性を破壊せず、むしろそれを完成するということです。

私は**理性を完成する信仰こそ健全である**と思います。そういう意味で、**聖書を学問的に分析する読み方と、聖書を信仰の書として理解する読み方は相容れないどころか、むしろ相互に補い合う関係にある**と考えています。私の恩師の一人であったオットー・カイザー（Otto Kaiser：1924－2017）教授の話を少し紹介しましょう。彼は世界的聖書学者でしたが、口癖のようにご自分の学問的研究と分析は聖日礼拝の際に行われる説教のための準備であると言っていました。私も聖書を学問的に分析しながら読むことは、信仰の助けと導きになると実感しています。皆さん、それではまた、次の講義で会いましょう。

第五講

新約聖書の「赦し」

被害を受けたとき、あなたは加害者を許せるか？

課題文献・作品

『ルカによる福音書』／『ヨハネによる福音書』／
映画『シークレット・サンシャイン』

新約聖書の内容を網羅する

教授 それでは講義をはじめます。前回まで二回にわたって旧約聖書を中心にお話しました。そこで今日からの二回は新約聖書について取り上げます。

新約聖書は大きく分けて、四つの部分で構成されます。

1　福音書：　マタイ、マルコ、ルカ、ヨハネ
2　歴史書：　使徒言行録
3　書簡：　パウロ書簡（ローマの信徒への手紙からフィレモンへの手紙まで）、公同書簡（パウロ以外の著者が執筆した書簡、ヘブライ人への手紙からユダの手紙まで）
4　黙示文学：　ヨハネの黙示録

新約聖書は紀元後五〇年頃から一五〇年頃までに執筆されました。紀元後一世紀に話されていたもっとも日常的な言語コイネーギリシア語で書かれています。つまり、新約聖書は当時の庶民の言葉で書かれた書物だと言えます。

簡単にそれぞれの内容を説明しましょう。

福音書はイエス・キリストの誕生、生涯、死と復活を四つの異なる視点から描いています。イエス・キリストが旧約聖書で約束されていた「メシヤ（救い主）」として、新約聖書全体の教えの土台を築いた様子が書かれています。

使徒言行録はイエスが宣べ伝えた福音が、世界中に広がっていく宣教過程について、イエスの弟子達の活躍をもとに描いています。教会の誕生とその著しい成長の様子が読み取れます。

書簡のうちパウロ書簡は、使徒パウロによって書かれた教会宛の手紙です。キリスト教の信者が知り、従うべき、教えや生き方についての書です。パウロ書簡以外の書簡は公同書簡と言われます。様々な、倫理的あるいは教義的な教えが書かれています。

ヨハネの黙示録にはこの世の終わりに起こるできごとに関する黙示（人意を超えた真理）が記されています。

新約聖書の主人公イエス・キリストとは

岡田 新約聖書が福音書からはじまるのは、イエスが新約聖書の主人公だからなんですか？

教授 そうですね。**主人公はなんと言ってもイエス・キリスト**です。キリスト教をどこから説明しはじめるべきかと考えると、やはり、この宗教の中心人物イエス・キリストからはじめるのがわかりやすいです。だから新約聖書は、イエスにフォーカスを当てた福音書からはじまるのでしょう。

福音書に描かれているイエスという人物について少し考えてみましょうか。イエス・キリストという名前について、イエスが名前で、キリストが苗字だと思っている人もいますが、キリストというのは苗字ではありません。ギリシア語の「クリストス」から出た一つの称号です。

鈴木 ええっ！　私は、まさにキリストは苗字だと思ってた！　「クリストス」ってなんなの？

教授 「クリストス」という言葉は、ヘブライ語の「メシヤ」という言葉の翻訳で、「油を注がれた者」という意味です。聖書の伝統によれば、王、預言者、祭司など、神から重要な任務を受けた人々は油を頭に注がれて特別な権威を与えられました。ですから、**「イエス・キリスト」とは、「神から油を注がれ特別な権威を受けたイエス」という意味**です。「イエス」という名前は、ヘブライ語で「ヨシュア」という名前をギリシア語風に発音したものです。ですから、イエスの本来の名前は「ヨシュア」でした。「ヨシュア」は当時のパレスチナにおいては、ごく一般的な男性の名前でした。日本の「太郎」のような感覚です。

遠藤 つまり、「ナザレのイエス」は「三鷹の太郎」みたいなニュアンスであったと。

教授 その通りです。ただし、ナザレという村は三鷹のような都市ではなく、数百人しか住民がいない小さな農村でした。とにかく、すごい田舎だったわけです。

カールセン ぼくは予習で新約聖書を読んでみたんです。「異邦人」という言葉が何度か出てきました。読みはじめたばかりだから、勘違いしてるかもしれないけど、「異邦人」に対して、差別的な記述があって驚きました。ぼくは、キリスト教は分け隔てなく人々の救済を目指していて、差別的な態度とは無縁だと思っていました。「異邦人」とはいったい誰のことなんですか？

罪を犯したことのない者が、まず、この女に石を投げなさい——愛と正義の両立

教授 「異邦人」という言葉は、当時のユダヤ人以外の人々を指す表現だと思います。イエスが生きていた時代のユダヤでは、「異邦人」は一般的に罪人であり、神から見捨てられた人々

だという考えが通用していました。万民の救済を目指したイエスがそのような差別的な考えに同意していたとは思いませんが、ユダヤ人たちに神の御心をわかりやすく説明するうえで、当時広く通用していた表現を用いたのでしょう。それでは、このイエスという人物の人柄を表すエピソードを一緒に読んでみましょう。

1）イエスはオリーブ山へ行かれた。
2）朝早く、再び神殿の境内に入られると、民衆が皆、御自分のところにやって来たので、座って教え始められた。
3）そこへ、律法学者たちやファリサイ派の人々が、姦通の現場で捕らえられた女を連れて来て、真ん中に立たせ、
4）イエスに言った。「先生、この女は姦通をしているときに捕まりました。
5）こういう女は石で打ち殺せと、モーセは律法の中で命じています。ところで、あなたはどうお考えになりますか。」
6）イエスを試して、訴える口実を得るために、こう言ったのである。イエスはかがみ込み、指で地面に何か書き始められた。
7）しかし、彼らがしつこく問い続けるので、イエスは身を起こして言われた。「あなたたちの中で罪を犯したことのない者が、まず、この女に石を投げなさい。」

8）そしてまた、身をかがめて地面に書き続けられた。
9）これを聞いた者は、年長者から始まって、一人また一人と、立ち去ってしまい、イエスひとりと、真ん中にいた女が残った。
10）イエスは、身を起こして言われた。「婦人よ、あの人たちはどこにいるのか。だれもあなたを罪に定めなかったのか。」
11）女が、「主よ、だれも」と言うと、イエスは言われた。「わたしもあなたを罪に定めない。行きなさい。これからは、もう罪を犯してはならない。」

（ヨハネによる福音書8章1―11節）

カールセン　面白い物語ですよね！　けっこう生々しいし。

教授　この物語は有名ですが、主要な写本には載っていないことが多いのです。おそらく、後に加筆されたのだと思われます。とはいえ、このエピソードの独特な雰囲気や、イエスの他の教えとの連続性などから考えると、誰かが勝手に書き加えたというより、口伝で伝わった実際のできごとを後から書き記した可能性が高いでしょう。ヨハネによる福音書8章をはじめて読む人もいると思います。この箇所を私が要約してみます。

ある朝、イエスが神殿で人々に教えている際、一群のファリサイ派の人々が姿を現しました。彼らはイエスと神学的に対立していました。ファリサイ派の人々は夫がいながら他の男性と肉体関係を結んでいたとして捕らえられた女の人を連れてきました。この女の人を真ん中に立たせ、彼らはイエスに次のように聞きました。

「先生、この女は姦通をしているときに捕まりました。モーセは律法のなかで、こういう女は石で打ち殺せと命じていますが、先生はどうお考えですか?」

ファリサイ派の人々の目的は正義ではなく、憎んでいるイエスを試し、訴える口実を得ることでした。つまり、イエスはどのような返事をしても、ファリサイ派の人々に訴えられる状況でした。

もし、イエスがその女を石で打ち殺しなさいと命じたら、イエスがその時まで教えてきた愛と赦しの教えは何の意味もなくなってしまいます。なぜなら、イエスは弟子たちに、赦しの大切さを何度も強調し、心から他者を赦さないなら、神も同じようになさると教えてきたからです。

しかし逆に、その女の人を罰せずに、赦してしまったら、当時のイスラエル人たちにとって社会規範の源であったモーセの律法を無視することになります。イエスは社会の正義をないがしろにする人間という汚名を着せられることになってしまいます。

このような窮地でイエスはどうしたか。イエスは人々に次のように言いました。

「その女を石で打ち殺しなさい。ただし、あなたがたの中で罪がないものがまずそうしなさい」

人々は、女の人をにらみつけていた目を自分自身に向けます。神様の前で自分は一点の汚れもないと言い切ることができるのか。良心がとがめ、年寄りから若者まで一人ずつその場所を立ち去っていきました。最後には、イエスとこの女の人が残りました。イエスは女の人に言いました。

「わたしもあなたを罪に定めない。行きなさい。これからは、もう罪を犯してはならない」

この話で、**イエスは、愛と正義という、一見すると、相互に矛盾して見える価値を両立させて**います。

罪を憎んでも、罪人を憎まない——赦すということ

楊 愛と正義を両立させたとはどういうことですか？

教授 イエスが初めに言った、「あなたたちの中で罪を犯したことのない者が、まず、この女に石を投げなさい」という言葉は正義に当たります。罪を犯せば、罰を受けなければならない。それが正義です。正義が崩壊すれば、社会には悪が蔓延し、健全な生活が成り立たなくなってしまうからです。イエスは、「罪を犯したことのない者がまず、この女に石を投げなさい」と言うことで、罪があれば罰を受けなければならない、そして、その罰を執行する資格のある人間は、何の罪も犯していない人でなければならないという正義の本質を見事に言い表しました。そして、「わたしもあなたを罪に定めない。行きなさい。これからは、もう罪を犯してはならない」という言葉は、赦しと愛の精神に当たります。罪を犯した人間のすべての存在を受け入れ、赦す。そういう、人間に対する深い愛と憐れみの精神です。

カールセン イエス、かっこいいなあ！

教授 そうですね。素敵なエピソードです。キリスト教は**現状肯定主義**ではありません。**そ**

れは罪も、罪人も憎まず、肯定してしまうという立場です。また、ファリサイ派の律法主義とも異なります。**律法主義は罪を憎んで、罪人も憎む立場**です。キリスト教の罪に対する立場は**改心主義**です。**罪を憎んでも、罪人を憎まない**。それを理想とする立場です。キリスト教は律法主義と現状肯定主義という両極端を拒否し、改心主義という第三の道を提示する宗教です。

遠藤 しかし、キリスト教が「罪を憎んで罪人を憎まず」というなら、なぜキリスト教会には破門という制度があるのだろう。

教授 破門はカトリック教会にある制度で、プロテスタント教会にも懲戒制度にあたるものはあります。破門は重い罪を犯した人が教会から除名される処罰ですが、多くの場合、永久の処罰ではありません。破門された人が罪を反省し、悔い改めれば、措置は撤回されます。いずれにせよ、**破門や懲戒は現実的に教会共同体を運営するために必要な場合もあるでしょう。**

遠藤 なるほど。しかし、重ねて疑問がわくな。いくら罪を犯しても赦されるというなら、反省せずに犯罪をくり返すような極悪人が増えないんだろうか。

教授　遠藤さん、いいポイントを指摘してくれましたね。遠藤さんがいうことは、ディートリヒ・ボンヘッファー（Dietrich Bonhoeffer：1906－1945）というドイツの神学者が批判した「安価な恵み」と重なるところがあると思います。ボンヘッファーはキリスト教の赦しが「安価な恵み」になってはいけないと考えました。彼が思う**「安価な恵み」とは、悔い改めなしに与えられる赦し**です。そのような赦しは罪人だけではなく、罪そのものまでもよしとする現状肯定主義に陥ってしまうでしょう。神から与えられる赦しではなく、私たちが自分で勝手に手に入れた自己満足や自己欺瞞にすぎない。

キリスト教において真の赦しとは、福音書に記されたイエスのたとえ話のように、畑に隠された宝に似ていると思います。とても貴重で、受け取る側にも覚悟が必要である、ということです。イエスのたとえ話では、貴重な真珠を見つけた人は、その宝を得るために自分の持ち物をすっかり売り払い、それを買いました。赦す側が高価な真珠を与えようとしても、赦される側に受け取るに相応しい準備ができていなければ、その真珠を受け取ることはできないでしょう。ここでいう、準備とは、すなわち、心からの悔い改めと反省です。赦しという宝を受け取るために欠かせない前提です。

加害者の罪も犠牲者の傷も適切に扱うには

金 私たちが日常で犯した間違いに対する人間どうしの許しと、人間の罪に対する神からの赦しに違いはありますか?

教授 日本語の漢字では、神の「赦し」と人間の「許し」とを分けて考える傾向があるようですね。これは非常にキリスト教的で面白いなと思います。「ゆるす」とき、神と人間には共通点も相違点もあって、区別できるからです。

キリスト教的観点からすると、**神の「赦し」は「ゆるし」の原型。人間の「許し」はその真似**として捉えることができます。人間の許しは「神の似姿」としての人間に与えられた神的能力です。

人間はイエス・キリストを通して、顕わになった神の無条件の赦しを受け、それを真似るように励まされる存在です。逆に言うと、人が他人に対して犯すすべての罪は、究極的にはその他人の創造者である神に犯す罪になります。

遠藤 そういうキリスト教の罪についての理解は、ゆるしの問題を乱暴に水平軸から垂直軸へ転移させてしまったという批判もある。「人間の許し」を乞う段階を勝手に飛び越え、「神の赦し」を求めることは、罪の犠牲者の傷に対しての無神経、あるいは鈍感さにつながるという批判だ。被害者である人間にゆるしてもらうのではなく、その被害者を放っておいて、究極的赦しの担い手である神に向かってゆるしを求めるというのは、どうかな。批判は的を射ていますよ。

鈴木 遠藤さんの話を聞いて、二〇〇七年に公開された韓国映画『シークレット・サンシャイン』を思い出したよ。だいぶ前の映画なので、ネタバレになっちゃうけど、ストーリーを説明するね。

夫を失って地方の小都市に来た女性が主人公。彼女には息子がいて、必死に生きていました。なのに、その息子を塾の塾長が誘拐して、殺害してしまうんです。傷ついた女性は、キリスト教を信仰することになり、宗教を通じて心の安らぎを見つけました。ついには、キリスト教の赦しを実践しようと決意し、息子を殺した犯人を許すために、刑務所へ行きます。

女性は殺人犯と面会します。しかし、殺人犯は主人公に謝罪するどころか、むしろ自分はすでに神に赦しを受けたのだから、共に祈りましょうと開き直るのです。

女性は絶望し、殺人犯と神に向かって呪いの言葉を浴びせます。

殺人犯の態度が、クリスチャンたちの赦しの典型的な考えであるなら、私も女性の叫びに共感しちゃう。「私が許してないのに他の誰が許せるの？」って。

教授 確かに、キリスト教神学の伝統は、そのような誤解が生じる危険性をはらみます。神学者の森本あんり氏は、伝統的なキリスト教神学が、人間の「罪」に焦点を当て過ぎたからだと分析しています。「いかにしてその罪を『ゆるされる』か」という議論が関心の的になってきた、と。森本氏は「『ゆるされる』こと」への過度な強調が、「罪人」つまり「加害者」の側にばかりフォーカスした形で表われたと批判します。「被害者」の側にあまり神学的配慮がなされなかったことへの批判ともいえます。

このような神学的危険性を克服するために、従来の西洋の神学を修正しようとする動きがあります。**「アジア神学」**です。「アジア神学」については、森本あんり氏の『アジア神学講義——グローバル化するコンテクストの神学』という本をぜひ読んでみてください。『アジア神学講義』で紹介されている韓国の神学者は、**被害者のうちに生じる深い精神的な傷を「恨」（ハン）という韓国語で表しました。そしてこれを「罪」の補完概念として用いる**べきだと唱えます。そうすることで、「加害者の罪」のみならず、「被害者の傷」も適切に扱われる可能生が開かれるという考えです。この提案は、キリスト教神学がアジア的発展を成し遂げた一つの形として、私は高く評価しています。

罪は裁くだけでじゅうぶんなのか？

楊 私は、罪を憎んで人を憎まずというスタンスが好きです。でも、「心からの悔い改めと反省」や、そこからたどり着く「赦し」を実際に見極めるのって難しいと思うんです。ヨハネによる福音書8章の「赦し」は、イエスだからできたことかもしれない。でも、現実で裁くのは普通の人間です。人は誰しも間違います。うわべの言葉だけの謝罪でも、心の底からの謝罪だと勘違いして、本当の意味で過ちを自覚していない罪人を赦してしまうかもしれません。だから、現実では法による裁きがあり、刑罰というペナルティを罪人に課していますよね。刑期を定め、罪を悔い改める時間を与えています。

その場限りの謝罪や赦しは何を生み出すのでしょうか。キリスト教の「赦し」に関する考えは、なんだかあまいなあ、と思ってしまいます。

教授 私は罪をこう定義します。

罪とは、理性によって正当化できないもの。

罪を犯したという自覚は「理性的には認めにくい漠然とした意識」です。罪を犯した経験自体が不安と恐れのなかに隠されている場合も多いのではないでしょうか。
　しかし、この感情がいったん、告白によって外へ表現されるとき、告白をした人は罪の力から解放されるわけです。それでは、人はいつ自分の罪を告白するのでしょうか。

楊　うーん、人はなかなか自分の罪を告白しにくいものだと思います。自分の口で罪を認めることは、自分の間違いに、恥じらいやプライドを捨てて向き合うことです。それは簡単ではない。でも、裁判などで自分の罪に対する罰が下されたとき、人は自分の罪を告白しなくてはいけないんじゃないでしょうか。

教授　確かに人は、間違いを他者から追及されたとき、罪を告白する必要があるでしょう。しかし私は、**罪を裁くだけではじゅうぶんではない**と思うのです。裁かれると、言いわけをして逃れてしまう、自分の罪を罪として、向き合うことから逃げる。それが、私たち人間の一面ではないでしょうか。
　しかし、**裁かれるだけではなく、そこに赦しの可能生が存在するとき、人は罪というものが、それのみの単独の概念ではなく、赦しとの相関概念であると知らされる**のです。たとえば皆さんが、漠然と悪いことかもしれないとは感じる、しかし罪と呼ぶほどではないと思えるようなことをしたとします。その行為が、人によって赦されました。そのとき、はじめて、その行為が罪だったと気づく。そういう経験をしたことはありませんか。私は、罪の意識というものは、犯した行為の深刻さによるものではなく、赦しへの見込みによるものであると感じることがあります。

もちろん、すでに話しましたように、キリスト教の贖罪思想が乱用されたり悪用されたりする危険はあります。しかし、この世に万能の思想は存在しません。だからこそ、いかなる思想も、長所だけではなく、その危険性も意識することは大切です。**キリスト教の赦しという概念は、加害者に自分の罪を自覚させ、その罪を罪として向き合わせる働きがある**ことも忘れないでください。

殺人は赦されるのか？——死刑制度を考える

金 なるほど。罪と赦しの相関概念という考え方によって、罪人は罪を告白し、悔い改めることができるようになるんですね。でも先生、一つ質問があります。キリスト教ではどこまでの罪が赦されるのでしょうか？
十戒では「汝、殺す勿《なか》れ」として殺人を禁じています。先生は殺人でも、人は赦しの精神を持つべきという考えですか？　日本では死刑制度をめぐる議論が長く続いていますよね。先生はクリスチャンの立場から死刑制度についてはどのような考えをお持ちですか？

教授 キリスト教で赦される罪に、制限はありません。つまり、**神の御前で心の底から反省し、悔い改め、イエス・キリストの贖いを信じるのであれば、赦されない罪は存在しない**のです。

これはキリスト教の罪観とも関係があります。

英語で「罪」という言葉には「crime」と「sin」の二つがあります。「crime」は外に表れた一つ一つの悪い行いで、「sin」は外に表れない心のなかの動きです。「sin」は究極的には、神との関係が歪んでしまった状況を表しています。

人が「crime」を犯すのは、その根っこに「sin」があるためです。それは「sin」の状態が克服されれば、「crime」も起きないことを意味します。このようにキリスト教では、罪に関して内面の動機や心中の動きをより重視するスタンスです。ですから、外に表われた「crime」の深刻さだけを見て赦されるか否かを判断したりはしません。

死刑制度についてですが、キリスト教はその最初期から死刑と向き合ってきました。イエスが十字架につけられ死んだことは、キリスト教徒に深い影響を及ぼしました。その後三世紀間、キリスト教徒は死刑に対して否定的な態度を取ることになりました。キリスト教徒は処刑にかかわること、公開処刑の場に居合わすこと、そして、死刑に至るかもしれない犯罪者の訴追を行うことなどを避けるよう教えられました。

このように初期キリスト教は明確に死刑反対のスタンスです。このスタンスは、同じく初期キリスト教徒が、命がけで守ろうとした絶対平和主義とも切り離せません。**国家権力が人間の命を奪う。その点で、死刑は本質的に、戦争と同じ論理構造の上に成り立っているから**です。

三一三年、コンスタンティヌス帝がミラノ勅令を発布し、キリスト教をローマ帝国の公認宗教として認めることになりました。それによって、キリスト教徒の絶対平和主義も死刑反対のスタンスも揺らぐことになります。とはいえ、キリスト教の死刑反対の精神は、いまでもずっと続いていると言えるでしょう。

私自身は国家権力によって人の生命が奪われるということに矛盾を感じます。そして、罪を憎んでも罪人を憎まないことを理想とするキリスト教の改心主義に照らし合わせても、やはり罪人から更生の機会と可能性を奪ってしまう死刑制度を支持することはできません。

私の体は私のもの——姦淫や売買春はなぜ罪なのか？

鈴木 先生の言ってることがちょっとわかったよ。罪の告白と赦しがそんなに大切なことなら、私も気をつけていこうかな。

先生、赦されるって、どういう感覚なんですか？ 私はこんなことを考えることがあるんだ。なぜ人は浮気をしちゃいけないの？　なぜ売春はだめなことなの？　姦淫や売春がいけないのは、聖書や他の宗教の本でも禁じられているからでしょ？　でも、宗教を完全に切り離したとき、姦淫や売春が悪いと言われる理由がわかんない。じつは、昔からの知り合いでパパ活とかやってる子がいるんだ。もともと生活が苦しいおうちだったこともあるけど、コロナでお母さんの収入が減っちゃって、ますます大変なんだって。自分の意志で自分の体を使って自分のできる生計の立て方としてパパ活をする。それがだめって、私はちょっと言えないよ。

教授　**キリスト教では売春も、買春もどちらも罪**と捉えられます。売買春が罪とされるのは、誰も人間の体を性的快楽のために売り買いする権利を持っていないからです。たとえ自分の体であっても。キリスト教的に言うと、皆さんの体は神の霊が宿っている尊いものです。コリントの信徒への手紙一の6章18－20節にはこうあります。

みだらな行いを避けなさい。人が犯す罪はすべて体の外にあります。しかし、みだらな行いをする者は、自分の体に対して罪を犯しているのです。知らないのですか。あなたがたの体は、神からいただいた聖霊が宿ってくださる神殿であり、あなたがたはもはや自分自身のものではないのです。あなたがたは、代価を払って買い取られたのです。だから、自分の体で神の栄光を現しなさい。

鈴木 私の体ってそんなにすごいものかな。神様が存在するとして、とっても失礼な言い方だけど、神様は先に存在していただけで、そこから勝手に人間をつくりだしたんでしょ。私は自分の体をどうするかは、その人自身にしか決められないと思う。神様ってなんだか、意地の悪いおっさんみたい。

遠藤 私も鈴木さんの意見に賛成する。ジョン・スチュアート・ミル（John Stuart Mill：1806－1873）というイギリスの哲学者が一八五九年に出版した『自由論』（On Liberty）という本がある。ミルは**「危害原理（Harm Principle）」**という、人間の自由に関わる原理を提唱している。**人は個人であれ、集団であれ、他者の行動に干渉することが正当化されるのは、自衛の場合にのみ限られる**という原理だ。

つまり、本人の意に反して自由を制限することが正当化されるのは、その自由によって他者に危害が及ぶのを防ぐためだけ、ということ。それ以外の、たとえば、本人のみにかかわる領域については、本人の自由が認められるべきだろう。己の心身に対しては、自分が最高の主権者だから。売買春も本人のみにかかわることだ。誰にも危害を与えない。売買春を行う本人どうしが同意すれば、その自由は認められるべきだと思う。自由に売買春する権利も現代社会の人権の一つとして認めるべきじゃないだろうか？

イエスはなぜ罪人を歓待したのか？

教授 なるほど。それでは、その質問に答えるために、ルカによる福音書15章について少し話しましょう。

導入部である1節では、徴税人や罪人がイエスに近寄ってくる様子が描かれています。2節では、それに対してファリサイ派の人々や律法学者たちが「この人は罪人たちを迎えて、食事まで一緒にしている」と不平を言う場面が続きます。2節にある「この人は罪人たちを迎えて」という表現のなかで「迎える」に該当するギリシア語原文の動詞は「プロスデケタイ（προσδέχεται）」です。これはイエスが、徴税人や娼婦など当時、罪人とされていた人々とただどこかへ行き食事を一緒にしたというよりは、ご自分のところに彼らを招待し、もてなしたということを示します。

イエスは、このように、当時のユダヤ社会で蔑視されていた徴税人や娼婦をご自分のところへ迎えて、彼らが**人間の目には限りなく小さく見える存在であっても、神の視点ではかけがえのない価値を持っている**ということを、二つのたとえ話で教えました。

二つのたとえ話は、文学的にはほぼ同じ構造を持っています。

一つめは、持っていた百匹の羊のうち、一匹の羊を見失い、見つけ出した羊飼いの話です。

二つめは、ドラクメ銀貨十枚のうち一枚をなくしてしまい、それを再び見つけた女の人の話です。ドラクメ銀貨一枚の価値は、当時の日雇い労働者の一日分の給料に値しました。現在なら一万円くらいでしょうか。

羊を見つけたことも、銀貨を見つけたことも、嬉しいに決まっています。ただ、持ち主たちの喜びぶりは、私たち読者には理解し難いところがあるのです。

羊飼いは、喜び、羊を担いで家に帰り、友達や近所の人々を呼び集めました。つまり、お祝いのパーティーを開いたのです。銀貨を見つけた女の人もまた、喜び、友人やご近所さんを呼び集めました。こちらも、お祝いの宴会を開くということでしょう。

二つのたとえ話は、彼らの喜びが経済的理由のみに基づいていないことを表します。見つけた羊や銀貨の経済的価値より、ずっと高くつく宴会を開いたわけですから。もしかすると、見つかった銀貨は思い出の贈り物だったのかもしれません。理由までは書かれていないので、わかりません。しかし、羊も銀貨も、持ち主にとっては経済的な価値を超えた、何かしら人格的な関わりを持つ価値があるとわかります。法律的な言い方をすれば、「等価物で置き換えることができないかけがえのない価値」を持っていたのです。

目に見える表面の価値のみではない。
目に見えない裏面の価値を持っていた。
罪人に対して目に見えない裏面の価値を見いだしておられる方が神である。

ルカによる福音書15章は、そうはっきりと宣言しています。

なぜなのでしょうか。神は、なぜ罪人に対してこれだけの価値を見いだしているのでしょうか。なぜ人格的な関わりを持つ価値、等価物では置き換えることができない価値を見いだしておられるのでしょうか。なぜ一人の罪人が悔い改めれば、神の天使たちの間にはこれだけ大きな、平凡な人間の目では理解し難い喜びがあるのでしょうか。

まさにその問いのなかにキリスト教の神秘があるような気がします。なくしたものを探し求める神の労苦の大きさ、それを見つけ出した喜びの大きさ、その**理解し難い労苦と喜びをキリスト教では「恵み」と呼んでいるのではないか**と思います。罪人である人間のなかにある表面的な価値ではありません。神が私たち人間のなかから一方的に見つけ出す、裏面に隠れた価値です。それは間違いなく愛の業です。愛があるからこそ、愛するからこそ見いだせる価値なのです。

田村 神の視点から見てみると、人間の体には目に見える表面の価値のみではなく、目に見えない裏面の価値も存在するという話ですね。そう考えると、たとえ同意であっても、姦淫や売買春を避ける理由がわかった気がします。

教授 そうですね。私たちが歩んでいる人生でも、多くの場合に、同じことが言えそうです。

目の前に見えることのみに左右されないように心がけること。
表面に現れることのみに、一喜一憂しないようにすること。
肉体の目ではなく、心の目で物事をしっかりと見極めながら生きること。

心の目で捉えると、まったく異なる価値判断の世界が広がるというのは、売買春に関する問題に通じると思います。フランスの哲学者ブレーズ・パスカル（Blaise Pascal：1623－1662）は、『パンセ』（Pensées）のなかで次のように語ります。

人間にとって、苦痛に負けることは恥ずかしくないが、快楽に負けることは恥ずかしい。

性は軽々しく商品として扱うべきものではないと思います。愛しているからこそ一つになりたい。そういう気持ちの表現であるから、人間の生のなかでとても美しい部分だと思います。快楽に負けて他の人の体を買ったり、お金の誘惑に負けて自分の体を売ったりする行為は、愛のしるしとしての性を踏みにじるものであり、恥ずかしいことではないでしょうか。皆さんは「愛なきセックス」をするには尊すぎる存在だと思います。

遠藤 先生の意見は理解はできる。しかし、私はもろ手をあげては肯定できない。生活のために働いているセックスワーカーに向かって、そのような綺麗ごとはとても言えないからだ。経済的理由など、社会的弱者であることも多いセックスワーカーをますます苦しめるのは、いま先生が言った、売買春に対する先入観と偏見ではないか。売買春を罪と捉える考え方は、古すぎる。その考えは、ちゃんとした避妊具や抗生物質がなかった時代にはある程度、通用していたかもしれない。

机上の空論ではなく、ウェブに溢れる、若者たちの実情を読んでみたらどうだろう。学費を稼ぐために売春をする貧しい大学生の悲しい現実を。あるウェブメディアには、女子大学生の痛ましい事情が載っていた。彼女に親はいない。仕送りはゼロ円だ。大学を卒業するためには、四年間の学費と生活費のすべてを自分で稼がなければならない。高校二年生で進学を決意し、高校と児童相談所の反対を押し切り、上京する。受験し、進学した彼女は勉強しながら、必死で働いた。しかし、大学生がアルバイトの時給で稼げるのは、せいぜい月十万円ほどだ。彼女の収入は奨学金と合わせて月、十六万四千円。家賃を払うと残るのは九万円程度。そこから携帯、光熱費、交通費、食費を支払えば、金はほとんど残らない。加えて、学費ものしかかる。バイトでギリギリの生活はできる。しかし、どうしても学費が払えない。その女子大生が、売春で稼いだ金で学費を払ったとして、誰が彼女に石を投げられるんだ？　私はイエスではないが、こう叫びたくなる。

「あなたたちの中で罪を犯したことのない者が、まず、この女に石を投げなさい」

彼女の行為を倫理道徳に反すると糾弾する者は、逆に自分がそれまでいかに恵まれた環境で暮らしてきたかを自覚するべきだろう。そういう人の倫理道徳的な優越さというのはそれ以上でも、以下でもない、薄っぺらいものだ。

鈴木　わかる、わかるよぉ！　遠藤さんの言葉に共感する。私の知り合いが言ってたけど、女子大生がパパ活をしていることが知れたら、すごく見下されるって。でも、彼女たちの多くは、ブランド物が欲しいからそういう仕事をしているわけでもないんだよ。私の知り合いもだけど、本当に困窮して、生活のために売れるもの売って、なんとか暮らしてる。彼女が稼げるのは月六万〜十万円ほどで、パパ活で稼いだお金は、全部貯金して学費にしてるんだって。先生、それって普通のアルバイトと何が違うの？　彼女は彼女で生活のために一生懸命働いてるじゃん。

教授 とても悲しい現実を突きつけられた気がします。もどかしさを感じます。貧困に苦しんでいる若者たちの実状は痛いほどよくわかります。しかし、やはり私は「売買春をする自由」に賛成することはできない。

カテゴリーを分けて考える必要があると思うんです。つまり、**売買春を行っている人々に対する社会的対応と、売買春そのものに対する倫理的評価は、異なる次元にある**ものではないかと。

まず、経済的な理由で売春をせざるをえない人々に対しては社会が特別な関心をもってその生活を保護し、改善するための策をしっかりと講じるべきであり、そのような、歪んだ経済的構造を変えるために、いかなる努力も惜しんではいけないと思います。若者が売春をしないと大学教育を受けられない社会なんて、どう考えてもおかしい。それは社会全体がどうにかして直さなければならない。

とりあえず、いま、売春をして生活している方々を社会的に差別したり、倫理道徳的に見下したりすることには、私は反対です。先ほど紹介したルカによる福音書15章を読んでも、イエスは彼の時代に罪人として扱われていた娼婦や徴税人に思いやりと配慮の心を持って接していたことがわかります。イエスが何の差別意識も持たずに売春によって生計を立てている人々と接していたことは、マタイによる福音書21章28－32節やルカによる福音書7章36－50節を読んでも明確に記されています。

しかし、売買春そのものに対しての倫理的判断は少し異なるのではないでしょうか。私は個人的に、人間の性を人間が持つほかの能力と同じものとして分類することに疑問を感じます。**人間の性とは人格が持つ所有物ではなく、人格そのものとアイデンティティーを形づくるものであるから**です。

つまり、人間の性というのは、才能、能力、技術、体力などとは異なり、ある人格が持つ所有物ではなく、人格そのものです。なぜなら、性はそこから一人の新しい「人格」が生まれるものだからです。そこには大きな違いがあるのではないでしょうか。

そういう意味で、**性は人格の外側にあるものではなく、人格と重なってあるもの**です。だから、売春は普通のアルバイトと違うとはっきり言えます。聖書は人間の性を神からの贈り物で尊いものであると教えています。創世記2章24節を読んでみましょう。

こういうわけで、男は父母を離れて女と結ばれ、二人は一体となる。

この箇所によると、人間の性は身体だけの物質的なものに留まらず、他者との人格的な交わりにつながる精神的、霊的な領域を含んでいます。**身体には、とくに人間の性には固有の**

尊厳が備わっており、それはその身体の持ち主さえも犯してはならないと聖書は教えます。人間には売買春をする自由だけではなく、それをしない自由も与えられていると思います。私は後者の自由こそが、キリスト教的自由であると思います。

無条件に赦され、愛されていることを受け入れる

カールセン 少し話は変わりますが、キリスト教では**「悔い改め」**という言葉がよく出てきますよね。「悔い改め」って、どういうことを意味するんですか?

教授 「悔い改め」とは、ギリシア語の「メタノイア」を訳した言葉です。ギリシア語で「メタ」とは「〜の上に」、あるいは「〜と共に」を意味します。「ノイア」とは「思い、知性」などを示す単語です。よって、「メタノイア」は、人の思いや認識に起こる方向転換を指し示します。

キリスト教では「メタノイア」は一般的に、「神の愛に逆らう方向」から「神の愛に向き合う方向」へと転換することを意味しています。具体的には、**神によって無条件に赦され、愛されている。その真実を素直に受け入れる生き方に変わること**です。

カールセン 新約聖書には他にも神の愛を表すエピソードがありますか？

教授 もちろん、ありますよ。ルカによる福音書15章に記されている、もう一つのエピソードを紹介しましょう。

聖書、特に新約聖書では、神が親として描かれることがよくあります。ルカによる福音書15章にある三つめのたとえ話「放蕩息子のたとえ話」もその一つです。

ルカによる福音書15章には、イエスが語った三つの有名なたとえ話が記されています。二つは、先ほど紹介しましたね。イエスの時代のユダヤ社会では、強調するときに一つの言葉を三回くり返したそうです。イエスがここで、同じテーマで三つのたとえ話をくり返し語られたのは、このたとえ話の教訓がとても大切であることを指し示すためでしょう。

主な登場人物は父親と二人の息子です。弟が父親に言います。

「お父さん、わたしが頂くことになっている財産の分け前をください」

この申し出は当時のユダヤ社会の常識では、ありえないほど罪深い、父親への最大の冒涜として捉えられるものでした。当時のユダヤ社会では、財産を管理しているのは父親で、財産分与の話を切り出すのは父親の役割でした。父親の財産の分与は、父親の死に際して行われるはずのものなので、父が生きているにもかかわらず、この息子は非常に無礼な行為をしたことになります。万が一、父親が生きている間に財産を分配してもらったとしても、父親が生きているうちはその財産に決して手をつけることができませんでした。

つまり、この弟は「父よ、あなたは私にとってもう死んだのと同じです。私に割り当てられた遺産を、いま譲ってください」と言ったのと同じでした。

金 父親は激怒したんですか？

教授 いいえ。すんなりと財産を分け与えました。これは、弟に対する父親の、限りない忍耐と愛を示す文学的な表現でしょう。弟は財産をもらって遠くへ出かけて行きました。そして「放蕩の限りを尽くして」、財産を使い果たしました。

この「放蕩の限りを尽くして」という言葉は、ギリシア語原文では「救いようのない」こと、または「自分の健康を維持することができないほどに身を持ち崩してしまった」ことを意味します。そんななかで、この弟にさらなる不幸が襲いかかりました。ひどい飢饉が訪れたのです。

放蕩息子は食べることにも「困り始め」ました。14節の「困り始めた」という表現は、原語では受動態になっています。聖書学者たちによりますと「神的受動態」と考えられています。つまり、神はこの息子の悪行のゆえに天を閉ざして飢饉を起こし、そうしてこの放蕩息子は神によって食べ物にも困るようにされたということです。

そこでこの弟は、その地方の住民の一人のもとに身を寄せると、その人は彼を自分の畑に送り、豚の世話をさせました。当時のユダヤ社会で豚は汚れたものとされていました。イスラエルの民はその肉を食べることも、その死体に触れることも禁じられていました。

楊 年下の息子が豚の世話をさせられたというのは、彼が最悪の状況に陥ったことを意味するのですね。

教授 その通りです。彼は豚の餌さえも食べることが許されず、しばらく泥まみれのなかで空腹に耐え続けていたことでしょう。

17節を読むと、弟はその危機的状況のなかで「我に返って」とあります。放蕩息子は最後の力を振り絞って立ち上がり、父のもとへ戻って、罪の告白をする決心をします。20節にはこう記されています。

そして、彼はそこをたち、父親のもとに行った。ところが、まだ遠く離れていたのに、父親は息子を見つけて、憐れに思い、走り寄って首を抱き、接吻した。

「まだ遠く離れていたのに、父親は息子を見つけ」たとあります。つまり、この父親は毎日その場所に立って、家を出て行ったあの息子が今日こそは戻って来るのではないかと信じ、待ち続けたということです。

目の前の人の苦しみを自分の痛みと思うこと

田村 まるでお母さんのように、優しいお父さんですね。

教授 とても優しいお父さんだと思います。そしてこのお父さんは、ぼろぼろになって帰って来る息子の姿を見ると**「憐れに思」**ったとあります。この言葉は「心から同情する」あるいは「深く憐れむ」という意味を持つ「スプランクニゾマイ（σπλαγχνίζομαι）」という動詞を翻訳したものです。これは、**「目の前の人の苦しみを見たとき、はらわたがちぎれるくらいに痛む」**という意味を持つ言葉です。相手の痛みを自分のことのように感じてしまう深い憐れみを表します。

新約聖書には、この言葉が総計十二回登場します。すべて、マタイ、マルコ、ルカの福音書、つまり共観福音書（ヨハネによる福音書を除く三つの福音書）でのみ使われています。

興味深いのは、聖書でこの動詞の主語は、ほとんどがイエス・キリスト、もしくは「放蕩息子のたとえ話」の父親のような神を象徴する人物である点です。

父親の理解しがたい行いは、この深い憐れみに由来するものでした。父親は、息子を怒鳴りつけたり、叱ったりすることなく、そのまま走り寄り、その首を抱いて接吻したわけです。**この子を待つ親の姿こそが、ルカによる福音書が語る神の姿です。そして、放蕩息子は私たち人間のありのままの姿**であると思います。

岡田　このお父さんのちょっと優しすぎるんじゃないかと思うほどの愛は、その関係性を神と人間に置き換えると、**神の人間への無限の愛、アガペー**を表しているんですよね。今日話した罪と赦しの視点でこの放蕩息子の話を見てみると、この話はキリスト教における神の愛の本質を伝えようとしているように思えます。

遠藤　ところで、このたとえ話の最後に登場する兄とは誰です？　私はどうしても兄に同情してしまう。兄は一生懸命真面目に生きてきた。しかし、父は兄の宴会のために子ヤギ一匹すらくれなかったという。帰って来た弟のために開いた宴会は、子牛を屠《ほふ》って、盛大に行ったにもかかわらず。あまりに不公平ではないか。私は真面目に生きてきたほうを優遇すべきだと言っているのではありません。そうではなく、出来、不出来を問わず、二人の息子を平等に扱うべきではなかったのか。

教授 いい質問です。兄とはいったい誰のことなのでしょう? それについては、いちど考えてみてください。考えがまとまったら、この授業のオープンフォーラムに投稿してくださいね。それではまた、次の講義で会いましょう。

第六講

新約聖書の信仰義認論

あなたの人生の「傷」、そして「使命」とは何か？

課題文献・作品

『ヨハネによる福音書』／『傷ついた癒し人』／『たいせつなきみ』／絵画『聖トマスの不信』

私たちにとって傷とは何なのか──イエスの傷

教授 それでは講義をはじめます。今日は前回に引き続き新約聖書について話し合いましょう。

皆さんはこの絵をご存じでしょうか? ルネサンス期の後に活躍したイタリアの画家カラヴァッジョ（Michelangelo Merisi Caravaggio：1573－1610）が描いた『聖トマスの不信』（Incredulità di San Tommaso）という作品です。一六〇一年から一六〇二年にかけて制作されました。四百年も前の作品ですが、今日、撮影された映画のワンシーンのような、現代的生命力に満ち溢れています。

左側に立つイエスが、弟子のトマスの指をご自分の傷のなかに入れています。二人の背後から、ペテロともう一人の弟子が共にイエスの傷口を凝視しています。

この絵はヨハネによる福音書20章19－29節に書かれたシーンを再現しています。復活したイエスの傷跡というのは、多くの画家の芸術的想像力を刺激しました。西洋美術史における重要なモチーフの一つでした。

田村 痛そう……。先生、私たちにとって、傷とは何なんでしょうね。

カラヴァッジョ（Caravaggio）『聖トマスの不信（Incredulità di San Tommaso）』1601～1602年製作、サン・スーシ宮殿所蔵

教授　素晴らしいポイントですね。ジャラール・ウッディーン・ルーミー（Mawlānā Jalāl ad-Dīn Muḥammad Balkhī-e-Rūmī：1207－1273）というペルシアの神秘主義詩人は次のような言葉を残しました。

「傷は、光があなたに入ってくる入り口である」

皆さんにとって傷とは何ですか？　皆さんはどういうときに、傷つきますか？

カールセン　彼女に「なんか口がくさい」と言われるとき、傷つきます（笑）。

金 ポケットに三百円しかないのに、親からの送金日まで十日以上もあると気づいたときは、本当に焦りました。あの時、私は貧乏も傷になると知った気がします。

岡田 就活が上手くいかないと落ち込みます。社会にとって自分は何の役にも立たない存在なのかなって。ぼくはクリスチャンホームで生まれ育ち、昨年、受洗（洗礼を受けること）しました。受洗する際、牧師先生が心に刻むようにとぼくにくださったみ言葉はフィリピの信徒への手紙4章6－7節でした。

どんなことでも、思い煩うのはやめなさい。何事につけ、感謝を込めて祈りと願いをささげ、求めているものを神に打ち明けなさい。そうすれば、あらゆる人知を超える神の平和が、あなたがたの心と考えとをキリスト・イエスによって守るでしょう。

傷ついたときや、思いどおりに物事が進まないときには、このみ言葉を何回も唱えています。

使命とは人生の羅針盤

教授 皆さん、率直な体験談をありがとうございます。
では、もし誰かが、皆さんに人生の使命について尋ねたとします。

「あなたの人生における使命とは何ですか？」

さて、皆さんはどのように答えますか？
人生の使命について考えたことがなかった人もいるでしょう。そもそも、「使命」という言葉がピンとこない人もいるかもしれませんね。その場合は、「人生の目標」という言葉に置き換えてみましょうか。もし誰かに**「あなたの人生の目標は何ですか」**と聞かれたら、皆さんはどのように答えるでしょうか。

楊 世界中を旅し、色々な景色を見てみたいです。

岡田 まだ就職は決まっていないけど、社会で弱い立場の人々を助けるような何かしらの職業に就きたいです。

教授 二人とも素晴らしいですね！「人生の使命」「人生の目標」について聞くことは、人生の方向性について聞くことです。つまり、「**あなたはどの方向に向かって生きていますか**」という質問です。

そういう意味で、自分の「使命」や「目標」を自覚することは、人生を導く羅針盤を手に入れたようなものです。逆に、「使命」や「目標」を知らないのは、まだ羅針盤を持っていないという状況です。

混迷の時代の渦中にあっても、自分の使命や目標を見失わず、実り豊かな人生を生きようとするすべての人々にとって、ヨハネによる福音書20章19－29節の言葉は役立つことでしょう。人生の傷と使命の関係について、大切な何かを教えてくれます。

金 先生、「人生の傷」と「使命」になぜつながりがあるのか、よくわかりません。

愛しているから誰かのために傷つく

教授 ちょっと説明が前後してしまいました。個人的な話になりますが、一つのエピソードを話したいと思います。私は、いまはもう、見ての通りの中年なのですが、四歳の子どもだった時代がありました。当時、私は、母の手づくりのおもちゃが大好きでした。ある日、母は分厚い発泡スチロールを大きなハサミで切っていました。私が好きな漫画のキャラクターが使っていた眼鏡をつくるためでした。しかしそのとき、母は誤って、自分の手をハサミで深く切ってしまったのです。

母は痛みに耐えながら、流れる血を布切れで抑えていました。四歳の小さな私は、何もしてあげることができず、ただ、おろおろと母の様子を見守るばかりでした。

何十年も経ちましたが、「母の愛」という言葉を聞くと、ほとんど自動的に、このときの光景が目に浮かびます。母は、この私を本当に愛してくれていた。心の底から、そう感じるのです。

田村 なるほど。**誰かのために傷つくということは、その人を深く愛しているということにつながりますね。**ヨハネによる福音書15章13節を思い出しました。

友のために自分の命を捨てること、これ以上に大きな愛はない。

教授 本当にそのとおりですね。イエスの傷の話に戻りますが、ヨハネによる福音書20章19―21節までは、イエスが復活された日の夜に起きた事件を報告しています。

その日、弟子たちはある家に集まっていました。しかし、彼らは自分たちを迫害しようとする宗教指導者を恐れて、自分たちのいる家の戸に鍵をかけていました。カルヴァンはこの聖書箇所を注解する際に、弟子たちが集まっていたことは彼らの信仰を表し、家の戸に鍵をかけていたことは彼らの不信仰と恐れを表していると解釈しました。これは多くの信仰者の内面をありのままに映す一つの象徴として読むことができると思います。

カールセン 弟子たちはイエスへの信仰を捨てていなかったけど、迫害される恐怖からは逃れられなかったということですか？

教授 その通りです。試練と苦難が多いこの世での生において、**信仰を持つからといって、恐れや不安とは無縁の人生が与えられるわけではありません**。信仰生活においても多くの場合は、弟子たちがイエスの復活の日にそうしたように、さらなる試練と苦難を恐れ、家の戸に鍵をかけながら、それでも共に集まり、神に導きを祈り求める。そのようなイメージに近いのではないかと思います。

イエスの復活の日、弟子たちは、信仰と不信仰、そして勇気と恐れが入り混じった複雑な心境のただなかにありました。そのただ真ん中に、復活したイエスが来られた。そのようにヨハネによる福音書20章19節は語っています。**イエスは、信仰と不信仰、勇気と恐れの間で**

格闘しながら彷徨っている弟子たちを放っておくのではなく、彼らを導くために姿を現し、愛を持って「安かれ」という慰めの言葉をかけてくださいました。

金 信仰を持っている人も、不安になったり、恐れを抱いたりするんですね。少し安心しました。私は最近、コロナのせいで友達と会うこともできず、ほぼ家にいて、オンライン授業を受けています。不安になることが多くなりました。うつ状態になっているのかもしれないと心配していたところです。

目に見える恐れだけが世界のすべてではない――「ポボス（恐れ・不安）」と「エイレーネー（平安）」

教授 よくわかりますよ。不安になるときには、ヨハネによる福音書20章を読んでみてください。「安かれ」という言葉は、新共同訳では「あなたがたに平和があるように」と訳されています。ギリシア語原文では「エイレーネー（εἰρήνη）」という単語が使われています。この言葉はヘブライ語の「シャローム（shalom）」に当たり、平和、平安、友情、安息などを意味します。

復活したイエスが弟子たちを訪れて、最初に行ったことは、**恐れと恐怖に満ちた現実とは異なる、もう一つの現実について告げ、知らせること**でした。たしかに、目に見える現実は恐れに満ち溢れていて、恐怖に捕らわれてしまうものかもしれない。しかし、人には復活したイエスによって与えられるもう一つの現実、いや真の現実があるのです。

岡田 自らが身代わりとして人類の罪を受けて、イエスが十字架に架かったこと、そして、自己犠牲によって人類への愛を示し、イエスが復活したこと——これらのことは、目に見える現実での恐怖や恐れだけがすべてではない、と人々に知らせる力があると思います。『かもめのジョナサン』(Jonathan Livingston Seagull) のリチャード・バック (Richard Bach：1936－) はこう言っています。

「あなたの目があなたに言うことを信じないでください。それらは、限界を示すだけなのです。あなたの理解を通して世界を見てください」

教授 素晴らしい言葉ですね。私がひと言追加するのであれば、**「あなたの信仰を通して世界を見てください」**と言いたいです。

ヨハネによる福音書20章19節では、**恐れを意味する「ポボス」**という言葉と**平安を意味する「エイレーネー」**という言葉が、両者のどちらを選び取るのか、読み手に問うような形で並んでいます。最初に弟子たちの心を支配していた「ポボス」に捕われ続ける選択をするのか、あるいはイエスが語る「エイレーネー」に耳を傾ける選択をするのか。結局のところ、信仰も人生も、この選択にかかっていると言えます。同じ事がらやできごとを見ても、「ポボス」に捕らわれて見るのか、あるいは「エイレーネー」に耳を傾けながら見るのかによって、真逆の価値判断ができるからです。

ですから、信仰というのは「ポボス」という表面ではなく、「エイレーネー」という裏面を見る営みであると言えるのではないでしょうか。**キリスト教とはこの世の恐れと恐怖に満ちた現実だけではなく、イエスによって与えられるもう一つの現実である「エイレーネー」を見ようとする宗教**であると思います。

田村 先生の話で、最近読んだ新聞記事を思い出しました。

イスラエルのテル・アビブという町に、障がいを持つ人々を支援する団体が運営しているレストランがあります。そこで働くウェイターは、皆、視覚障がいを持っています。レストランの店内は真っ暗で、訪れたお客さんは、障がいがどのようなものかを擬似体験できるシステムです。

暗闇のなかでウェイターを呼び、料理を注文し、運ばれてきた料理を食べます。お客さんたちが、一様に口を揃えるのは、何も見えないところで、視覚に頼らず料理を食べるという行為は、食べ物に対する新しい認識をもたらす、ということです。見えない分、香り、食感、味などがよりわかるようになり、他の感覚をもっと活発に使うことで、豊かな食の経験につながるのだそうです。

視覚ばかりに頼っていては、**ときに人間は、目に見えるものに騙される場合もあると思います。**

イエスはなぜ、傷を見せたのか？

教授 **恐れではなく、平安を選び取るべきである。**イエスはそのことを、挨拶を通して弟子たちに戒めとして伝え、すぐにご自分の手と脇にある傷を弟子たちにお見せになりました。この振る舞いは、カラヴァッジョなど多くの画家たちにインスピレーションを与えたわけですが、それだけではありません。聖書解釈の歴史においても、様々な解釈を生み出した。非常に難解な箇所でもあったのです。

なぜ、復活したイエスは弟子たちにご自分の傷をお見せになったのでしょうか？

楊 イエスを幽霊だと思い、怖がる弟子たちの気持ちを和らげるためのものではないでしょうか。傷に触れることで、自分は実在していて幽霊ではない、とわからせたのではないですか？

カールセン でも、この箇所には弟子たちがイエスを怖がったようには書いてないですよ。先生はどう解釈しているんですか？

教授 私は、弟子たちに対するイエスの愛の表れだったのではないかと思っています。愛の深さをわからせるためだったのではないかと。つまり、**「私はこの傷のように深くあなたがたを愛している」**と伝えているのです。さらに、ご自分を模範とする弟子たちに、彼らの人生の使命、そして歩むべき方向を提示しているようにも見えます。ヨハネによる福音書20章21節で、イエスは、ご自分の傷をお見せになった後に弟子たちに次のように語りかけるからです。

父がわたしをお遣わしになったように、わたしもあなたがたを遣わす。

傷ついた者は優しくなれる――私の傷はどこにあるのか？

田村 いま、太宰治が思い浮かびました。私は太宰が残したこんな言葉が大好きなんです。

「優しいという言葉はにんべんに憂いと書く」

人が人に対して優しくなるのは、自分のなかに憂いを持つときだ、って意味だと思います。言い換えれば、憂いを持つ人だけが他人に対して優しくなり得る。太宰らしい言葉だなあと思いますし、ここで「憂い」とは「傷」とも言えませんか。憂いと傷を持つ救い主のみが人間に優しくあり得る。

救い主が傷を持つという意味で、人々に対して優しさがあるのがキリスト教の特徴だと思います。

教授 田村さんの話とも通じますが、ヘンリ・ナウエン（Henri Jozef Machiel Nouwen：1932－1996）というオランダの神学者が執筆した『傷ついた癒し人：苦悩する現代社会と牧会者』（The Wounded Healer）という本があります。原題を意訳すると、「自ら傷つきながら他者を癒す人」といった意味です。主にキリスト教の聖職者を対象にして書かれていますが、苦しみながら真の人生を生きようと願うすべての人にとっても、深い洞察を与えてくれます。

この本のメッセージは「苦しみや傷は神からの恵みである」ということです。キリスト者の生き方は、苦しみや傷も神からの尊い賜り物として大切にすることにあると教えます。そうすることで、ようやく苦しむ他者を慰め、癒やすための力が与えられる、と。自らが深く傷つき、苦しみ、失敗したことがあるからこそ、癒し人になり得るということです。

このことから、ナウエンは「あなたの傷の中にあなたの使命がある」と言い切るのです。

父がわたしをお遣わしになったように、わたしもあなたがたを遣わす。

この言葉は、当時の弟子たちだけではなく、この箇所を読むすべての人々に開かれています。傷ついた癒し人であるイエスが、私たちもまた傷ついた癒し人として「ポポス」の世界に派遣する「エイレーネー」の使命の言葉です。

ここで、再び、今日の授業の最初に出てきた問いに戻りましょう。

あなたの人生における使命とは何ですか？

もし、この問いの返事に困るときには、ぜひ自分自身に次のような質問を投げかけてみてください。

私の傷はどこにあるのか？
私の人生のもっとも深い痛みはどこから来ているのか？

カールセン　人生の痛みが人生の使命になる……？　わかるようでわからないよ。

立派に苦しむ――苦しみとは公のもの

教授　私がＩＣＵで経験したことを紹介しましょうか。

何年か前のことです。募金活動のために私の研究室を訪ねてきた学生がいました。彼女は自費出版のために募金活動を行っていました。高校生たちに大学での学びがどのようなものなのか、ヒントを与えるような書物をどうしても出版したかったのです。でも、自分が書いたものを本にしてくれる出版社がなかったため、自費出版をしたいと思うようになったのです。

彼女は大学での学びが、高校での学習とあまりにも違っていることに難しさを感じていたようです。だから、後輩たちの助けになりたい、と。その費用のすべてを一人で賄うことができないから、友人や先生方にお願いしているということでした。彼女の熱意に感動した私は、わずかながら寄付をしました。

数ヶ月後、私の手元に一冊の本と手紙が届きました。彼女の考えは一冊の本に立派にまとまっていました。手紙には、こんなことが綴ってありました。

「私は人の喜びだけではなく、苦しみからも多くのことを学んでいます。人がなぜ、何のために苦しむのかは、その人について多くのことを教えてくれるものではないかと思います。そういう意味で**苦しみは公《おおやけ》なものです**。私は自分に与えられた苦しみを立派に苦しみたいと思います」

いまでも心に残る手紙です。私はこの学生の募金活動も、自費出版も、彼女なりの立派な苦労だったと推測します。それは彼女の傷に由来する使命でもありました。

期せずしてコロナ時代となり、人々の間の絆がますます薄くなりつつあります。共存のための「苦しみ」は嫌がられ、避けられる傾向にあります。でも私は、**人間とは誰のために苦しむか、苦労するかということによって、自らの尊厳を明らかにしていく存在**ではないかと思います。

キリスト教は、神のために、人のために苦しむこと、苦労することは、私たちに恵みとして与えられていると教えます。このような教えは、いまの時代を生きる若者たちの価値観と世界観をより豊かなものにする力があるのではないでしょうか。人生の痛みや傷は人生の使命につながると、私は信じています。

傷ついた癒し人。これこそ、ヨハネによる福音書20章に現れるイエスのイメージではないでしょうか。私はこの大学で「キリスト教概論」や「聖書学」を教えていますけれども、人生の使命について、それがどれほど大切なものかについて語るときがあります。よく感じるのは、多くの学生が、自分の人生の使命について切実に知りたいと思っていながらも、それを知らないということです。学生に聞かれることがあります。

「人生の使命ってよくわかりません。どうすればそれがわかるようになるのですか?」

私はヘンリ・ナウエンの話を交えて、「あなたの傷のなかにあなたの使命があるよ」と伝えています。

鈴木 **自分が傷つき、苦しさを知っているからこそ、それを糧に自分の使命を果たすことができる。**そんなふうに考えられたら、これからの人生の歩き方や方向性も決められそうな気がする！

遠藤　でも私には正直ぴんとこない話だな。誰しも人は、他者と関わることで傷つき、痛みを経験するよ。傷ついただけでもじゅうぶんつらいが、そのせいで、さらにずっと苦労しなければならないんだろうか。それでは現実は苦痛の連続になる。私は、傷や苦しみは人を高貴にするどころか、卑しくすると思う。苦しみは人をわがままで卑屈で、つまらない、疑い深い者にしてしまう。私にとっては、傷や苦しみより、夢や希望、楽しみ、喜びの経験が自分の人生でいちばん大切にしたい部分だな。

教授　遠藤さんの言うことも、とてもよくわかります。確かに、夢や希望、楽しみ、喜びから人生の使命を見つける人もいるでしょう。もちろん、それは素晴らしいことです。それでもやはり、**自分の傷から使命を見いだし、他の人のために苦労することは、苦しい生き方というだけで終わらない**と思います。その生き方は、自分にも喜びをもたらすからです。誰かの役に立つために一生懸命がんばる人生は、きっと尊いし、必ず夢、希望、喜び、生きがいにつながっていくと思います。

私が好きな詩があります。韓国のアン・ドヒョンという詩人の詩です。日本語に訳すと「きみに尋ねる」といったタイトルです。

練炭の灰をやたらに蹴るな。
きみは誰かに一度でも熱い人であったのか。

（『きみに尋ねる』著者私訳）

人生でもっとも大切なことは、他の人に熱くあること、熱く愛することである。この詩はそれを教えているのだと思います。傷に由来した使命は、誰かを熱く愛する原動力になる、ということもあるのではないでしょうか。

イエスは本当に復活したのか？

遠藤 そもそも私は、イエスが復活したということも正直信じられないんだ。復活したイエスが弟子たちの前に現われたというのは伝説で、弟子たちによるフィクションではないんだろうか。

田村 私も以前、同じように疑っていました。そこで、イエスの復活について、色々と調べたんです。

復活を合理的に説明しようとした人もいました。たとえば、イエスは十字架上で死んだのではなく、気絶しただけだったという説。または、弟子たちが墓からイエスの死体を盗み出し、その後、復活を宣伝したという捏造説。復活したイエスの姿はあくまで幻で、肉体の復活ではなく、精神的なできごとだったと考える幻像説。

大雑把に数えてもこれだけの多様な説があります。しかし、完全に嘘のつくり話とするなら、解決できない疑問点がたくさんあります。まず、イエスの復活をいちばん初めに体験したのは女性であると、すべての福音書が証言している点です。当時のパレスチナは、女性の証言や目撃を評価する文化ではありませんでした。男性の証言だけが信ぴょう性を持っていました。

もし、イエスの復活がフィクションならば、なぜ証言者をわざわざ女性としてつくり上げたんでしょうか。男性の証言としてつくったほうが、はるかに真実味を持ったはずです。

教授 田村さんの指摘は面白いですね。少し補足しましょう。イエスの復活がフィクションだとすると説明がつかない点は、それだけではありません。

なぜイエスの弟子たちの多くが殉教したのでしょうか。ペテロ、ヤコブ、アンデレなど多くの弟子たちが殉教しました。けれども、もともと彼らは、先生であるイエスが処刑されるとき、自分たちも捕まることを恐れて逃げた普通の人たちでした。しかし、彼らはイエスの死後、何かをきっかけにして、突然変わった。何かしらの内面的変貌を遂げ、キリスト教のために死ぬことを恐れないようになりました。それはなぜだったのでしょうか？

彼らがイエスの復活を体験した可能性は考えられないでしょうか。彼らはイエスの復活を心の底から信じていた。嘘やフィクションのために死ぬことはなかなかできませんが、イエスの復活を確信していたとしたら？　作家の遠藤周作氏は『キリストの誕生』という本でイエスの復活について次のような感想を残しています。

なぜこんな無力だった男が皆から忘れ去られなかったのか。なぜこんな犬のように殺された男が人々の信仰の対象となり、人々の生き方を変えることができたのか。このイエスのふしぎさは、どれほど我々が合理的に解釈しようとしても解決できぬ神秘を持っている。

無力で犬のように殺された男がいたのであれば、皆から忘れ去られたのではないでしょうか。誰に、そして何のために、イエスの復活というつくり話を、命をかけて広めようとする強い動機があったのでしょうか。そういう意味で、私は**イエスが本当に復活したと信じることは、非理性的なことではない**と思っています。

楊　先生のおっしゃることは理解できます。でも、やはり、いちど死んだ人が蘇るというのは現代の科学的世界観に合いません。私はイエスの復活を歴史的事実として受け入れることがどうしてもできませんが、文学的メタファーだったり、死んだイエスが弟子たちの記憶に蘇ったというふうに解釈するのは、自分のなかでは理にかなっていて好きです。

教授 そうですね。イエスの復活については、様々な解釈がありえると思います。

ユダヤ教徒パウロの回心

鈴木 ところで、先生はなぜクリスチャンになったの？

教授 色んな理由がありました。一つは父の影響です。私の父は牧師でした。もともとは小学校の教員でしたが、神様から召命をいただいて四十歳を過ぎてから牧師になることを決断して、神学校に行きました。当時、私は八歳で、妹は四歳になったばかりでした。神学生になった父は収入がなくなったばかりか、学費を払わなければなりません。家族にとっては経済的に大変な時期でした。一つしか部屋がない家に引っ越しもしました。けれども父は、いつも喜びいっぱい、希望いっぱいで、神様に感謝していました。

父は神学校を卒業した後、貧しい労働者が多く住み、工場が乱立しているスラムで教会を開拓しはじめました。私たち家族は、三階建てのビルの二階にある教会で生活をすることになりました。教会の隅にある一部屋が居住空間でした。

ある日、施錠されているはずの教会の鍵が開いているのを見つけました。異変を感じた私は、父と母を呼び、一緒に内部を確かめました。教会のなかはめちゃくちゃで、泥棒に入られたことは、誰の目にも明らかでした。しかも、私たちが暮らしていた部屋には、排泄物、大きいほうのかたまりが放置されていたのです。当時、韓国の窃盗犯のあいだでは、盗みに入った先に、自分の排泄物を残せば捕まらないという迷信があったと、後に聞きました。この事件は私にとってかなりのショックで、四十年経ったいまでも鮮明に覚えています。しかし、もう一つはっきりと覚えていることは、父はこのことで少しも落ち込んだり、落胆したりしなかったことです。

彼はいつもと変わらない穏やかな表情で、掃除をしていました。あんなことがあったのに、いや、もしかすると、あんなことがあったから、父は喜びと、希望と、感謝とで生き生きとしているようにも見えました。私はその姿を忘れません。使徒パウロを連想させる姿でした。幼い子どもでしたが、私は父を素晴らしいと思いました。父のようなクリスチャンになりたいとも思いました。

金　先生のお父さんは、牧師としての使命を果たすことに喜びを見いだされていたんですね。

使徒パウロはどういう人だったのですか？

教授 パウロはそもそもイエスの十二人の弟子ではありませんでした。イエスの死後にイエスを信じるようになった人物で、生前のイエスにはいちども会ったことがありません。パウロのもう一つの名前は「サウロ」で、彼はもともと、キリスト教を熱心に迫害するパリサイ派のユダヤ教徒でした。キリスト教徒を逮捕するためにダマスカスという町に向かう途中、天からイエスの声を聞きました。その声によって劇的に回心し、もっとも熱心なキリスト教徒になったのです。その話は新約聖書の使徒言行録という書物の9章に記されています。

パウロは当時の国際語だったギリシア語に堪能でした。そして、ユダヤ教神学に精通する知識人でした。そんな彼が命をかけて伝道の旅に出たことで、キリスト教は当時の地中海世界に燎原《りょうげん》の火のごとく広がりました。パウロはユダヤ教の会堂であるシナゴーグを拠点に、各地で宣教活動を行い、紀元後六〇年代にローマで殉教したと思われます。

新約聖書は最初に福音書が出てくるので、新約聖書と言えば福音書を思い浮かべる人が多いでしょう。しかし、**新約聖書のなかで神学的にもっとも重要な部分はパウロが諸教会に送った手紙**です。新約聖書にある二十七冊の書物のうち、十三冊がパウロによって書かれたと思われる書簡です。ですから、彼を**新約聖書最大の著者**と呼んでも過言ではないでしょう。

ある歴史学者が指摘したとおりに、宣教旅行のために旅立ったパウロを乗せて、トロアスからマケドニヤに行ったその船は、まさにヨーロッパの歴史を変えた船であり、欧州の文明史の未来を抱いていた船であったわけです。パウロの情熱的な宣教活動がなければ、ヨーロッパの文化や歴史は、いまとはまるで違うものになっていたということですね。

律法を完璧に守っても救われない――信仰義認論

鈴木 どうしてパウロの書簡はいちばん重要なパーツなの？

教授 それは、パウロが自分の書簡で「信仰義認論」を唱えたからです。

パウロはパレスチナではなく、いまのトルコ中南部にあるタルソスという町で生まれました。つまり、ディアスポラのユダヤ人と呼ばれる、パレスチナ以外の地に移り住んだユダヤ人コミュニティに属する人でした。そのため彼は、ユダヤ人としての自分のアイデンティティーを確保してくれるユダヤ教の律法や慣習に執着していました。パウロがかつて、キリスト教徒を激しく弾圧した理由も、自分のアイデンティティーの源である律法の正当性を、当時のキリスト教徒たちが傷つけていると考えたからです。

パウロは律法を徹底的に学び、心を尽くして、それを実践しようとしました。しかし、そうすればするほど、すべての律法を完全に守ることができない自分に絶望するしかありませんでした。**律法によっては神に正しいと認められない**。そのことにパウロは気づいたわけです。ローマの信徒への手紙7章21－25節に記されています。

それで、善をなそうと思う自分には、いつも悪が付きまとっているという法則に気づきます。「内なる人」としては神の律法を喜んでいますが、わたしの五体にはもう一つの法則があって心の法則と戦い、わたしを、五体の内にある罪の法則のとりこにしているのが分かります。わたしはなんと惨めな人間なのでしょう。死に定められたこの体から、だれがわたしを救ってくれるでしょうか。わたしたちの主イエス・キリストを通して神に感謝いたします。このように、わたし自身は心では神の律法に仕えていますが、内では罪の法則に仕えているのです。

こうした経験はパウロがキリスト教に回心するうえで、大きく影響したと思われます。神の前で人間が律法を完全に行うことによって正しいと認められることは、不可能である。パウロはそう結論づけます。そして、イエス・キリストの贖いの死と復活を神の恵みとして受け入れることで、人間は神に正しいと認められ、救われると主張しました。この思想を「信仰義認論」と呼びます。つまり、**「行い」ではなく「信仰」によって神に義人として認められる**という意味です。

この思想を通して、キリスト教はユダヤ教の一分派という狭い枠を超え、新しい宗教として生まれ変わり、地中海世界を席巻しました。「信仰義認論」は後代のキリスト教史にも計りしれない影響を及ぼしました。ルターが宗教改革を起こした主な理由の一つは、当時のカトリック教会が、信仰ではなく人間の行いや業績を人間救済の条件として打ち出したことを間違いだと思ったからです。

金「信仰義認論」から、数年前に起きた事件を思い出しました。大手広告会社で働いていた、若い女性が過労や仕事のプレッシャーで自殺した事件です。自殺はしないまでも、成果や業績を求められることに苦しんでいる人は多いです。過重労働やパワハラで追い詰められ、成果を上げられなければ自分の存在意義を否定されたと感じてしまう。

グローバル化で、企業は熾烈《しれつ》な競争をくり広げています。そのせいで、前途ある私たちにプレッシャーがかかっています。目の前の利益ばかりを求めた結果、社会はまだ経験が浅い若者にもすぐ結果を出すことを期待します。その余裕のなさ、不寛容さが怖くなるときがあります。私、社会に出ても大丈夫なのかな、って。

ノーベル医学生理学賞を受賞した大隅良典《おおすみよしのり》氏は「これをやったら必ずいい成果につながるというのはとても難しい」とおっしゃいました。「すぐに役に立たなくても、将来のために社会がゆとりを持って基礎科学を見守ってほしい」と呼び掛けました。

「信仰義認論」を知って、少し心がほっとする自分がいます。行いや業績ばかりを人の価値を判断する基準にしないで欲しい。神様のように、無条件に恵みと赦しを与える大人がいて欲しい。キャリアを積める場を設け、幾度となくチャンスをくれて、いちどの失敗で断罪するのではなく、失敗から次を生むチャンスをくれる会社があるといいんだけどな。

旧約聖書と新約聖書の神の一貫性

教授 私もそう願います。

実は、新約聖書の神と旧約聖書の神には違いが多いという意見もあります。しかし、私は共通点のほうがより多いと感じています。

より弱き者の痛みとより小さき者の叫びを大事にする神――それが共通点の一つです。

聖書は多くの著者や編集者が関わり、千年以上の時間をかけてようやく完成した壮大な書物です。一つの書物というよりは図書館ともいえるような本です。しかし、「より弱き者の痛みを顧みる神」という点で、驚くほどの一貫性が見られます。

聖書が語る神は、「より弱き者、より小さき者の痛みを減らすことを、より強い者の快楽を増やすことより大切に思う」神です。これこそ聖書の**共存・共生精神**の要《かなめ》です。

旧約聖書の創世記16章と21章でエジプト人の女奴隷ハガルが、荒れ野に追い出されるできごとについて考えてみましょう。

創世記21章で、ハガルは息子と共に、ベエル・シェバの荒れ野をさまよいます。革袋の水がなくなると「わたしは子供が死ぬのを見るのは忍びない」と叫びながら大声で泣きます。神は子供の泣き声を聞かれたとあります。そして天から神の御使いを送り、ハガルと息子を救ってくださるのです。

出エジプト記2章23節で、イスラエルの奴隷たちが重い労働でうめき、叫んだときも同様です。神はその嘆きをお聞きになり、アブラハム、イサク、ヤコブとの契約を思い起こされたとあります。

「より弱き者とより小さき者に対する神の絶え間ない関心と愛」は、旧約聖書のみならず、新約聖書にもそのまま受け継がれています。たとえば、マタイによる福音書25章31－46節で、イエスは次のように語ります。

わたしの兄弟であるこの最も小さい者の一人にしたのは、わたしにしてくれたことなのである。

現代の日本社会では、この言葉を、こう翻訳してもよいのではないでしょうか。

「わたしの兄弟であるこの一人の若者にしてくれたことは、わたしにしてくれたことなのである」

若者が生きづらい社会になりつつある日本社会では、若者がより弱き者、より小さき者になっているような気がします。しかし、落ち込まないでください。キリスト教の神は、皆さんを誰よりも愛する神ですよ。

わたしにとって大切な存在——認められ、受け入れられる

田村　マックス・ルケード（Max Lucado：1955－）というアメリカ人作家が書いた『たいせつなきみ』（You Are Special）という絵本があります。褒められることなく育った人は、他人を褒めることが苦手になりがちです。私もそうでした。他人の目を意識しすぎて、いつも深いコンプレックスを抱えていました。そんな自分は、「だめじるし」だらけの人形パンチネロに似ている。そう思いながら、何年か前にこの絵本を初めて読みました。

彫刻家エリにつくられた木の人形ウイミックスたちは、互いに金の星シールや、「だめ」を表す灰色のシールを貼りあっています。灰色のシールをたくさんつけられたパンチネロはそんな暮らしが嫌になって、自分の生みの親、彫刻家エリに会いに行きます。エリおじさんは言いました。

「(略)そしてわたしは　おまえのことを　とてもたいせつだと　思《おも》っている」

パンチネロは　わらってしまった。

「ぼくが　たいせつ？　どうして？
だって　ぼく　歩《ある》くのおそいし
とびはねたり　できないよ。
えのぐだって　はげちゃってる。
こんなぼくのことが　どうして　たいせつなの？」

私も、パンチネロのように、神の前で躊躇なくこのような自己批判や自己卑下をしていました。しかし、エリおじさんは答えるのです。

「それはね　おまえが　わたしのものだからさ。
だから　たいせつなんだよ」（略）
「毎日《まいにち》おまえが　ここへ来《き》てくれることをねがって　まっていたんだよ」

私は考えました。私は、神によって創られた。クリスチャンである私にとっては、当たり前と言えば当たり前の話です。しかし、このことを当時の自分は実際には信じていなかった。信じていたなら、神の作品であるはずの自分を、自分で勝手に評価することなどできません。神の作品である自分にそんなに低いスコアをつけることなどできません。

『たいせつなきみ』では、パンチネロがエリの言葉を信じるようになった瞬間、体から灰色のシールがぱらぱらと剥がれ落ちます。私はその夜、神さまに祈りました。

「人々がつける『だめじるし』や『ほめじるし』よりも、神さまの変わらない愛に集中できる自分にならせてください」

楊　数年前、「我が国と諸外国の若者の意識に関する調査」という統計が公表されました。世界七カ国の十三歳から二十九歳の男女を対象にした意識調査です。

このなかで、「自分自身に満足している」という質問に「そう思う」と答えたのは次のような結果でした。日本は極端に若者たちの自己満足度が低かったようです。

1位　アメリカ：　八六・〇％
2位　イギリス：　八三・一％
3位　フランス：　八二・七％
4位　ドイツ：　八〇・九％
5位　スウェーデン：　七四・四％
6位　韓国：　七一・五％
7位　日本：　四五・八％

日本の若者にも「きみは大切だ」と絶え間なく話しかけてくれるエリおじさんが必要ですよね。

岡田　ぼくは、日本の若者の生きづらさに関心を持っています。それに関連する統計を集めています。

この数年間、ずっと日本の自殺者は三万人を超えています。とりわけ、若い世代の死因の一位が自殺というのは、先進七カ国で日本だけなのだそうです。

日本はいま、いちど落ちたら這い上がることが難しい社会です。つらいときに支えてくれる人や社会システムが弱いし、何度でもやり直せる場がありません。就職に失敗して自殺する若者が多いことは、そのような社会環境も要因の一つであると思います。

政府の統計によると、十代から二十代の就職失敗による自殺は増加傾向にあるのだそうです。日本では、幼い頃から周りの目を気にしながら成長する人が多いです。そのうえで、就職活動で何十社にも断られたりしたら……。自分を丸ごと否定された気持ちになるのは当然ですよね。**転んでもかまわない、もういちど立てばいい。**そう教えてくれる社会になって欲しいです。

教授 ほんとうに、その通りですね。今日は新約聖書の「信仰義認論」について学びました。**人間の「行い」「業績」「成果」ではなく、神の「恵み」によって愛され、受け入れられ、救われる。**この「信仰義認論」の考えは、現代日本社会でも切実に必要とされる思想ではないでしょうか。なお、就職で悩む経験をした人は、同じ傷を持つ人に共感し、その人を手伝う能力を得ることができる。そのことを忘れないでください。傷は使命なりです。
次の授業では「絶対平和主義と正戦論」について話し合います。映画『ミッション』を観ておいてください。それではまた、次の講義で会いましょう。

第七講

絶対平和主義と正戦論

この世界に、正当な暴力や戦争はあるのか？

課題文献・作品

『神の国』／『サピエンス全史：文明の構造と人類の幸福』／映画『ミッション』

祈って死ぬか、戦って死ぬか――映画『ミッション』の二人の神父

教授 それでは講義をはじめます。

皆さん、映画『ミッション』（The Mission）は観てきましたか？　一九八六年に制作されたこの作品は、エンニオ・モリコーネによるサウンドトラックが有名です。簡単にあらすじをまとめておきましょう。

一七五〇年頃、スペイン統治下の南米・パラナ川上流域では、キリスト教の宣教が活発に行われていました。しかし、土地にはグアラニー族という先住民族がいて、彼らの激しい抵抗で、多くの宣教師が殉教を余儀なくされていました。こうした状況下、宣教師として現地に入ったガブリエル神父は、オーボエの音を通して、グアラニー族の心を徐々に開いていきます。

同じ頃、スペイン人植民者で奴隷商人のメンドーサは、自分の婚約者と恋愛関係に陥っていた弟を殺害し、その罪悪感で苦しんでいました。生きる勇気を完全に失っていたのですが、ガブリエル神父の励ましと指導によって、導かれていきます。メンドーサはついに懺悔するようになり、ガブリエル神父の宣教活動の有能な助けとなっていきます。

グアラニー族への宣教はうまく遂行されました。宣教区には、逃亡した先住民の奴隷たちが救いを求めて集まってきました。しかし、そのことが面白くないのは、植民地の支配者たちでした。

スペイン、ポルトガルの両国が、南米領土の国境線引きを行った結果、宣教地区はスペイン領からポルトガル領に入ることが決まりました。それに伴い、先住民は村からの移動が命じられました。宣教師たちには、宣教地区からの退去命令がくだされました。つまり、植民地争奪戦のせいで、グアラニー族は生まれ故郷を離れなければならなくなったのです。

この不当な命令に対して、宣教師たちは決意します。自分たちも村から退去せず、グアラニー族と生死を共にしよう、と。この選択について、ガブリエル神父とメンドーサ神父の考えは一致しました。しかし、その方法については正反対の道へ向かうことになりました。メンドーサ神父は、武器を手に戦うことを決意します。村人たちを助け、守り抜くために。メンドーサ神父はガブリエル神父に次のように言います。

「私は彼らを助ける。彼らは私を必要としている」

もう一方で、ガブリエル神父の選択は、聖書の神の教えに従い、最後まで武器を取らず、祈り続けること。絶対平和主義を貫くという決意です。

ガブリエル神父はメンドーサ神父に語ります。

「聖職者として助けろ。その手を血に染めて死ねばすべては水の泡だ。君は神に命を捧げた。神は愛なのだ」

植民地当局の軍隊が迫っていました。ガブリエル神父は、村人たちとともにミサを捧げる途中、軍の銃弾に倒れます。一方で、メンドーサ神父もまた、グアラニーの男たちと共に軍に立ち向かい、戦死を遂げました。

この作品の良さは、ガブリエル神父とメンドーサ神父を等距離から観られるところです。作品は観客をどちらか一方の神父に加担させようとはしていません。中立的な立場を取っています。不当な暴力に直面した両者のそれぞれの在り方を観る者に静かに提示して終わります。

どちらを選びますか?——絶対平和主義と正戦論

不当な暴力に直面したとします。

絶対平和主義か、正戦論的な立場か。どちらで対応すべきだと思いますか？

これはキリスト教の世界だけではなく、全人類にとっての大きな問いです。唯一の正解があるわけではありません。

岡田 『ミッション』は、すごい映画でした。最初から目をつぶりたくなる場面がたくさんありました。キリスト教を伝えたいという宣教師の強い気持ちが伝わってきました。ガブリエルとメンドーサが、それぞれの意志を持って、戦いを終えていくところも胸を打たれました。

色々なことを考えさせられましたが、ぼくはガブリエルの絶対平和主義を選ぶと思います。まったく戦わず、ただ攻撃を受けているだけでは、神父として神からいただいた大切な命を無駄にしていると思われるかもしれません。でも、ぼくはそう思いませんでした。

最後まで神の教えに従うという、強い思いを貫くには、大変な覚悟がいります。覚悟ができていたって、いざ軍隊が自分たちに武器を向けているのを見たら、ぼくなら逃げ出すかもしれない。しかし、ガブリエルは強い意志をもって神の意志を貫きました。死ぬ間際まで、グアラニーの人たちに神の意志を伝えていたのだと思います。目に焼き付く姿でした。

鈴木 私がもし、宣教師だったら、私も絶対平和主義でいきたいな。無抵抗の人を殺してしまったら……。不当な暴力を働く人たちは、そのことでその罪を理解するかもしれないかな。でも、もし抵抗してやり返してしまえば、相手の罪の意識が薄くなっちゃうんじゃないかな。**反撃によって、戦争はなくならない**。兵士だって皆、人間です。人を殺すことに対して罪の意識があれば、軍のなかで戦うのはおかしいという声が大きくなるかもしれない。反撃合戦が続くほど、相手への憎しみが重なっていって、戦いが長引くような気がするな。少し、おめでたい意見かなぁ。

遠藤 絶対平和主義には反対だな。絶対平和主義の世界では、もし一人の侵略者が来たら、世界が壊滅する。だとすれば、絶対平和主義はいまの時点では現実的ではないのではないか。

国家とは大雑把に言うと、人という生物のスケールを大きくしたものだと思う。国家には本能がある。本能には戦闘本能や所有欲も含まれる。だから争いが起き、いまの先進諸国のように開発途上国の資源にまで手を出す。人類全体の精神状態は、まだ未熟なんだ。人類全体の将来や平和を考える人間の数はあまりにも少ない。こんな状態で国家が絶対平和主義を掲げたところで、その実現は不可能だよ。人類全体が争いを望まず、かつ、みんなの幸せを願う。そのとき、絶対平和主義はようやく意味を持つだろう。しかし、そのレベルに達するのには、いったい何千年かかるだろうか。

絶対平和主義は、倫理的には正しいだろう。しかし、その倫理観は現実味がない。だから、正戦論が消極的選択肢だと思うのだが。

人はなぜ戦うのか？――アインシュタインの問いとフロイトの答え

一九三二年、国際連盟より依頼されて、アルベルト・アインシュタイン（Albert Einstein：1879－1955）とジグムント・フロイト（Sigmund Freud：1856－1939）の間で交わされた書簡がある。人はなぜ戦うのか？　アインシュタインのその問いに対して、フロイトは、「人間は生まれつき攻撃本能を持っている」と答えた。フロイトは書簡で断言しているんだ。

「人間から攻撃的な性質を取り除くなど、できそうにもない！」

フロイトによると、戦争は自然世界の掟に即している。生物学的なレベルでは健全な行為で、現実には避けがたいという。書簡の最後、フロイトは己を「平和主義者」と呼びつつ、文化の力によって、人間の攻撃本能や破壊本能を縛り、戦争終焉へ向けて歩み出そうと提言している。しかし、私には、どうもその結論が建前に聞こえるんだ。

ユヴァル・ノア・ハラリが書いた『サピエンス全史：文明の構造と人類の幸福』には、戦争の起源について次のようなくだりがある。

ドナウ川流域の農耕以前のさまざまな遺跡で出土した四〇〇体の骨格を調べた別の調査では、一八体の骨格で暴力の証拠が見つかった。四〇〇体のうちの一八体というのは、たいした数には思えないかもしれないが、じつは非常に大きな割合だ。もし一八人全員が現に暴力によって死んだとしたら、古代ドナウ川流域での死の約四・五パーセントが人間の暴力に起因することになる。今日、戦争と犯罪を合わせても、世界平均は一・五パーセントにしかならない。二〇世紀には、人間の死のうち、人間による暴力が原因のものはわずか五パーセントだった――歴史上、最も血なまぐさい戦争と、最も大規模な組織的大量虐殺が行なわれた世紀であるというのに。もしこの発見が典型的だとすれば、古代ドナウ川流域は二〇世紀と同じぐらい暴力に満ちていたことになる。

未来の人類が、この生まれつきの攻撃本能と破壊本能をどのくらい克服できるかはわからないが、少なくとも人類は一万二千年前のサピエンスから何も変わっていない。攻撃本能に満ちた我々が真の平和を実現することなどできないよ。

カールセン ぼくも正戦論派ですね。もしぼくが宣教師の立場に置かれているとしたら……。どうせ死ぬなら、その状況を打破するために、できる限りのことをしてから死にたいよ。無抵抗の抗議で、問題が解決するなんて、とても思えない。ダメもとでも、戦ったほうが、まだ生き残れるかもしれないし。

テストのとき、最初に取りかかった問題につまずいて、残り時間三分なのに、まだ解答用紙が真っ白だとするよね。そしたらせめて、選択問題だけは適当に数字を書いて提出しない？　たとえそれに解決の見込みがまるでなくても、最大限あがくべきだよ。悔いが残ったとしても、最後まで人間らしくありたいよ。

岡田 戦争をテストにたとえて、正戦論を良しとするのは少し違和感がありますよ。絶対平和主義だって、一つの自己意志の貫きかたではないのかな。命を守るために、武器を取り自分の手を血で汚すことを拒否し、宗教的かつ精神的に、正しいと思う道を進むことだって、一つの最大限の努力だよね。人間らしさを貫いたのは彼らだってそうです。やはり、ぼくは絶対平和の道を選びます。なぜなら、自らの手を血で汚してまで生き延びようとは思わないからです。ぜひ皆さんに想像してもらいたい。あなたが武器を向けようとしている人は、まぎれもない命を持っている人間なんです。あなたと同じようにおびえ、生きることに必死にしがみつこうとしているのです。**そんな「命」を奪う権利を、果たしてあなたは持っているんでしょうか？**

教授 カールセンさんの発想はおもしろいですね。でも、岡田さんの意見もよくわかります。他の人たちはどう思いますか？

大切な人が傷つけられたら——理性と本能

楊 単刀直入に言うと、私はどうしても絶対平和主義を受け入れることができません。私はクリスチャンではないですし、よく聞く、右の頬を打たれたら左の頬を差し出しなさい、という聖書の言葉も、負けを認めているようで、昔から腑に落ちません。たぶん、私みたいな人がたくさんいるから、戦争が絶えないのでしょうね。

でも、**もし、恋人や家族、自分の大切な人が不当な暴力を受けたら。私は、その犯人を許すほど寛大にはなれません。**復讐してやりたいと思うでしょう。

もちろん平和的に解決するのがいちばんだとは、頭では思います。ですが、心が追いつかない。私は、**正戦論は本能、絶対平和主義は理性**に似ていると思います。理性を働かせ、相手を許そうとする絶対平和主義を唱える前に、本能の力が勝り相手を傷つけてしまう。考えがまとまりませんが、絶対平和主義はきれいごとのように思えてしまうんです。

金 私は戦争は絶対悪だと思っています。だから、正戦論を受け入れることはできません。でも右の頬を打たれたら左の頬を差し出すというのが、絶対平和主義かと言われると少しわからなくなってしまいます。そうすると、やはり楊さんが言っていることは理解できる気がします。

なんだろう。規模の問題なのかな。たとえば、国家どうしといった大規模な争いで、やられたらやり返すなんてことをくり返せば、地球は滅びます。でも、個人間のことで、無抵抗に暴力を受け続けるという姿勢を貫いたら、もしかすると、その人は死んでしまうかもしれない。

私は戦争には反対ですが、戦争に陥らないための最善の策として、ミサイルを撃ち落とすといった行動は認め、けれども戦争は絶対に認めない、というふうにしていくのが現実的かもしれないと思いました。そのくり返しで、戦争がだんだんと減っていくんじゃないかなって。だから、**絶対平和主義ではないかもしれないけど、現実的平和主義**って感じでしょうか。理想で終わらせないという意味を込めています。

キリスト教はなぜ宣教に熱心だったのか

鈴木 話しが少しずれちゃうんだけど、宣教師はどうしてキリスト教をあんなに一生懸命広めようとしていたの？　グアラニー族にも長いこと信仰してきた宗教があったんでしょ？

教授 **宣教は、マタイによる福音書28章19－20節で、イエスの地上における最後命令として記されています。**いわば、イエス・キリストの遺言のような戒めです。

だから、あなた方は行って、すべての民をわたしの弟子にしなさい。彼らに父と子と聖霊の名によって洗礼を授け、あなたがたに命じておいたことをすべて守るように教えなさい。

宣教を意味する英単語は「mission」です。この言葉は、ラテン語で「送る、放つ、置く」の意味を持つ「mittere」に由来しています。キリスト教的に言うと「mission」は、「福音を述べ伝える使命を与え、送ること」を意味します。

キリスト教はそのはじまりから、宣教を大切にしていました。宣教師たちの気持ちは、たとえば、とても良い本を読んで、世界を見る目が変わった人の気持ちでしょうか。その人はきっと、周りの人にその本を読むよう勧めるでしょう。その本がとても良ければ、内容を社会に伝えることを自分の使命と思うかもしれません。宣教師の宣教に対する情熱は、そのような自然な人間の心理に由来するものかもしれませんね。

楊 キリスト教が宣教に熱心なことはわかりました。しかし、もしキリスト教以外の宗教が、同じように情熱的な使命感を持って積極的な宣教活動をするとしたら、キリスト教のそれと対立しますよね。信者獲得合戦から宗教戦争に発展しかねません。

キリスト教会にとっては、世界中の人をキリスト教へ改宗させることが使命なのでしょうか？ 私は、**世界平和のためには、価値観の多様性を認め合うことが大切**だと思っています。だから、このような「使命」は、独善的で危険だと感じてしまいます。

金 私も楊さんの意見に賛成です。宣教師の情熱はわかるんだけど、自分たちの宗教を大切にしてきた先住民からすると、キリスト教を押し付けられてしまって迷惑だったのでは。イエスの宣教命令によって、結局は、軍事力を盾にした強制改宗や、改宗拒否者の大量虐殺が引き起こされたのではないでしょうか。宣教師の強い使命感が帝国主義と結びついて、西欧諸国による植民地支配を進め、それはいまに至る経済的搾取にもつながっていると思います。

宣教師たちは純粋な情熱に駆られたのだとしても、それが世界史に与えた影響については考えなくてはならないと思います。

教授　もっともだと思います。カトリック教会でも、プロテスタント教会でも、現在の宣教についての考えかたは、映画『ミッション』の十八世紀のそれとは比べものにならないほど、多様化、柔軟化しています。特に、十七世紀から十八世紀は、西欧列強がアメリカ、アフリカ、アジアへと進出し、これらの地域を植民地化するために戦った、弱肉強食の時代でした。そのような時代の雰囲気のなかで、一部のキリスト教宣教師たちが植民地化を手伝う役割を果たした点は反省すべきところがあると思います。もう一方で、宣教師イコール帝国主義者ではなかったことも忘れてはいけない。映画『ミッション』にも出てきたように、帝国主義に抵抗した宣教師たちも実際にいたわけですからね。

教えを守るための正戦が平和の教えを否定する

田村　絶対平和主義と正戦論に戻ると、今日、このテーマを取り上げると聞いたとき、私は正戦論を肯定していました。自らの身を守るために武器を持つことは正しい行動だと思っていたから。でも、聖書に出てくる戦いに対する姿勢や、アウグスティヌスの主張を探っていくうちに、だんだんと絶対平和主義の存在意義に共感するようになりました。**アウグスティ**

ヌスは正戦論の基礎をつくったといわれるそうですが、必ずしも戦争を正当化したわけではなかったようです。アウグスティヌスは戦争を全面的に否定した人物ではないけれど、好戦的な思想を唱えた人でもなかったというのが私の理解です。

岡田 ぼくもそう思います。『神の国』(De civitate Dei) 第19巻七章で、アウグスティヌスは次のような言葉を残しています。

> これほど重大でこれほど恐ろしく、またこれほど残酷な災い(著者注:戦争)を嘆きつつ考察する者はだれでも、それが悲惨であることを告白するがよい。だがそれを心の苦痛なしに耐えたり考えたりする者はすべて、みずからを幸福と思っているだけに、たしかにいっそう悲惨である。その者は人間らしい感覚をも失ってしまっているからだ。

こんな文章を読むと、アウグスティヌスが戦争に強い嫌悪感を抱いていたことがわかりますよね。**正戦とは、簡単にいうとキリスト教の教えを遵守するために、武器を持ち、立ちあがることです。でも、そのキリスト教は、出エジプト記20章13節のように「殺してはならない」と述べています。**教えを守る行為が、教えを否定するという矛盾。映画でメンドーサが主導した「勝ち目のない戦い」は、大義では肯定されるかもしれません。でも、やはりそれは、多くの人たちを死に導く行為です。聖書のなかに絶対平和主義と正戦論のどちらも見いだすことができたとしても、やはりクリスチャンとしては、絶対平和主義を優先するべきではないでしょうか。

鈴木 私も岡田さんに同意する。で、いま、国際社会での絶対平和主義の立場についてどんな感じか、私、少し調べたんだ。絶え間なく争いが起きるこの世界で、絶対平和主義は無意味なの？　そんなことはないんじゃないかな。

ルワンダでは、フツ族によるツチ族の虐殺というできごとがあったけど、海外のＮＧＯなどが、現地で、双方の和解を促す活動を行っていたんだ。たとえば、「ＲＥＡＣＨ」(Reconciliation Evangelism And Christian Healing) というプロテスタント系ＮＧＯは、虐殺時に破壊されたツチ族被害者の家をフツ族の加害者が中心となって建て直す活動を支援しているよ。活動を通して被害者側と加害者側の交流を生み、赦しと償いの関係を構築することがその目的だとか。

でも、一方で、正戦論はどうしても暴力の連鎖を生んでしまう。正戦論の大義のもと、弱者が協力者を得て強者を倒したとするよね。すると、被害者となったかつての強者は、こんどは弱者として正戦論を振りかざす。こういうことって、歴史はくり返し証言しているんだよ。**復讐と暴力の連鎖を肯定しちゃったら、この世界の平和を保つ術がないんじゃない？**

憲法9条とマタイの福音書5章39節の共通点

教授 鋭い指摘ですね。日本の憲法9条、戦争の放棄についても触れてみましょうか。憲法9条は皆さんご存じだと思いますが、どなたか読んでみてくれますか？

カールセン 日本人じゃないけど、ぼくが読みましょう！

日本国憲法　第二章　戦争の放棄

第九条　日本国民は、正義と秩序を基調とする国際平和を誠実に希求し、国権の発動たる戦争と、武力による威嚇又は武力の行使は、国際紛争を解決する手段としては、永久にこれを放棄する。

2　前項の目的を達するため、陸空海軍その他の戦力は、これを保持しない。国の交戦権は、これを認めない。

教授 私も日本人ではありませんが、この憲法が好きです。**日本の憲法は人類の歴史で他に類がないほどの平和的な憲法**だと思います。前文と第9条、そして第97条は作製者たちの気合いが特に感じられる文章だと言われますね。「永久」「永遠」「恒久」という、どこか宗教的なニュアンスを持つ言葉が使用されています。**人間という不完全な生き物が、永久、永遠、恒久という限りのない時間の長さをかけて誓う。**この神聖な響きは、私には、教会でささげられる祈りの言葉を連想させます。

第9条「武力による威嚇又は武力の行使は……永久にこれを放棄する」。私はこの条文を読むと、マタイによる福音書5章39節の絶対平和の精神を思い出します。近い精神が根底に流れていると感じるのです。

しかし、わたしは言っておく。悪人に手向かってはならない。だれかがあなたの右の頬を打つなら、左の頬をも向けなさい。

遠藤 先生の解釈には少し誤りがあるな。**憲法9条のもとでも個別的自衛権は放棄されていない**というのが通説および判例です。最高裁判所も砂川事件判決（最高裁判所大法廷判決昭和三十四年十二月十六日）で、「自国の平和と安全とを維持しその存立を全うするために必要な自衛の措置を執り得ることは、国家固有の権能の行使であって、憲法は何らこれを禁止するものではない」と述べている。

私は憲法9条の平和主義が「宗教的」と言うほど、永久、永遠、恒久的なものではないと思う。誰かが絶対平和主義のもとに生きるのは、その人の自由であり、立派だよ。しかし、憲法の条文を宗教的に解釈すると、キリスト教徒ではない国民に、特定の生き方を強制することになる。その態度は適切ではないのではないか。**条文解釈と宗教は、明確に区別したほうが良い**でしょう。

戦争についてのキリスト教の四つの立場と歴史

教授 もっともな指摘ですね。しかし、日本の憲法の第9条とマタイによる福音書5章39節を比較することくらいは、許されてもいいのではないでしょうか。

キリスト教の戦争についての立場をもう少し細かく分けると、四つに整理できます。

1 絶対的平和主義：いかなる理由でも戦争に加担しない
2 消極的正戦論：戦争を「正当」か「不当」かで分け、正当な場合のみ認める
3 積極的正戦論（聖戦論）：特定の戦争を宗教的に神聖とみなし、正義のために戦う
4 無差別戦争論：戦争を含むすべての武力行使を国家の主権的権利として捉える＝戦時国際法さえ守れば、すべての戦争は正当な営みになる

歴史的に見ていくと、初期キリスト教の絶対平和主義は、キリスト教がローマ帝国の国教として機能する過程で正戦論へと移行しました。さらには十字軍運動を通して聖戦論へと転換します。正戦論、あるいは聖戦論は三十年戦争をきっかけに崩壊し、その代わりに無差別戦争論が台頭しました。

キリスト教会が弱体化し、正当な戦争と不当な戦争を決める権威と力を失ったことで、無差別戦争論は十九世紀のヨーロッパで主流の戦争観になりました。しかし、第一次世界大戦以降、無差別戦争論は国家の自由な戦争を肯定し、残酷な世界大戦を招いたと批判され、いまでは一般的に拒否される立場になっています。

現在は消極的正戦論が国際法的正戦論という形で復活し、国際社会が戦争や紛争を扱う際に、主な理論的土台の役割を果たしています。

ここからは特に絶対的平和主義と消極的正戦論にフォーカスを当てて考察してみましょう。

金 コンスタンティヌス帝がキリスト教を公認する前までのキリスト教の教会は、帝国の迫害や暴力に対して絶対平和主義を貫いていたんですね。それがなぜ、正戦論へと変わっていったんですか。

暴力を嫌ったが戦争を否定しなかったアウグスティヌス

教授 それは、変化せざるを得ない状況に直面したせいです。三一三年、ミラノ勅令の発布で、キリスト教はローマ帝国の公認宗教になりました。キリスト教は帝国内で勢力を伸ばしていくようになります。三九二年には、テオドシウス帝がキリスト教を国教に昇格させました。こうしてキリスト教は、ローマ帝国唯一の宗教として、帝国の安全と維持を担う立場になりました。

そうなるとキリスト教の内部から正戦論が徐々に台頭しはじめました。マイノリティの宗教の一つでしかなかったそれまでのキリスト教と、ローマ帝国の国教としてのキリスト教の役割は大きく違います。それならば、暴力と戦争に対する倫理も当然変わるべきだと、正戦論派は考えたわけです。

キリスト教の正戦論派は、共和制ローマ末期の政治家キケロ（Marcus Tullius Cicero：106－43 BC）が『義務について』で述べた二つの不正論の影響を受けました。簡単に言うと次のような論です。

不正のなかには二つある。
一つは他者を不当に攻撃する不正。

もう一つはこの不正を退ける力がありながら、見て見ぬふりをする不正である。

このような考えが、アンブロシウス（Ambrosius：339－397）やアウグスティヌスなど、後の神学者に大きな影響を与えました。アウグスティヌスは、しばしば「不正を罰する戦争」という言葉を用います。これはキケロの影響を受けた用語だと思われます。

キケロは、優れた国家は不正を罰する忠義か生存のためにしか戦争を行わない、と述べました。アウグスティヌスはその思想に共感を覚えたことでしょう。

アウグスティヌスは流血や殺人を必然的に伴う戦争を好んだわけではなく、むしろあらゆる方法を尽くして暴力を避けようとしなければならないと考えました。たとえば、彼は、攻撃してきた相手を正当防衛で殺すことを許す法律を認めましたが、殺してしまうことを良い行為であるとは思っていませんでした。この世での命は空しいもの。だから、それを守るために、他人を殺めることをいとわないのは不当な執着だと判断したからです。

もう一方で、アウグスティヌスは正当な戦争の可能性をまったく否定しているわけでもありません。彼は**兵士と民間人とは立場が異なる**と言いました。

法律は民間人に対して、必要に迫られた場合は、自衛のために相手を殺す許可を与えているだけで、そうするよう義務づけているわけではありません。しかし、法律は兵士に対しては、ただ許可を与えるのではなく、罪のない人々を守るために必要に応じて、相手を殺すことを義務づけました。必要に迫られたとき、不正な相手を殺さない兵士は法律を犯す者である。それが、アウグスティヌスの考えでした。**兵士の場合、殺人者にはならず、義務を果たしたということになる**のです。

後の中世においては、こうした思想のもと、正戦論が成立しました。

金 キケロやアウグスティヌスの考えを理解できないわけではありません。でも、誰が何をもって「不正」と判断するんですか？ 客観的、普遍的な基準を持つことができるんでしょうか？

「不正な戦争」と「正当な戦争」の基準とは？

鈴木 特に戦争の場合、どこまでを「不正」とするかの判断は個人差が大きそう。ここでの例として適切かはわからないけど、広島・長崎への原爆投下をどう考えるかという問題があります。母方の親戚が広島にいる私にとっては、原爆は絶対悪だよ。二十万人もの市民が犠牲になった兵器は、どんな理由があったとしても正当化できない。でも、たまに、原爆投下があったからこそ、太平洋戦争は終わったという意見を持つ人もいるよね。彼らにとって原爆は正義だったたってことでしょ？ だけど、私や多くの人たちにとっては不正義としか言いようがないよ。戦争における正義と不正義に、絶対的な根拠なんてなくない？　むしろ、**正義の戦争という大義は、戦争行為の正当化に過ぎない**んじゃないかな。

カールセン　でも、ぼくはどうしても、暴力で攻めてくる相手に対して、抵抗せずに殺されるのを待つことはできません。さっき鈴木さんは、無抵抗の人間を殺したという罪悪感を与えることができるって言っていたけど、それは絶対平和主義のじゅうぶんな理由だと思えないよ。たいていのものは時間と努力で取り戻せる。でも、命はそうはいかない。その点で、命は儚く、何よりも大事に扱われるべきだよ。

それに、兵士は人を殺す義務が与えられていたんでしょ？　その場合、罪悪感は残りづらくない？　人を殺すことを悪いと思っていないから戦争をするんでしょ。

遠藤　私もそう思う。絶対平和主義は素晴らしい。達成されるべきだろう。しかし、それは、すべての人間が生きるに困らなくなって、ようやく達成されるのではないか。

食うに困らず、ぶくぶくと太った領主が、生き抜くのに必死な農民に銃を突きつけ、「平和がいちばん、暴力反対。だからこれからも叛逆《はんぎゃく》などせず、自分たちのために働け」と言うとする。そんな状況で、真の意味での絶対平和主義が達成されるだろうか。

我々は**絶対平和主義を大義にし、不正を許すことを平和主義と思ってはいけないだろう。**

そんな偽りの平和主義より「正しき戦い」が必要ではないだろうか。

岡田 ぼくは**絶対平和主義イコール無抵抗主義ではない**と思います。真の絶対平和主義は非暴力主義です。マーティン・ルーサー・キング牧師（Martin Luther King, Jr.：1929－1968）は、人種差別という社会悪に全力で抵抗した功労で、一九六四年にノーベル平和賞を受賞しました。ぼくにとって彼は、紛れもない絶対平和主義者です。

遠藤 銃を持ち、こちらを狙う相手の言いなりにならないためには、超人的な精神力が必要だろうな。そんなことが可能なんだろうか。

教授 そうですよね。しかし、キング牧師やガンディー（Gandhi：1869－1948）のように、銃の前で非暴力主義を貫き、社会的不条理に抵抗し続けた人々も実際に存在しました。キング牧師の言葉を紹介しましょう。

われわれは人を許す力を身につけなければなりません。許す度量のない人には、人を愛する力もないからです。（略）最悪の人間にもどこかに善があり、最高の人間にもどこかに悪がある。これが分かれば、敵を憎む気持ちが薄れるでしょう。（略）闇を、闇で追い払うことはできません。光のみがそれを実現できます。憎しみを、憎しみで追い払うことはできません。愛のみがそれを可能にします。

（キング牧師の説教集『Strength to Love』より、著者私訳）

絶対平和主義も正戦論もキリスト教がつくり上げたものです。少なくとも西洋文明のなかでは、絶対平和主義という考えかたはキリスト教以前には存在しませんでした。ギリシア文明では、戦争、暴力が、人間の本能の一部として肯定されていたわけです。そのことは、プラトンや、アリストテレス（Aristotle：384－322 BC）の著作でも明らかです。キケロの著作でも然り。

戦争そのものを否定する絶対平和主義の考えは、初期のキリスト教の教会が、イエス・キリストの愛と赦しという教えに基づいてつくり上げた新しい考えでした。一方で正戦論もキリスト教が確立させた考えです。ですから、これはキリスト教的、あるいはこれは非キリスト教的と、ひとことでは言い切れない問題です。この講義でも、半々くらいに意見が分かれていますよね。

実現していないからこそ追求する

カールセン ちなみに先生は、絶対平和主義派と正戦論派、どちらを支持します？

教授 私ですか。私は、**人間は、常に理想を持ち、その実現を追求していかなければならない存在**ではないかと考えています。絶対平和主義は現実とはかけ離れている――こんなに軍事的競争が激しい、いまのこの世界で、この意見を否定することは難しい。しかし、だからこそ、絶対平和主義は理想として存在し続ける必要がある。

私だって、現実の生活で絶対平和主義を貫いて生きているとは言えません。しかし、だからこそ**絶対平和主義という理想を心のどこかで抱き続けたい**。できないからこそ追求したいという気持ちかもしれません。こうした認識を持つことで、完璧ではないにせよ、あきらめずに理想を心に抱き続けられます。私たちはきっと、こんなふうにして、いつかはその理想を実現できる人間になれるのだという希望が持てるのではないでしょうか。

絶対平和主義は現時点で、まったく意味がないように見えるときもあります。でも、長期的には、少しずつ、この世界が変わっていくのではないか。それが、私の希望であり、考えです。

田村 私も先生の意見に賛成です。たとえば、奴隷制度はキリスト教の革命的な人間観から二千年を経て、現代になってようやくなくなりました。キリスト教神学の大きな柱となった使徒パウロは、奴隷制度が当然だった当時にあって、驚くほど平等主義の人間観を唱えました。ガラテヤの信徒への手紙3章28節には、パウロによる万民平等の思想が書き記されています。

そこではもはや、ユダヤ人もギリシア人もなく、奴隷も自由な身分の者もなく、男も女もありません。あなたがたは皆、キリスト・イエスにおいて一つだからです。

岡田　ぼくもそう思います。もちろん、キリスト教の人々が奴隷貿易に関わった事例もあります。間違った道を走り、迷った事例もたくさんあります。しかし、大局的に見れば、キリスト教は万民平等の思想、神の前ですべての人は平等なのだという理想に導かれ歩んできたと評価できませんか。

奴隷制度の崩壊は、二千年前の人々にとってはまるで夢のようなできごとだと思います。絶対平和主義も同じではないでしょうか。千年、二千年後、人々の心にもっと深く響いた絶対平和主義は、世界の戦争や暴力を消滅させているかもしれない。

「世界は今一人の狂人を必要としている」――幣原喜重郎の天命

教授 千年、二千年後と言わず、ぜひもっと早く実現してほしいですね。**絶対平和主義が存在するかぎり、実現への道は開かれている。しかし、この理想がなくなれば、実現の可能性は閉ざされる。**私はそう考えています。

ですから、絶対平和主義の立場を守っていくことは無意味なことではないはずです。マタイによる福音書5章9節でイエスは次のように語ります。

平和を実現する人々は、幸いである、／その人たちは神の子と呼ばれる。

イエス・キリストの愛と赦しの理想を諦めないことが、何らかの形で、現実に影響を与えてくれるのではないか。そういう希望をいつも心に抱きながら生きたいと思います。

日本国憲法の第9条「戦争の放棄」条項を発案したと思われる、当時の内閣総理大臣・幣《しで》原《はら》喜重郎氏の言葉が『憲法資料調査会資料』という文献に残されています。

唯もし軍縮を可能にする方法があるとすれば一つだけ方法がある。それは世界が一せいに一切の軍備を廃止することである。一、二、三の掛け声もろともすべての国が兵器を海に投ずるならば、忽ち軍縮は完成するだろう。もちろん不可能である。それが不可能なら不可能なのだ。ここまで考えを進めてきたときに、九条というものが思い浮かんだのである。そうだ。

もし誰かが自発的に武器を捨てるとしたら――

最初それは脳裏をかすめたひらめきのようなものだつた。次の瞬間、直ぐ僕は思い直した。自分は何を考えようとしているのだ。相手はピストルを持つている。その前に裸のからだをさらそうと言う。何と言う馬鹿げたことだ。恐ろしいことだ。自分はどうかしたのではないか。若しこんなことを人前で言つたら、幣原は気が狂つたと言われるだろう。正に狂気の沙汰である。

しかしそのひらめきは僕の頭の中でとまらなかつた。どう考えてみても、これは誰かがやらなければならないことである。恐らくあのとき僕を決心させたものは僕の一生のさまざまな体験ではなかつたかと思う。何のために戦争に反対し、何のために命を賭けて平和を守ろうとしてきたのか。今だ。今こそ平和だ。今こそ平和のために起つ秋ではないか。そのために生きてきたのではなかつたか。そして僕は平和の鍵を握つていたのだ。何か僕は天命をさずかつたような気がしていた。

非武装宣言ということは、従来の観念からすれば全く狂気の沙汰である。だが今では正気の沙汰とは何かということである。武装宣言が正気の沙汰か。それこそ狂気の沙汰だという結論は、考えに考え抜いた結果もう出ている。

要するに世界は今一人の狂人を必要としているということである。何人かが自ら買つて出て狂人とならない限り、世界は軍拡競争の蟻地獄から抜け出すことができないのである。これは素晴らしい狂人である。世界史の扉を開く狂人である。その歴史的使命を日本が果すのだ。

（「幣原先生から聴取した戦争放棄条項等の生まれた事情について平野三郎氏記」）

私は**日本の憲法第9条が世界に伝える絶対平和主義に通じる理想には、大きな意味がある**と信じています。

遠藤 先生がおっしゃることは理解できる。歴史的使命を果たす「素晴らしい狂人」に対しては、心からリスペクトする。しかし、私はそれほど立派ではない。やはり日本が外国から攻撃を受けたときは、自衛隊に守ってもらいたいと思う。

日本で暮らす以上、皆が狂人にならなければならないのだろうか。

ちなみに先生は、個別的自衛権、つまり、自らが攻撃を受けたときに身を守るために応戦する権利と、集団的自衛権、つまり、仲間が攻撃を受けているときに武器を持って助けに行く権利、どちらも否定する立場ですか、それともどちらかは肯定するんですか？

教授 難しい質問ですね。少し考えさせてください。尖閣諸島問題、慰安婦問題、拉致問題、米中対立問題など、東アジア情勢は、緊張が高まりつつあります。

いま、この世界で、私たちはどう生きるべきでしょうか。

キリスト教は、そのヒントを絶対平和主義と正戦論という形で提示しているのかもしれません。あなたはどちらの道を選びますか？　どちらの選択がより正しいと思いますか？　この講義のオープンフォーラムにぜひ投稿してください。それではまた、次の講義で会いましょう。

第八講

キリスト教と自然科学

科学が事実を語るとき、神は何を語るのか？

課題文献・作品

『方法序説』／映画『マトリックス』

奇跡は起こり得ないと断言できるか――非神話化論と物理神学

教授 それでは講義をはじめます。突然ですが、皆さんは聖書に出てくる奇跡物語についてどう思われますか？

金 読み物としてはおもしろいけど、非現実的なフィクションとして捉えています。科学と奇跡は相性が悪いイメージ。

教授 そうかもしれませんね。今日は、キリスト教の奇跡物語を現代に生きる私たちはどのように解釈するべきかについて、考えてみましょう。金さんがおっしゃったように、科学とキリスト教の関係についての話です。

二十世紀最大の神学者の一人として知られるドイツのルドルフ・ブルトマン（Rudolf Bultmann：1884－1976）は「非神話化論」を主張しました。現代人の世界観は論理を重視する理性中心的な世界観です。一方で聖書に基づく考えかたは神話的です。だから両者は噛み合わない。「非神話化論」はそういう現実認識を前提としています。

現代人の世界観に神話的な世界観は合わないから、聖書の奇跡物語についても、実存的に再解釈しよう。これがブルトマンの非神話化論です。

一方でカール・ハイム（Karl Heim：1874－1958）という神学者は「物理神学」と呼ばれてもよい分野を開拓しました。宗教と科学間の対話を試みたのです。アインシュタインの相対性理論をもとにしながら、「自然法則は閉じられているのではなく、完結しているのでもない」と主張しました。つまり、ハイムの世界観では、奇跡は起こり得るものとなります。ブルトマンは奇跡が起こり得る可能性を完全に否定し、ハイムはその可能性を否定しなかった。それが両者の大きな違いであると思います。

金 どちらの意見も、なるほどなぁという感じがします。

教授 そうですね。どちらの意見にも一理あります。

自然科学は、「事実の世界」について語ります。
宗教は「真実の世界」について語ります。

自然科学が「事実」だけではなく「真実」まで語ろうとするとき、自然科学は「科学」ではなく、「代用宗教」になってしまう危険があります。進化論を例に取りましょう。進化論の「自然現象としての進化が起きた」という論拠に基づいた結論は「科学」です。しかし、もし「その進化を引き起こしたのは偶然である」と結論づけようとすれば、それは「代用宗教」になってしまいます。偽りの宗教になるわけです。

カール・ハイムは、このような自然科学の「科学の領域」を超えようとする傾向を批判し、科学を非神格化するべきであると考えました。自然科学ですべてを説明しようとする動きを警戒したのです。もう一方でブルトマンは、キリスト教が「宗教の領域」から抜け出て、現代人に「理性の犠牲（sacrificium intellectus）」を強要してはいけないと教戒しました。ハイムは科学の非神格化、ブルトマンは宗教の非神話化を唱え、方向性は正反対のように見えますが、キリスト教が現代の科学的な世界観と、どのように向き合うべきかを深く考察したというところに両者の共通点があります。

自然科学が担う世界――事実を語る

鈴木 「進化を引き起こした力は偶然である」というのが、なぜ偽りの宗教になるんですか？

教授 **自然科学の本領は、人間の感覚で「観察できる」自然現象を、実験などを通して「検証する」ことです。**ですから、自然現象を引き起こした見えない力が、「偶然」であるのか、はたまた「神の摂理」であるのかは語ることができません。「観察」や「検証」によって導かれた結論ではないからです。ですから「神は存在するのか?」その疑問については、現状、自然科学では「分からない」としか言いようがないのではないでしょうか。創造説と進化論は異なる次元で語られるものですから。

科学は「自然世界」の「事実」を語る。
聖書は「世界や人間存在」の「真実(価値や意味)」を語る。

この区別があいまいになると、科学が宗教の役割を果たそうとしはじめる。逆に宗教が科学の領域の「事実」まですべて語ろうとしはじめると、それも「代用科学」になる恐れがある、ということです。

進化論は「世界がどのような過程を経て、いまがあるのか」という問題に対する答えを提示してくれます。しかし、その過程が、神の計画、志、摂理といったものに基づいて行われたかどうかについて証明することができません。

すべては偶然であった。神は存在しない。進化は神なしに行われた。そう断言しはじめると、科学はもはや科学ではなくなり、代用宗教になってしまいます。私たちの存在は進化の結果ですね。しかし、その過程で私たちが生まれ、こうして生きているのは、神の計画があったからなのか、それとも偶然なのか、それについて進化論は口出しすることではないというわけです。

ここで冒頭の話に戻りますが、皆さんは「キリスト教と科学」と言われると、どんなイメージを持っていますか？

遠藤 魔女狩り、ガリレオ・ガリレイの裁判、地動説と天動説の間の争い、宗教裁判……。ざっとこんなものかな。

カールセン 多くの科学者はキリスト教には受け入れられなかったイメージです。

科学者でありキリスト教徒――コペルニクスとガリレオ

教授 多くの人が、キリスト教は教条主義によって実証的科学を否定する宗教である、つまり自然科学の発展を妨げる宗教であるというイメージを持っていますよね。それについて問題提起をしてみたいと思います。

ちなみにですが、地動説をはじめて唱えたニコラウス・コペルニクス（Nicolaus Copernicus：1473－1543）はカトリック教会の聖職者でした。そして「近代科学の父」と称されるガリレオ・ガリレイ（Galileo Galilei：1564－1642）も敬虔なキリスト教徒でした。万有引力を発見したアイザック・ニュートン（Isaac Newton：1642－1727）もキリスト教徒でした。コペルニクスの書物『天球の回転について』はコペルニクスの死後、一時禁書目録に載せられましたし、ガリレオは地動説の主張によってカトリック教会から有罪判決を受けましたが、彼らは生涯にわたり敬虔なキリスト教徒でした。

判決を受けたとき「それでも地球は回っている」とつぶやいたと言われるガリレオですが、地動説の主張を通して彼が反対したのは、キリスト教そのものではありません。そうではなく、聖書をテキストどおりに解釈しようとする文字主義（literalism）に反対した。そのことはもう少し知られてもいいような気がします。

ガリレオは、アリストテレスのような学問的な権威に頼ることを拒んで、観察、実験、数学的理論などを組み合わせ、自然を研究しはじめました。その結果、天体を観察し、コペルニクスの地動説が従来の天動説より正しいと信じるようになりました。そして同時に、心の底から聖書の権威を確信していました。

ガリレオによると、**私たちは聖書から高度な物理学的な規則を見いだそうとしてはいけない**のです。聖書は誰にでも理解できる言葉で書かれています。そのような聖書の表面的な言葉は科学実験の結果と矛盾する場合があるからです。

ガリレオは、**聖書は文字通り解釈すべき書物ではなく、時には文字の背後に、より深い神学的な意味が隠されている書物である**と考えていました。『ネイチャー』に掲載された科学論文を読むようにして、聖書を読もうとしてはならないと、警鐘を鳴らしたわけです。

鈴木 へぇ、ガリレオの印象が変わった。そんなこと世界史で習わなかったよねー。

教授 ガリレオといえば宗教裁判で争った人物、つまりカトリック教会に反対した人というイメージをお持ちの方が多いようです。しかし、村上陽一郎氏の『新しい科学論：「事実」は理論を倒せるか』を読むと当時の事情がわかります。

> コペルニクスの『天球の回転について』を読んでいて気づくことは、彼の頭のなかにはつねに、この世界を支配しているのが神（もちろんこの場合はキリスト教的な神ですが）である、という基本図式が存在していたことです。その基本図式から外れたことを、何一つコペルニクスは考えたことがないのです。この世界を神が造ったこと、そのとき神は整然とした秩序をこの世界に与えたこと、そうした美しい神の秩序は、自然のなかの至るところに読みとることができること、こうした基本図式こそ、コペルニクスの「先入観」であり「偏見」でありました。（略）

自然は神の書いた書物だ、自然のなかには神の計画を書き録したことばが満ち溢れている。それを一語一語読みとって行くことこそ、神が自然を造るに際してもっていた設計計画、すなわち神の意志を人間が知り、それを讃えるための、人間に与えられたもっともたいせつな仕事の一つだ、という信念がなかったとしたら、どうしてガリレオはあれほど熱心に自然に取り組むことができたでしょうか。

自然は神の創造物か、自然が神か——キリスト教と汎神論

旧約聖書についての講義でも触れましたが、キリスト教的自然観が近代科学の発展に欠かせない役割を果たしたということは、多くの研究者たちによって認められています。神がこの世を創造したという**創造信仰が、科学研究の根本的な動機**になっていたのです。アニミズムや汎神論（すべては神、神＝世界）によれば、山や木、河、自然には霊的な存在や神が棲んでいます。そうした価値観では、近代的な自然科学が生まれにくい。なぜなら、自然に神や霊的な存在が棲むかぎり、自然を自然科学の実験対象として捉えることが難しいからです。自然が神（霊）そのものである以上、いつ、この神々（超自然的な存在）がポーンと出てきて、昨日まで通用した自然的、普遍的自然法則を塗り替えてしまうかもわかりません。つまり、いま急に神が超自然的な業《わざ》を起こすかもしれない。そうすると、いつでもどこでも

通用する「普遍的な自然法則」を研究する意義を見いだしにくくなります。

しかし、「自然界＝神」ではなく「自然界＝神の被造物（作品）」であるとすればどうでしょうか。**自然界を研究することは、それを創造した神の性質についてより深く知ろうとすることになります。**

キリスト教の創造信仰は、結果的にアニミズム信仰から独立しました。

自然とは自然の法則を超越できる信仰の対象ではない。
自然とは神に定められた一つの法則によって動く被造物である。

この自然観は近代科学の発展において、とても重要でした。古代の自然観は自然を神格化したので、自然を客観的に観察する態度が養われにくかったわけです。十七世紀に、西洋で科学革命が起きたのは偶然ではなかったのです。

金　自然観の話は納得できます。でも、キリスト教だけが優れた宗教だと言われているようで、ちょっと嫌な感じがしちゃうな。かつてヨーロッパの人間は、アジア、アフリカ、アメリカ、オセアニアに住む人たちを野蛮な者たちとして扱いました。最近のアメリカでは、新型コロナウイルスの感染拡大がアジア人のせいだという人たちがいます。近代科学を発展させた宗教としてキリスト教を称えるのは、西洋が東洋より優位という偏見を助長するんじゃないのかな。

教授 キリスト教の思想が近代科学の発展に寄与したということは、人種差別や偏見を正当化する根拠にならないし、なってはいけません。両者は異なる次元の話ですから、区別しなくてはなりません。科学技術を武器に欧州諸国が、世界を植民地化し、先住民族を苦しめたことは批判されるべき事実です。しかし、それとは別として、近代科学の発展にキリスト教の自然観が影響を及ぼした、ということは一つの教養として知っておいてもよいでしょう。量子物理学者であるジョン・ポーキングホーン（John Polkinghorne：1930－2021）は次のように語ります。

「近代科学の初期に貢献した人たちは、ほとんど皆、人生に宗教的な側面があることを真剣に受けとめていました。ロイヤルアカデミーの最初のフェローたちの多くは、清教徒でした。実際、キリスト教の創造論は、創造主の合理性と自由との両方を強調することで、科学的研究の母体となっています」

ポーキングホーンによると、キリスト教は自然科学の敵ではなく、むしろ生みの母であったわけです。

田村　別の授業で学んだ「Two-Books Doctrine」という概念を思い出しました。これはキリスト教世界で中世から信じられていた思想であるようです。少し説明すると、神は人間に二冊の本を与えたそうです。一冊目は「自然」という本。この本はすべての人が見ることができるので、一般啓示とも言えます。二冊目は「聖書」。この本は神の特別啓示と言えるものです。神は二冊両方の著者です。神は嘘をつかないので、二冊は信頼に値します。ガリレオも、ニュートンもこの理論の信奉者だったそうです。

カールセン　宗教改革や科学革命といった近世の人々の行動起源や思想は、ほとんどキリスト教と関わっているんだよなあ。少し怖くないですか。そんなに人の心に入ってきて影響を与える宗教って、いったいなんのために生まれたのかな？　なぜ人には宗教が必要なんだろう？

教授　宗教がなぜ人間に必要なのか。それは宗教の定義にもよるでしょう。ミルチャ・エリアーデ（Mircea Eliade：1907－1986）という宗教学者は、宗教とは世界の軸（axis mundi）を見極める営みであると考えました。**世界のいちばんの本質となるもの**

は何かという問いに答えてくれるのが宗教で、すべての人間は基本的に「Homo Religiosus（宗教的人間）」であるというわけです。そして、神学者パウル・ティリッヒ（Paul Johannes Tillich：1886－1965）は、宗教を「究極的関心事」（the ultimate concern）と定義しました。つまり、人が何かに究極的に関わり、それをもっとも大切にし、それによって存在の根底から支えられているとすれば、それこそがその人の宗教であるという意味です。

人は、この世界で何がいちばん大切なのかを考える存在です。そういう意味で、誰もがある種の宗教を持っているのかもしれません。

遠藤　キリスト教は近代西洋のあらゆる新思想や新潮流に、影響を与えているのは間違いないと思うな。自然科学だけではない。資本主義がプロテスタントの、とりわけカルヴァン派の影響を受けているというのはあまりに有名だしね。教会権威を否定した共産主義だって、終末論という観点から見れば、キリスト教の影響を受けているだろう。

しかし、それでも、私は先生の立場には賛同できないところがある。近代自然科学の発展に影響を与えたのはキリスト教だけではないと思うんだ。古代ギリシアやアラビア、さらには中国の科学など、外来の知識や思想が、西洋に流れ込んだ影響も大きいのではないだろうか。

教授 もちろん、私もキリスト教のみが近代自然科学に影響を与えたと主張するわけではありません。十七世紀の科学革命は、キリスト教的な自然観に基づき、中世から近代までに生まれた科学の様々な流れや、外来の科学の知識を組み込みながら起きたことは歴史的な事実です。私もそれに異を唱えるつもりはありません。私が皆さんに伝えたいことは、その壮大な融合のなかでキリスト教的自然観が欠かせなかった。おそらくは主導的役割を果たしたということです。

我思う、故に、我在り——デカルトの認識論とキリスト教

楊 十七世紀にガリレオやニュートン以外に、キリスト教の思想に影響を受けた有名な人物は、他に誰がいますか？

教授 そうですね。たとえば、ルネ・デカルト（René Descartes：1596－1650）はどうでしょう。旧約聖書について話す際に少し触れましたが、デカルトといえば、「コギト・エルゴ・スム（cogito ergo sum）」という言葉が有名です。

田村 「我思う、故に、我在り」ですね。

教授 その通り。この言葉はデカルトの認識論を代表する言葉です。彼の認識論は近代的世界観を生み出すことに貢献したと考えられています。デカルトの認識論は近代科学的思考を可能にした、理性中心主義のはじまりとしても評価されています。この認識論は、実はデカルトのキリスト教信仰によって支えられています。なぜならば、**デカルトは認識の基礎として神の存在を強調する**からです。

デカルト思想の全体的構造は、中世哲学のスコラ学派、特にヨハネス・ドゥンス・スコトゥス（Johannes Duns Scotus：1265－1308）の形而上学から深い影響を受けたと思われます。認識論について解説していきますが、デカルトによれば、人間はほんの少しでも疑わしいと思われることに関してはそれを疑わなければならない。これを方法的懐疑といいます。

> ほんの少しでも疑いをかけうるものは全部、絶対的に誤りとして廃棄すべきであり、その後で、わたしの信念のなかにまったく疑いえない何かが残るかどうかを見きわめねばならない、と考えた。
>
> （ルネ・デカルト『方法序説』）

たとえば、こういうことです。

いま、私たちが見ているこの椅子は本当に存在するのか、それともしないのか？　どうでしょう？　少し疑わしいですね。人間の視覚っていつも絶対に正しいとは言えませんから。水のなかにストローを入れると、折れ曲がって見えますよね。また、自分が乗っている電車が止まっていても、隣の電車が動いていると、まるで自分の電車が動いているように錯覚します。

だから、物事を正しく正確に認識するために、少しでも疑わしいと思われるすべてのことを疑わなければならない。

岡田　ぼくもそう思います！　デカルトが、物事を正しく認識するためには、すべてのことを疑わなければならないと主張した理由は、人間の感覚は信用できないからですよね？

確かに、人間の感覚は正確とはいえません。人は目で多くのものを見ているように思えます。でも実は、人の目は非常に狭い範囲のものしか見えていません。たとえば、色覚で言えば、七色の虹の赤から紫までの範囲しか見えていません。赤外線、紫外線より外側の波長になると、人間の目では捉えられない世界です。いたるところに、テレビ放送用の電波などが飛び交っていますが、私たちの目には見えません。そうした限られたものが人間の感覚だと思います。

金 人の目で見えるものよりも、見えないもののほうが圧倒的に多いような気がします。

教授 本当にそうですね。**人間の感覚は事実をすべて把握しているわけではありません。**いま、私たちが五感を駆使して体験しているこの世界は、宇宙全体のほんの一部分を、視野狭窄《きょうさく》の眼鏡でほんの少しだけ覗き込んでいるに過ぎません。私たちは、なんでも感知しているようで、実は全然できていないのかもしれませんよ。

デカルトが恐れた不確かな世界――映画『マトリックス』の仮想世界

遠藤 私はデカルトが恐れた世界を映画で見たな。『マトリックス』はそういう世界を描いた作品だと思う。

教授 『マトリックス』！　大好きで何度も見ました。キアヌ・リーブスの演技が素晴らしかったですね。『マトリックス』を観たことがない人のために、遠藤さん、少し説明してくれませんか。

遠藤 キアヌ・リーブスが演じる主人公の名はネオ。彼が住む世界は、一見すると普通の世界だ。普通のサラリーマンとして暮らしているが、ある日、裏側の秘密を知ることになる。彼のいる世界は、偽りの世界でしかなく、じつは裏側では人間に反乱を起こしたコンピューターが暗躍していたんだ。コンピューターはネオの頭に電波を流し、実際には存在しないものを見えるようにしているんだ。コンピューターはそうして、偽りの世界を創り上げた。すべての人類はコンピューターの統治下に捕らわれて生活していたわけだ。

この映画によれば、我々がいま見ているこの教室も実在するものではなく、コンピューターがつくった仮想現実かもしれない、ということになる。

教授 ありがとうございます。確かにデカルトが恐れた世界は、『マトリックス』の世界のようなものかもしれませんね。私たちがいま見ている世界は偽りの世界ではないという保証はどこにあるのでしょうか。この教室も、黒板も、教卓も、コンピューターが偽りの情報を私たちの脳に届けているだけかもしれない。

金 マトリックスのデカルト、デカルトのマトリックス……。デカルトはパラノイアだったのかも……。

教授 これを認識論的に厳密に言うと、この「『マトリックス』的なシナリオが現実である」という可能性を完全に排除することはできません。だから私たちもデカルトが恐れていた世界がありえない妄想だとは言い切れません。言い切る証拠がないですから。

デカルトが言うには、私たちが何かを正しく認識することができる土台はただ一つです。それは、自分の外側にあるあらゆるものではなく、「自分がいま考えている」という事実です。

私はいま考えている。これだけは疑いようがない事実で、少なくとも「私が存在する」という事実は、客観的な事実として認めることができます。そして、その客観的な事実を認識の基礎として捉えることができるという結論に至りました。デカルトは「私が考えている」という事実を土台にし、その上にあらゆる知識を積み上げていくことができると考えたのです。

「私はいま考えている」がなぜ真実になり得るのか？

鈴木 なんか、私にはちょっとわかんないな。「自分がいま考えていること」だけは真実だってデカルトはどうして思ったの？　『マトリックス』じゃないけど、もしかしたら気がつかないうちに、わたしたちって仮想世界で暮らしていて、「考える内容」もコントロールされているかもしれないよね？

教授　「自分がいま考えている」という状況さえ、つくり上げられたものかもしれないということですね。でも、仮に誰かが私たちの考えを操り、コントロールし、私たちの考えることがそれによって変わるとしても、私たちが何かしらの考えを持っているという意識（Consciousness）そのものは、私たちが存在すること、つまり体はなくても少なからず精神としては、私たちが無ではないということを証明するものになり得ませんか？

けれども、ここで問題は終わりません。内部の世界に関しては「自分がいま考えている」ということから、「自分が存在している」ということを客観的な事実として受け入れることができます。

私はいま、存在している。いま考えているから。だから外側のものが偽りのものであっても、私が考えている私の意識の実在を否定することはできない。

それでは、外側のあらゆるものが偽りではないこと、幻ではないことはどうやって確認することができるのでしょうか？

カールセン　バートランド・ラッセル（Bertrand Arthur William Russell：1872－1970）によって提唱された「世界五分前仮説」みたいですね。これは「世界が実は五分前にはじまった」

という仮説です。ラッセルによるとこの仮説を論理的に反証することはできないようです。

金 単純に、自分が見ているものと他の人々が見ているものを比較して、それが一致すれば、外側のものが偽りではないことが証明されるんじゃないでしょうか。

教授 理論的にはそうですね。しかし、映画『マトリックス』の話に戻りますが、もし悪いコンピューターが私たちに見せている仮想世界がこの世界であるとすれば、どうでしょう。仮想世界で同じものを見ていると証言する人もまた、偽りの幻想を見ていることになりませんか？　人が置かれている認識論的な限界、つまり、己の感覚の外側に認識を至らせることがどうしてもできないという認識の限界がある限り、私たちが自分の外側の真実性を完全に確かめることは不可能であるというわけです。

自分の感覚「外」の世界と神

楊 そうしたら、どうすれば外部世界の真実性を確かめることができるのでしょうか？

教授 デカルトはここで、「善良な神が存在する」というキリスト教的概念を取り入れました。

彼は、世界を創造した神は聖書の教えのように善良な存在だと考えました。**善良で全能の神は、人間の感覚を善きもの、そして真実なものとして創造しました。**この神は人間を弄ぶような存在ではなく、よって人間の感覚を欺いたりしません。だから人間は、明晰かつ判明に理解できることを真実だと信頼してもよいと考えました。ちなみに、デカルトが言うところの「明晰」および「判明」とは、正しい認識の指標になる性質のことで、明白であり、さらにほかのものから区別される認識を指します。デカルトの『方法序説』には次のような箇所があります。

すなわち、眠っていながら、自分にはもう一つ別の身体があるとか、現にあるのと違った天体や地球が見えるとか、そんなものは何もないのに、同じように想像できること。というのも、夢に現れる思考が、他の思考に劣らず、しばしば生き生きとして鮮明であることからすると、夢の思考が他よりも偽であることを、何によって分かるのか。どれほど優れた精神の持ち主が存分にこれを研究しても、神の存在を前提しなければ、この疑問を除く十分な理由を一つとして提示できないと、わたしは思う。なぜなら、第一に、わたしが先に規則として定めたこと、すなわち、われわれがきわめて明晰かつ判明に理解することはすべて真であるということ自体、次の理由によって初めて確実となるからである。神があり、存在すること、神が完全な存在者であること、われわれのうちにあるすべては神に由来すること。その結果として、われわれの観念や概念は、明晰かつ判明であるすべてにおいて、実在であり、神に由来するものであり、その点において、真でしかありえないことになる。

善良な神は人間の感覚を偽りのものとして創造しなかっただろうし、真実な神は、その人間の感覚を騙したりごまかしたりしない、ということです。言い換えれば、善良な創造主である神が存在しなければ、人間はこの世界を正しく認識しているという保証をすべて失ってしまうということになります。

楊 あれ？ 外部世界を徹底的に疑い、自分の意識のみを正しい認識の土台にしていたデカルトにしては、今度はあまりにも簡単に神の存在を持ち込んでくるんですね。

教授 デカルトも外部世界の真実性を確かめるために、究極的には善良な神を前提にして考えざるを得なかったんだと思います。一方で「コギト・エルゴ・スム」の意義は、人間が善良な神を前提とせずに、認識論的にどこまで確信をもって言えるかを示すところにあります。人間の認識論的な限界を示したところがかなめです。やはり、**人間とは善良な創造主を想定しないと外部世界の真実性について何も言えない、有限な存在**なのではないでしょうか。

遠藤 私は少し違うと思うんだが。善良な創造主である神という概念がなくても、人間の感覚の真実性は進化論的に説明できるのではないか。つまり、人は適者生存という原理によって進化し続けてきたから、いま我々が持つ感覚は外部世界をより正確に反映するように磨かれたものであるはずだ。だから善良な神という仮説などなくても、我々は自分の感覚を信頼して生活することができるのではないか。そうでないと生存できなかったはずだから。

田村 それは違うと思う。遠藤さんがいうように、進化の目標は真理ではなく、生存です。だから、生存と真理がいつも一致するとは思えないのではないかな。偶然一致することもあるかもしれないけど。

「知らぬが仏」というように、真実を知らないままでいたほうが、楽で生きやすい場合があるということです。進化論に適用すると、時に生物は環境に合わせて感覚を鈍らせることで生存を図ることもあるそうです。深海魚の視覚が鈍くなるということは、そのための事例ではないでしょうか。もし人間がたまたま進化してきた存在だとすれば、偶然の進化によって発達してきた人間の脳が、真理を認識する能力を持っているという根拠はどこにもないですよね。

教授 遠藤さん、田村さん、興味深い議論ありがとうございます。いずれにせよ、これが近代科学的思考の基礎を築いた人物の一人とされるデカルトのもう一つの側面です。キリスト教の神概念なしには「コギト・エルゴ・スム」も、人間感覚の真実性に対する確信も、近代科学も生まれることは難しかったわけです。

岡田 確かに、この世界がプラトンの『ティマイオス』に登場する、創造神デミウルゴスの創作だとか、幼い神がつくった処女作にすぎないとか思っていた人は、ガリレオやニュートンのように人生をかけて自然を研究するための情熱とモチベーションを心に抱くことができなかったと思います。

キリスト教は環境破壊の原因？

教授 そうですね。そして、進化論に関しても同じことが言えると思います。キリスト教は進化論の敵ではありません。科学史をよく研究してみると、むしろ進化論の生みの母とさえいえるような気がするのです。

遠藤 近代科学から発達した機械論的自然観は、環境破壊につながったとして、現代では批判の対象だ。もし科学発展の根底にキリスト教があるならば、キリスト教に自然破壊の原因があるといえるのではないだろうか。

教授 環境破壊は科学革命の後に起きました。キリスト教的世界観から出発した近代科学ですが、徐々に世俗化していきました。**科学がキリスト教的世界観から独立していく過程で自然をもはや神の被造物ではなく、人間の物質的所有物として捉えるようになったことが原因で環境破壊が起きた**と考えます。キリスト教と環境破壊の関係については、最後の授業でもう少し詳しく話し合いましょう。

金 先生は今日の冒頭で、自然科学は事実の世界について、宗教は真実の世界について語る営みだとおっしゃいました。でも、いまの話だと近代科学の根底にキリスト教があるという話になっていませんか？　だとしたら、宗教が科学の領域まで全部語ろうとする越権行為、つまり代用科学に陥っているのではないでしょうか。もしキリスト教が進化論を含む近代科学の生みの母であったなら、宗教と科学は各自の領域におとなしく収まるのではなく、宗教のほうが科学より優越な立場になりかねないと思うのですが……。

教授 宗教と科学の領域を区別することは、両者がまったく無関係のものであると考えることは少し違います。互いの領域に完全に入り込み「代用宗教」や「代用科学」になってはいけませんが、両者は互いに影響を及ぼす関係ではあります。最近は、コロナウイルスの感染防止のためにオンラインで礼拝を行う教会が増えましたよね。こんなふうに科学・技術が宗教や信仰の在りかたに影響を及ぼす場合もあります。**宗教と科学は独立した領域を保ちながらも、常に共有されている部分があるのだと思います。**

科学が宗教の代わりになるとき——クローンやキメラの倫理

カールセン 先生は「代用宗教」があってはいけないものだと言うけど、現代社会では自然科学が宗教の役割も果たしている場合も多い気がするな。その現状を否定することはもうできませんよね。ある人にとって、事実と真実の世界が一緒になっているとするなら、それはそれで良いと思うんだけどどうですか？　分けなきゃならない理由ってなんでしょう。宗教が代用科学になると、似非科学、似非医学みたいな問題が起きそうだけど、科学が宗教の代わりになるとどんな問題が起きるんだろう。

教授 鋭い質問ですね。有神論者のバイアスがかかっているかもしれませんが、たとえば、科学が完全に科学的論理のみに基づき宗教に関する事柄について解決策を提示することになると、クローン人間を禁じる理由はあるのかについて考えてみる必要があると思います。あるいは人間の遺伝子を操作し、超人間をつくることは許されるかどうかを科学的事実のみに基づいて判断すべきかについても熟考する必要があるのではないでしょうか。

皆さんは「キメラ（chimera）」という言葉を聞いたことがありますか？　これは遺伝工学的に複数の生物種の細胞を複合した生物を示します。ギリシア神話に登場する「キメラ」は想像上の怪物で、頭がライオン、胴体が羊、尻尾が蛇の生き物です。近年は人間の遺伝子を組み込まれたブタが出現し、まもなくそのブタの心臓を移植された人間が登場しそうですが、このように人間のキメラ化は現実になりつつあります。その際に、**どの程度まで人間のキメラ化、あるいは動物の人間化を認めるべきか。それは科学の論理だけでは決められない、あるいは決めてはいけないもの**だと思います。皆さんはどう思いますか？

カールセン　そういえば神話には、人と動物のあらゆる複合体が登場しますね。人にはそのような複合体をつくってみたいという願望があるのかもしれない。それにしても、クローン人間やキメラが生まれたとして、実際にはどんな不具合が起きるのでしょう。実際に生まれてみないと、わからないんじゃないですか。遺伝子の研究も医療目的ですよね？　実現すれば役に立つんじゃないのかな。でも、ダイナマイトや原子爆弾のように、人類の発展のために成された発明が人を殺したという前例もあるなぁ……。

教授 カールセンさんが言うように、できてしまったら手遅れになるものもありそうです。それに、複合体をつくってみたいという願望と、実際にそれが現実になることとの間には大きな差があります。今日の人間はそれを実現できる技術を手に入れつつありますが、**その技術が何を意味するかについては、やはり科学の論理だけでじゅうぶんに思慮深く説明できるとは思えません。**科学技術を使って、何を、どこまで、なぜつくるのかを決める際には、科学だけではなく宗教的な世界観にも耳を傾ける必要があるのではないでしょうか。

岡田 東日本大震災で起きた福島第一原子力発電所の事故は、科学の力を無条件に信じたことで深刻化したという見方もありますね。ぼくが最近読んだ本で、『科学者に委ねてはいけないこと：科学から「生」をとりもどす』というものがありますが、そのなかで次のように書かれています。

「科学」はときに、水戸黄門の「葵の御紋」の印籠に似ている。「科学的」と言われた瞬間、市民はひれ伏さなければならないかのようだ。（略）

社会が専門家に何らかの形で判断を委任すること自体は、いかに民主的決定を重視する立場といえども完全には排除できないし、排除が望ましいわけでもない。だからこそ、代表制民主主義をめぐる議論と同様に、専門家への委任とは何かを論ずべきである。「白紙委任」を採れないのであれば、何らかの基準で線引きする必要がある。その基準として本稿では、科学の適用限界を念頭に置きつつ、科学的判断と価値判断とを区分けすべきだ、ということを論じてきたつもりである。

この本の副題は『科学から「生」をとりもどす』ですが、ぼくにはそれが『科学から「宗教」をとりもどす』に思えます。

宗教と科学は敵なのか親友なのか——関係を表す四つのモデル

教授 岡田さん、興味深い本を紹介してくれてありがとうございます。私もここで皆さんにアメリカの物理学者であり、神学者でもあるイアン・バーバー（Ian G. Barbour：1922－2013）が書いた『科学が宗教と出会うとき：四つのモデル』という書物を紹介します。この本でバーバーは、宗教と科学の関係について四つの立場を提示します。

1　対立理論：　宗教と科学は和解できない敵であるとするスタンス。宗教と科学が相手の正当な領域まで奪い取ろうとする際に生じてしまう関係性。

2　独立理論：　宗教と科学はそれぞれ固有の領域を持つとするスタンス。「事実の世界」と「真実の世界」の区別は、この理論に基づく。宗教は主観的で人格的なものについて語り、科学は客観的で非人格的なものについて語る。互いを侵食したり対立したりはしない。

3　統合理論：　宗教と科学は意気投合できる親友というスタンス。近代科学の誕生に貢献した自然神学がこの事例に当たる。宗教と科学を一つの議論にまとめ、両者を統合した、包括的世界観を提示することを目指す。

4　対話理論：　宗教と科学の共通点と相違点をバランスよく捉え、相互的に協力するというスタンス。宗教と科学が共通の関心を持つ、たとえば宇宙の歴史、生命の起源、心と体の関係などについて互いに発信し合い、影響を与えたり受けたりすべきだと考える。

このように宗教と科学の関係についての考え方は、時代や個人によって変わるものなのでしょう。

岡田 ぼくはクリスチャンですが、数学的に表現された科学理論に神を感じるときがありますよ。たとえば、万有引力の法則。数学的にとても美しいと思うし、偶然とは思えない。あのような美しさは、ぼくのなかに宗教的な問いを引き起こします。たとえば、なぜ私たち人間の知性は、数学を媒体にして宇宙の深遠な法則に近づくことができるのか。この宇宙に充ちている合理的な美は、それを生じさせた神の存在を反映しているのではないか。そういう意味で、ぼくにとって宗教と科学とは切っても切れない関係です。

教授 数学に美を感じる方はときどきいらっしゃいますね。少し前に紹介した量子物理学者ジョン・ポーキングホーンは次のような主旨のことを言いました。

「物理的世界の構造を解明する『数学の途方もない有効性』は、創造主なる神の存在を暗示している」

数学と神の関係もまた、興味深いテーマですね。それではまた、次の講義で会いましょう。

第九講

この不条理な世界と神義論

なぜ、この世界に悪が存在するのか？

課題文献・作品

『カラマーゾフの兄弟』／『神は悪の問題に答えられるか：神義論をめぐる五つの答え』

神が存在するなら、なぜ、ひどいことが起きるのか

教授 それでは講義をはじめます。生きていると、ときに、なぜ、こんなひどいことが、というようなことが起こります。本日はキリスト教の「神義論（Theodicy）」について一緒に考えてみたいと思います。

「神義論」の前提となる問いは次のようなものです。

善良で全能な神が創造したはずのこの世界に、なぜ悪が存在するのか。

「神義論」とは、この問いについての神学的な議論を意味しています。

ドストエフスキーの代表作『カラマーゾフの兄弟』には、無神論者の兄イワンが敬虔なキリスト者である弟のアリョーシャに、厳しく問いかける場面があります。長いですが引用してみましょう。

そんなわけで、この五歳になるかわいそうな女の子を、教育ある両親がありとあらゆる虐待にさらすんだ。自分でもなぜかわからず、なぐったり、鞭うったり、足で蹴ったりして、全身を痣《あざ》だらけにしてしまう。そうしてその仕打ちも、しまいにはもうこれ以上ないぐらいの洗練の域に達して

しまうんだよ。

寒波のさなか、女の子はひと晩じゅう、トイレのなかに閉じ込められてしまった。それも、その子が夜、うんちを知らせなかったという、それだけの理由さ（天使みたいにすやすや眠っている五歳の子を相手に、この年ならもう便意を知らせる習慣が身についていていいとでも言わんばかりだ）。（略）

おまえにこの意味がわかるか？　自分がいまどうなっているかろくにまだ判断できずにいる幼い子どもが、暗くて寒いトイレのなかで、苦しみに破れんばかりの胸をそのちっちゃなこぶしで叩いたり、目をまっかにさせ、だれを恨むでもなくおとなしく涙を流しながら、自分を守ってくださいと『神ちゃま』にお祈りしている。おまえにこんなばかげた話が理解できるか。（略）

かりにおまえが、自分の手で人類の運命という建物を建てるとする。最終的に人々を幸せにし、ついには平和と平安を与えるのが目的だ。ところがそのためには、まだほんのちっぽけな子を何がなんでも、そう、あの、小さなこぶしで自分の胸を叩いていた女の子でもいい、その子を苦しめなくてはならない。そして、その子の無償の涙のうえにこの建物の礎《いしずえ》を築くことになるとする。で、おまえはそうした条件のもとで、その建物の建築家になることに同意するのか、言ってみろ、嘘はつくな！

すごい迫力だと思いませんか。私も大好きなくだりです。

神はなぜ、悪を黙認するのでしょうか。

神はなぜ、アウシュヴィッツで百万人以上のユダヤ人の子どもたちを見殺しにしたのでしょうか。神はなぜ、東日本大震災が起きたあの日、津波に飲まれた多くの人々を救わなかったのでしょうか。

ドイツの哲学者アルトゥル・ショーペンハウアー（Arthur Schopenhauer：1788－1860）は『自殺について』で次のように述べています。

あらゆる可能な世界のなかで、この世界は何と言っても最上の世界である、というライプニッツの証明がたとい正しいとしても、それだけではまだ何の弁神論にもならない。というのは、創造者は単に世界だけではなく、同時にまた可能性それ自身をも創ったのである以上、もっと善い世界が可能となるような風にその可能性を創設すべきであったからである。

ところで、この世界が全知全能にして大慈大悲にましますの傑作だなどという見解に対しては、一方においてこの世界に充ち充ちている悲惨が、また他方において誰の眼にも明らかな不完全性が、なかんずく世界の諸現象中の完璧たるべき人間の滑稽なまでに醜悪な状態が、おしなべて声高に反駁の叫びをあげている。ここには解消しえられない不協和が存している。

カールセン ぼくもショーペンハウアーに同感です。だって、この世界って理不尽すぎるよね？「全知全能にして慈悲に満ちた神の傑作」というより、「若々しくて生意気な神の試作」のように思えちゃうよ。

悪の論理的問題――有神論に対抗する

教授 たしかにそうかもしれません。まず「悪の論理的問題」から検討してみましょうか。「悪の論理的問題」とは有神論に対抗する主張です。有神論で、共有されているはずの次の三つの命題が、矛盾なくすべて真実であるということは、論理的にありえないという主張です。

1 **神は全能である**
2 **神は善良である**
3 **悪が存在する**

どういうことか。命題**1**と**2**からは、それぞれ次のように**4**と**5**を導き出せることはわかりますね。

2　神は善良である　→　4　神は常にできる限り悪を排除する

1　神は全能である　→　5　全能者が行えることには限界がない

したがって、4と5からは、6を導き出すことができます。

6　悪は善良で全能な神によって完全に排除される

しかし、6は3の命題「悪が存在する」とは、共存することができません。それゆえ、「悪の論理的問題」は、有神論者あるいはキリスト者の信仰が自己矛盾に陥っていると指摘する主張として、評価することができるのです。

遠藤　英国の哲学者デイヴィッド・ヒュームが書いた『自然宗教に関する対話』には、次のような問いが現れる。

神は悪を阻止する意志はもっているが、できないのであろうか。とすれば神は不能だ。彼はそれができるのに意志しないのであろうか。とすれば彼は悪意的だ。彼は能力があり、意志もあるのであろうか。とすればどこから悪が生じているのか。

先生が言ったことは、この問いに要約されているね。

教授 まさにそうですね。しかし、こうした批判に対して、キリスト者は次のように反論することができます。

つまり、導き出された**4**「神は常にできる限り悪を排除する」が正しくない、と。なぜなら、**4**の代わりに、別の論理である**4**b「ある悪い事態がそれを凌駕する良い事態に含まれている場合、神は悪を排除しない」が導き出される可能性があるからです。

さらには、命題**5**「全能者が行えることには限界がない」も正しくないかもしれません。**5**の代わりに、**5**b「全能者は自分の全能性を制限することができる」。したがって、すべてのことが神によって引き起こされるというわけではない」という論理が導き出される可能性があるからです。

そうすると、**4**bと**5**bからは、**6**b「全能かつ善良な神は自分の全能さを制限しない限り、より大きな善を排除することなしに排除できる悪を完全に排除する」を導き出すことができます。そのときには、命題**3**b「神が自分の全能さを制限しない領域でより大きな善を排除することなしに排除できる悪は存在しない」が成立します。**3**「悪が存在する」は、**3**

bとは矛盾しません。この論理はどうでしょうか。

カールセン　ほんとだ……。クリスチャンって頭いいなぁ。

悪の種類は大きく二つ――道徳悪と自然悪

岡田　ちなみに、ここでの「悪」というのは「**人間による悪**」ですか、それとも「人間による悪」以外、「**自然災害なども含む悪**」ですか？

教授　良いご指摘ですね。西洋哲学においては悪を大まかに二つに分けます。

- **道徳悪（moral evil）**
- **自然悪（natural evil）**

道徳悪とは、人間の様々な罪や過ちに由来する苦しみを意味します。**自然悪は、災害など自然の変化によってもたらされる苦しみ**を示します。

この講義ではひとまず、道徳悪と自然悪を厳密に区別せず、「人間に苦しみを与えるもの」

を「悪」と呼ぶことにしましょう。

さて、ここから問題になるのは、私が冒頭で紹介した神義論が、無神論者イワン・カラマーゾフの問いに答えられるかについてです。結論から言うと、イワンはきっと、この神義論を拒否するでしょう。それはなぜでしょうか。

鈴木 なんか、あんな答えじゃ、すっきりしないっしょ。こじつけっぽいもん。

教授 この神義論は論理的に不合理である、という批判は避けられたかもしれません。でもまだ、感情的に不条理であると拒否することができます。スティーブン・T・デイヴィス(Stephen T. Davis：1940－)という哲学者は、悪の問題を二つの側面に分けて考えました。**「悪の論理的問題」と、それに対する「悪の情緒的問題」**という二つです。「悪の情緒的問題」というのは、次のようなイワンの反駁に答えることができるかという問いにつながりそうです。

で、もしも、子どもたちの苦しみがだ、真理をあがなうのに不可欠な苦しみの総額の補充に当てられるんだったら、おれは前もって言っておく。たとえどんな真理だろうが、そんな犠牲には値しないとな。

結局のところ、おれはその母親に、わが子を犬にずたずたに食いちぎらせた迫害者なんかと抱き合ってもらいたくないんだ！　母親にそんなやつを許せるわけがない！　許したけりゃ自分の分だけ許せばいいし、母親としての自分のはてしない苦しみの分だけ、迫害者を許せばいい。だがな、たとえ母親でも、食いちぎられた子どもの苦しみを許す権利まではもっちゃいないし、迫害者を許すわけにはいかないんだよ。たとえ子どもが自分からそいつを許すにしたってだ！

で、もしもそんなふうで、やつらが許せないとしたら、それこそ調和もくそもなくなるのさ。この世界じゅうに、はたして他人を許す権利をもっている存在なんてあるのか？　調和なんておれはいらない、人類を愛しているから、いらないんだ。それよりか、復讐できない苦しみとともに残っていたい。たとえ自分がまちがっていても、おれはこの復讐できない苦しみや、癒せない怒りを抱いているほうがずうっとましなんだ。おまけに、調和とやらをあまり高く見積もりすぎたからな。そんなたいそうな入場料を払うなんて、おれたちのとぼしい財布にはとてもつりあわんよ。

だから、自分の入場券は急いで返そうと思ってるんだ。おれがせめてまともな人間だというなら、できるだけ早くそいつを返さなくちゃならない。だからおれはそうしているわけだ。おれは神を受け入れないわけじゃない、アリョーシャ、おれはたんにその入場券を、もう心からつつしんで神にお返しするだけなんだ。

金　鋭い言葉ですね。私もイワンと同じくキリスト教の伝統的な神義論には違和感がありま す。私が知っている限りでは、悪に対する伝統的な神義論の説明は、「神が排除しないすべての悪は、より大きい善にとって必要な悪だからである」というものです。

ホロコーストも東日本大震災も、あんなに不条理なのに、神がそれを黙認し、排除しなかったのは、その悪が人間にとって必要な悪だったから、ということになりますよね。そんなのって、耐えがたく不条理な感覚をもたらしませんか？

たとえば、悪質な犯罪者に暴力を受けた三歳の子どもがいるとします。その子が、その暴力のせいで数日間苦しんだ末に、結局亡くなってしまったとします。この悪において、神がこの悪を許容しながら実現しようとする、より大きな善って何？　そんなものはあるのかな。

もしこの悪を「神による知られざる計画」というふうに扱ってしまうと、こんなひどい悪まで矮小化し、正当化し、究極的には無化してしまうんじゃないのかな。この世界のあらゆる悪を結局すべては善だと言いふくめる一元論に陥っちゃいますよ。

鈴木　そうそう。いまのコロナウイルスで亡くなった人々が世界的に四百万人近くなっているようだけど、それさえも「神による知られざる計画」と言われたら、きっと怒りたくなるわ。

神は人を雑に扱いすぎでは？——カントの批判

教授 カントはいわゆる第三批判書である『判断力批判』を刊行した一七九〇年の一年後、神義論に関する論文を出版しました。それが「弁神論の哲学的試みの失敗」です。その論文でカントは論理的な神義論を批判しています。

至高者の道はわれわれの道ではなく（sunt Superis sua iura）、この世において人間との関係においてのみ法であるに過ぎないものを絶対的な意味で法であると判定し、低次の見地からするわれわれの事物の見方にとって反目的的であるように見えるものが至高の見地から見ても反目的的だと考えるのは誤りである。——これらの（筆者注：神の正義に対する）弁護は、弁護が抗告よりもさらにひどいものであり、反駁を必要としない。道徳に対していささかでも感情を持っているどんな人間にも安んじて嫌悪するに任せることにしたい。

わかりにくいので、少し解説します。

人間の善悪に基づいて神の善悪を判断することは間違いであるという、神の正義に対する弁護は反駁を必要としないほどひどいものである。道徳に対して少しでも感情を持っている人間であれば、誰でもそういう考え方を嫌悪するであろう。

つまり、**カント的な観点からすると、もしそのような神義論が正しいとするなら、神はその、人間にわからない善悪の基準や計画のために、私たち人間をただの手段として、雑に扱っていること**になるという批判です。人間の苦難、ひいては存在そのものを、目的自体としてではなく、手段として乱暴に扱っていることになってしまうということですね。もしそうであるなら、神は、まともな一般的な人間よりも不道徳な存在ではないのか。そんな痛烈な指摘です。

神が終末においてこの世界に存在するすべての悪を凌駕するような善をもたらす計画を持っているとしましょう。しかし、そうであるとしても、その目的を実現するために、どのような恐ろしい手段を用いてもいいのか、という問いです。

カールセン そりゃ、ダメですよー。

教授 先ほど話した「悪の情緒的問題」とも関わる話ですね。第二次大戦中、ほぼ無名のまま若くして亡くなったフランスの哲学者シモーヌ・ヴェイユ（Simone Weil：1909－1943）の著書『重力と恩寵』からテキストを引用したいと思います。

『カラマーゾフの兄弟』のなかのイワンのせりふ。「この巨大な塔の構築がどれほどすばらしい結果をもたらすとしても、それが一人の子供の一滴の泪にも値しないとしたら、そんな塔を築くのはおことわりだ。」

私はこの考えかたに全面的に同意する。一人の子供の泪をつぐなうものとしてどんな理由が設けられるとしても、私はこの泪を容認できない。人間の知恵で思い浮かべられるような理由であれば、どんな理由にせよ絶対に否である。ただ一つ例外がある。ただしそれは超本性的な愛によってのみ理解しうるものであるが、それは「神の御旨だから」という理由である。そしてこの理由のためだったら、私は子供の泪ばかりか、悪にすぎないような世界さえも容認するであろう。

シモーヌ・ヴェイユの言葉を借りれば、神は「超本性的」な存在なので、人間にとっては不条理としか思えないような悪を黙認したとしても、神自身は悪ではなく、不能でもなく、善良さを損なわれることもない、というわけです。この結論はやはり、カントの批判、「そのような弁護は弁護にも値しない道徳的感情の欠落である」という批判を受けるべきですか？

田村　難しい問いですよね。私は、カントの批判対象にはならない気がします。

遠藤 そうかな。シモーヌ・ヴェイユの結論は、カントの批判に当たると思うな。「神の御旨だから」という理由によって、なぜ子どもに対する虐待が容認できるようになるんだ？ そんな惨い「御旨」を持つ神は、とても悪い神だろ。

金 「すべては神の御心だから」というのが、私もどうしても納得できないです。だって、ひどくないですか。イワンの情緒的な考えのほうがしっくりきました。

苦しみを自然に受け入れる日本の思想的土台

楊 世界にはなぜ悪があるのか。これは、人が問い続けてきた大きな問題です。でも、日本ではそれほど鋭く問われていないような気がするんですよね。

そもそも誰にとって、悪の存在が問題になるのかな。善良で全能な神を信じる人々、つまり、キリスト教を信じる人々にとって問題になるってことなのではないでしょうか。

中国は無宗教、あるいは、儒教や道教といった思想から成る民族的な信仰が生活に根付いているという人が多い国です。また、日本では多くの人に仏教の思想的土台があります。人生を生老病死の過程として捉えていて、苦しみがあるのが自然の本来の姿であると。わざわざ立ち止まって「この世にはなぜ悪があるのか」と問いただす気質では、あまりないような気がします。悪の存在は、宗教の真実性の反証となるのではなく、宗教が存在する基本的前提なんだと思います。でも、悪の存在は、善良で善なる創造主を信じるキリスト教にとっては、深刻な問題になりますよね。

私は思うんです。**なぜ悪が存在するのか。そう考えること自体が、悪の存在を認めることになりませんか。**何か悲しいことやつらいことがあっても、それを「悪」だと規定しなければ、それは悪にはならないのではないでしょうか。

教育を受けられないといった貧困は、義務教育をみんなが受けられる私たちから見ると「悪」です。でも、貧しい社会のなかにいる当事者は、貧しさを悪と認識できないかもしれません。悪と善という概念は、本当は仲が良いのに、お互いに対立を装っているような気がするんです。

私にとって、苦しみや悪は、人生ってそんなものでは？　という感じでした。でも、悪についてのこの議論の強烈さは面白いです。みんなが本気で、善なる人生を生きたい、という熱意に溢れて、考えているような気がして。

岡田　コロナが世界中に蔓延して、楽しみにしていた留学がキャンセルになっちゃったんですよ。「神も仏もあるものか」と思いました。こんな常套句があるように、ぼくは日本人にとっても悪の存在というのは無縁の問題じゃないと思うんだけど……。ぼくは、わが身に起きた不幸にどう折り合いをつければいいんですか?!

悲惨なできごとに直面したとき、それも神の御旨と言えるか？

田村 『カラマーゾフの兄弟』のイワンのせりふ「この巨大な塔の構築がどれほどすばらしい結果をもたらすとしても、それが一人の子供の一滴の泪にも値しないとしたら、そんな塔を築くのはおことわりだ」には、私も同意します。

私は、どんなに小さな命も神さまからの使命を預かっているし、尊いと思っています。だから、実感を持って賛成。続いて、シモーヌ・ヴェイユの「神の御旨だから」という「例外」については、頭では理解できます。正しいようにも思います。でも、「悪にすぎないような世界さえも容認するであろう」という言葉には、実感を持って同意することができないんです。

悲惨な犠牲を前にして、「これも神さまのご計画だ」と、ただ受け入れることはやっぱり難しい。でも、今はそれでいいかな。そこで感じる痛みから、自分の生き方を探し求めていこうと思えるから。

悪はだいたい人間の愚かさからくると思うけれど、その現実のなかでも、人はより大きな

善を求めて生きられる。そういうキリスト教の考え方はわかった気がします。カントの考えは正しくも感じたけれど、生きるうえで希望を見いだすことが難しそう。

私は私なりによく考えた善を生きたい。でも、本当の善悪は私にはわからないのかもしれない。そう思っていることが救いになるような気がするんです。神さまが本当のことを知っているのなら、と信じる姿勢は大切だと思えます。

教授 この問いに対する感想は色々ありますね。ここで、イワンの問いに対するアリョーシャの答えも紹介しておきましょう。

「兄さんはさっきこう言いましたよね。この世界じゅうに、他人を許す権利をもっている存在なんてあるのかって。で、この存在はあるんです。何もかも許すことのできる存在が。だれもかれも、すべて、何ごとに対しても。なぜならその存在は、すべての人々、すべてのもののために罪のない血を捧げたからです。兄さんはその人のことを忘れています。その建物だってその人を礎にして築かれるんですし、『主よ、あなたは正しい、なぜならあなたの道は開かれたからです』って叫ぶのは、その人に対してなんですよ」

論理だけの、思弁的な神義論では、悪の存在は依然として有神論的、キリスト教的信念を脅かす存在であり続けるでしょう。しかし、聖書は論理だけの、思弁的な神義論を一切述べていません。聖書が語るのは神ご自身が十字架というもっとも不条理な苦しみを受け死なれたということです。

もし、不条理な苦痛や苦難によって苦しんでいる人がなお神に問いかけるのであれば、キリスト教の答えはイエス・キリストの十字架の死を指し示すと思います。**キリスト教の神は私たちと共に苦しみ、私たちと共に悲しむ存在である。**それが、聖書の一貫した証言です。その無限なる愛のしるしがイエス・キリストの十字架です。このイエス・キリストがいるから、悪の論理的な問題に苦しむ人だけではなく、悪の情緒的な問題や感情的な問題に躓いている人も救う可能性が、キリスト教には開かれているのではないでしょうか。

神がこの絞首台に吊るされておられる

遠藤 なぜイエス・キリストの死が、悪の存在という問題への答えになるのかがわからないな。イエス・キリストは十字架で苦しんだ末に死んだ。しかし、それがなぜ、悪の情緒的な問題や感情的な問題に躓く人々を救うことになるのか。

平たく言えば、彼の苦しみと私の苦しみに、どう関係があるのか。キリスト教の神を信じない私には、その理屈は何の意味も持たない、ただの詭弁のように聞こえる。

田村 先生のお話はこういうことじゃないかと思う。戦争、飢餓、病気、自然災害、政治的な圧力など、この世界に満ちあふれている理不尽と不条理を見ると、信仰者でも、神の救いと恵みはどこにあるのか、あるいは、本当に神はいるのかという問いが心によぎる時があります。作家エリ・ヴィーゼル（Elie Wiesel：1928－2016）もそうです。

遠藤さんは知ってると思うけど、彼はハンガリー出身のユダヤ人で、一九四四年にアウシュヴィッツの強制収容所に入れられ、翌年に戦争が終わって解放されました。一九八六年にノーベル平和賞を受賞しています。

『夜』という作品があります。十五歳のときの強制収容所での体験を記したものです。ある日、ピーペルという少年が強制収容所内で起きた破壊活動に加担したという冤罪によって、絞首刑に処されることになりました。

縛りあげられた三人の死刑囚——そして彼らのなかに、あの幼いピーペル、悲しい目をした天使。〈略〉彼は血の気がなく、まずまず落ち着いており、唇を噛みしめていた。〈略〉

「〈神さま〉はどこだ、どこにおられるのだ」。私のうしろでだれかが尋ねた。〈略〉

三十分あまりというもの、彼は私たちの目のもとで臨死の苦しみを続けながら、そのようにして生と死とのあいだで闘っていた。そして私たちは、彼をまっこうから見つめねばならなかった。私が彼のまえを通ったとき、彼はまだ生きていた。彼の舌はまだ赤く、彼の目はまだ生気が消えていなかった。

私のうしろで、さっきと同じ男が尋ねるのが聞こえた。

「いったい〈神〉はどこにおられるのだ」

そして私は、私の心のなかで、だれかの声がその男に答えているのを感じた。

「どこだって？　ここにおられる――ここに、この絞首台に吊るされておられる……」

「神がこの絞首台に吊るされておられる」というこの答えは、様々な解釈ができると思う。神はピーペルがその理不尽極まりない死刑を受ける際に一緒に死んだ。つまり、著者の心から消え去ってしまった。そういう無神論的な解釈も可能です。でも、キリスト者の多くはこの答えにイエス・キリストの姿を重ね合わせるのではないか。

私たちのために苦しみの極みを身に受けたイエス・キリスト。このイエス・キリストを通して、少なくとも私は、神が苦しむ人間と共にいてくださる方であると思えるんです。

神はおられる。

神は生きておられる。

この絞首台に吊るされていながらも生きておられる。

少し説教くさくなっちゃったけど……。遠藤さんにそう信じてもらいたいっていうのではなくて、多くのクリスチャンはそう考えると紹介したかったんです。

神様なんていない！――愛する人を失ったとき

鈴木 シモーヌ・ヴェイユの「一人の子供の泪」という言葉で考え込んじゃったな。弟の泪はどうなるのかな、って。うちの弟は、まだ小さいときに死んじゃったんです。私にとっては、弟は天使みたいな存在です。頼みにしたり、祈りを捧げたりしているわけじゃないけど。神様とかそんな立派な感じじゃない。でも、彼の存在があるって信じたい。願望って感じ？　私は彼の存在を消してしまいたくない。ときどき、空を見上げることがあります。

私には仲のいいクリスチャンの友達がいます。その子は「弟は、いると思うよ」と言ってくれました。ちょっと救われたような気がした。そう信じたかったけど、やっぱ、迷いってあるでしょ？

人はやっぱり、何か信じるものなしに生きていくことはできないのかもしれない。私は宗教は信じてない。そうじゃないけど、強く信仰を持っているって感じ。それが何かはよくわからない。でもたくさんのことを信じてるよ。数学の定理とかあるでしょ？　あれだって数字を信じているからだよね。数字の存在を当たり前だと思っていて、疑ってもいないよね。「数字の存在」って前提が壊れたら、世界が成り立たないような気分。世界にはこうしたものが溢れてない？

教授 とても悲しい経験に、胸が痛みます。私は、牧師でもあります。教会では、幼いお子さんを失った方をはじめ、愛する人を失った多くの人と出会ってきました。そのたびに、人間の死について考えさせられてきました。私が強く感じているのは、**キリスト教の「永遠の命」という思想には、多くの人を救う力がある**、ということです。

私は永遠の命を信じています。この世での生が終わると、神のもとへ戻り、新しい命が始まると信じているのです。この世での生は仮住まいである。そう聖書は教えています。私が永遠の命という思想に希望を抱く大きな理由は、自分のひとり子を犠牲にするほど、私たちを愛してくださる神様が、これほど悲しみや苦しみに満ちた短い生で私たちの命を終わらせるはずがない。そういう信仰によるものです。

鈴木 弟が死んじゃってから、私もまだ幼かったけれど、すべてのことは偶然なんだと思うようになった。「偶然だから、仕方ないかな」って。ちょっと、あきらめ、みたいな。悲しくて、つらくて、むかついても、結局、弟が死んじゃったことに変わりはないよね。ものすごく悲しくて苦しいから「頼むから助けてよ」って、誰に対してかはわかんないけど、祈ったりもしたよ。でも、叶えられるわけなくて。こんな苦しいことを神様が人に与えるわけなくない？　それで、私は「神様なんて存在しない」と思うようになったんだよね。

すべてはただの偶然だと思ってきた。だから、カラマーゾフの無神論者イワンの言葉に、強く共感したよ。結局悪い結果になってしまうなら、神が存在してもしなくても意味がない。全能の神っていうなら、救ってくれたっていいよね。困難を「ありがたい」って受け取るクリスチャンを見ていると、不思議になるよ。だって、何がありがたいわけ？　つらいだけじゃん？　でも、理解できないところはあるんだけど、弟の存在はある、というキリスト教の考えは好き。

死者の復活ってあるよね？　でも、ゾンビみたいに蘇るってことじゃないんでしょ？　私たちの目に見えない姿となって、死んでも天国で生き続けるってこと？　だとしたら、いいなあ。弟も輝かしく力強いものに生まれ変わって、命を得ているなら、とてもうれしい。それが神様のおかげってことなら、神様はありがたい存在かもしれないな。たぶんこの**「そうであればいいな」と願う気持ちが、「祈り」なのかもしれない**と思う。

抗いながらも従う──ヨブと神

教授 鈴木さん、大切な経験を話してくれてありがとうございます。キリスト教の神義論に関しては、旧約聖書の『ヨブ記』という書物を読むと、理解が深まるでしょう。あらすじを少し説明しましょう。主人公はヨブという人です。ヨブは神を信じて暮らす敬虔な人でした。そのヨブを神は惜しまず祝福してくださり、彼は東の国いちばんの富豪になります。ところがサタンが神の前に現われて、次のように言いました。

ヨブが、利益もないのに神を敬うでしょうか。あなたは彼とその一族、全財産を守っておられるではありませんか。彼の手の業をすべて祝福なさいます。お陰で、彼の家畜はその地に溢れるほどです。ひとつこの辺で、御手を伸ばして彼の財産に触れてごらんなさい。面と向かってあなたを呪うにちがいありません。

（ヨブ記1章9－11節）

神はなぜかサタンの提案を受け入れます。つまり、サタンは神の許可を得て、ヨブの財産を奪います。その後には、ヨブの子どもを皆、死なせてしまいます。そのうえ、最後にはヨブをひどい皮膚病に罹らせます。しかし、ヨブはそれでも神を非難せず、逆に賛美しました。そんなヨブですが、訪れてきた三人の友に「隠れて犯してしまった罪を告白しなさい」と責められたときには、我慢できずに怒りが爆発してしまいます。

ヨブ記の主な内容は、ヨブと友人たちとの間で行われる神学討論のようなやり取りです。ヨブは神を無限に信仰しています。一方で、自分の理不尽な苦しみが神によってもたらされたものであるということも固く信じています。**ヨブは神に抵抗しながらも、従い続けているわけ**です。

興味深いのは、こうした**一見矛盾するヨブの態度は、最後に神によって正しいと認められる**ことです。逆に、神を擁護していたように見える友人たちの信仰を、神は、善しとはしませんでした。このことはキリスト教において重要な意味を持っています。

神義論とは対話のプロセス

神義論というのは、初めから決まった模範解答があるわけではないのです。そうではなく、**神との絶え間ない対話のプロセスにこそ、意味がある**のです。

キリスト教の信仰とは、この世で経験する理不尽、不条理、不合理がもたらす苦しみを、「神との関係」というレンズを通してのみ理解しようとする決断のことです。

カールセン ヨブ記の最後に記された神の応答は、いかにもはぐらかしのように思えるんだけどなぁ。なぜ、あれがヨブへの答えになっているのですか？　ヨブ記に現われる神の姿って、力を武器にして弱い者を脅迫するヤクザみたいだよ。

金　私はヨブがなんだかちょっとダメな彼氏と別れられない、尽くすタイプの女性みたいだなと思いました。

楊　カールセンさんの話で、ユング（Carl Gustav Jung：1875－1961）の問題提議を思い出しました。ユングは『ヨブへの答え』という著書で、ヨブ記の神があまりにも野蛮で残酷だと批判しています。ユングは神の暗い側面を「第四の面」と呼んで、神は「三位一体」ではなく「四位一体」だと主張しました。三位一体、つまり、父と子と聖霊という三つの位格だけではなくて、第四の側面がある。それは神の邪悪な側面だというのです。

教授　楊さんは幅広く本を読んでいますね。

神義論についてはスティーヴン・T・デイヴィス編集の『神は悪の問題に答えられるか：神義論をめぐる五つの答え』という本が参考になります。神義論の問題に関する重要な五つの考え方を示して論じ合う内容です。

1 抵抗の神義論：「反神義論」とも呼べる考え。神を正当化しようとする主張を取りやめ、神に抗議しながらも、神への信頼をあきらめないという、ヨブのような立場。

2 エイレナイオス型神義論：初期キリスト教神学者エイレナイオス（Eirēnaios：130—202）の思想に基づく考え。人間が道徳的に不完全で罪を犯してしまうこと（＝道徳悪が存在すること）と、自然が危険で人に苦しみを与えること（＝自然悪が存在すること）は、神が有限な人間を完成させる創造のプロセスにおいて欠かせない要素である、という立場。

3 アウグスティヌス型神義論：神は善良で全能な存在だが、人間が持つ自由意志によってこの世界には悪が存在するという立場。

4 プロセス神学の神義論：神の完全な善性を信じながらも、その力には限界があると考える立場。

5 神義論なしの有神論：有神論を肯定しながら神義論を否定する立場。否定の理由は、伝統的な神義論が、苦難を道具主義的に扱い、耐えがたい苦しみがあることを否定し、

神を怪物のような存在として描いてしまう恐れを危惧するため。この立場において、神人同型論は批判され、神は善悪の彼岸にある存在として理解される。

このように現代のキリスト教には様々な神義論があり、その議論はいまも活発に続いています。この本で本多峰子氏が書いた「訳者あとがき」の一部を引用しておきましょう。

実際、悪の存在はなぜ問題にされるのでしょうか。人間は悪の問題を問うことがあっても「この世にはなぜ善があるのか？」とは、あまり考えないでしょう。私たちは、この世は生老病死の世なのだということを受け入れているようでも、やはり心の底ではこの世は本来善であるし、善であるべきなのに、なぜか悪に汚染されてしまっているのだと考えているようです。ですから、悪の存在に疑問を感じる者は、本人が気づくと気づかないとにかかわらず、善なる世界を信じているか、肯定しているのだと、言えましょう。悪の問題を切実に問うことは、善なる世界を信じる自分の信念と生き方を根底から脅かそうとする悪の存在に、答えを出そうとする、いわば自分の存在のあり方に根源的にかかわる重要なことなのです。これは、決して、哲学的な戯れにはなり得ません。

このように**神義論は自分と関係のない雲の上の議論ではなく、実は、生き方や存在のあり方と根本的に関わる、人生に必須な問い**であると思います。それではまた、次の講義で会いましょう。

第十講

人間の有限性と「祈り」

この理不尽な世界で「なぜ」と問う

課題作品

『人間失格』

散歩しながら祈る？

教授 それでは講義をはじめます。皆さんは最近、祈ったことがありますか？　あるならば、いつ、何を祈りましたか？　誰に対して祈りましたか？

今日は祈りについて話してみましょう。**祈りがない宗教はありません**。どんな宗教でも絶対者、神、仏に対する祈りがあります。では、キリスト教ではどうでしょうか。

鈴木 ドラマや映画なんかで、クリスチャンはお祈りするときに十字を切ったり、両手を組んだりしてるよね。決まった作法があるのか、興味あったんだ。

教授 十字を切る行為は、主にカトリック教会で、祈りの最初に行われます。プロテスタント教会ではあまり行われません。**祈るときはどんな姿勢でも構わない**と思います。私が好きなのは、まず跪《ひざまず》きます。そして両手を組み、目を閉じます。目を閉じると、目に見えるものではなく、目に見えない神様に集中することができます。

ほかにも、私はよく、散歩しながら祈る「散歩祈り」をします。毎朝、早い時間に起きて、好きなルートを歩きながら、心を静めて祈るんです。気持ちがいいですよ。

鈴木　そのとき、先生は誰に祈ってるんですか？

教授　神様です。**キリスト教では神に祈ります**。神様とは、宇宙万物を創造した唯一の神です。全知全能で、父や母のように、いや、それ以上に私のことを愛してくださる方です。

聖書では、神は、私たち一人ひとりを深く愛してくださると教えます。その愛は、私たちの髪の毛一本までも残らず数えられておられるほどだと聖書には書かれています。細やかな配慮をしながら愛してくださる。ご自身を犠牲にするほど私たちを愛してくださった神様に祈るのです。

楊　神様には、どういうことを祈るんですか？

教授　何でも祈りますよ。イエスは祈るとき、神様を「アバ」と呼んだんです。「アバ」はアラム語で「お父ちゃん、パパ」という幼児の言葉です。ちなみに、世界的に有名なスウェーデンのポップグループの「ＡＢＢＡ」はアラム語とは関係ないんだそうです。

アラム語の「アバ」の使用は、人間と神との親密な関係を意味しています。子と父にたとえるほどの親密さということです。ですから**祈るときには、子が信頼するお父さんに話しかけるように、しゃべりたいことを何でもしゃべればいい**のです。必要なことがあれば「お父さん、私はこれが欲しいです」と言います。不安なことがあれば「これが心配です。私を守ってください」と言います。嬉しいことがあれば、「本当にありがとう」と感謝します。何か悪いことをやってしまったと後悔することがあるときには、「私が悪かったです。お赦しください」と告白します。

金　「赦し」といえば、祖母のことを思い出します。私は祖母が好きでした。両親が共働きだったので、小さい頃はよく遊んでもらいました。でも小学校の高学年になると、私も反抗期で、祖母がうるさくなってしまって。祖母が服装に無頓着なのも、友人が遊びに来たときになんだか恥ずかしくて。あるとき、口論になって、はずみで突き飛ばしてしまったんです。祖母はよろめいて、肩を打ちました。それとは直接関係ないのでしょうが、祖母はその頃から体調が悪くなりました。認知症もはじまりました。入院した祖母とは、話をする機会がなくなりました。半年ほど過ぎて、祖母はそのまま亡くなりました。とても後悔しました。本当は大好きだったのにうまく伝えられなかった。

祖母は、突き飛ばした私を許していたと思うんです。あれから十年以上が過ぎても、あのとき優しくしていたら、と考えてしまいます。母は私に、そんなにおばあちゃんのことを考えているんだから、きっとおばあちゃんも喜んでいるよ、と言います。でも、後悔は簡単には消えません。そういう慰めとは違う言葉が聞きたいんだけどな。でも、どんな言葉を聞きたいのかな。もしかすると、こういうときに欲しいのが、神の「赦し」なのかもしれません。

ありのままを話すように神に祈る

教授 大切な経験を話してくれてありがとうございます。神の赦しが欲しいときは、祈ってみてはどうでしょう。イエスは、マタイによる福音書6章9－13節でのちに「主の祈り」と呼ばれるようになった祈りを弟子たちに教えました。

天にまします我らの父よ。
願わくは御名をあがめさせたまえ。
御国《みくに》を来たらせたまえ。
御心の天になるごとく、
地にもなさせたまえ。
我らの日用の糧《かて》を今日も与えたまえ。
我らに罪を犯すものを我らが赦すごとく、
我らの罪をも赦したまえ。
我らを試みにあわせず、

悪より救いだしたまえ。
国と力と栄えとは、
限りなく汝のものなればなり。
アーメン。

この祈りは、はじめに神へ呼びかけます。続いて、祈るわけですが、前半は神に関わる祈り、後半は人に関わる祈りです。「神を愛すること」と、「隣人を愛すること」という二つの戒めに対応する祈りです。
「主の祈り」は、祈るときの参考になります。どうやって、何について祈ればよいのか。**まず神の名を呼び、そして、賛美、感謝、祈願、悔い改め、信仰告白、とりなしなどが続きます。**

カールセン おはよう（呼びかけ）、すてき（賛美）、ありがとう（感謝）、お願いします（祈願）、ごめんなさい（悔い改め）、信じます（信仰告白）、あの子もよろしくね（とりなし）ってことですね。そう考えると祈りが、身近なものに感じられます。

教授 その通りです。**キリスト教の祈りは身近なもの**です。

もう一つ、「主の祈り」において大事なところは、

御心の天になるごとく、地にもなさせたまえ。

つまり、この祈りが、「あなたのご意志のままに」という語りかけになっているところです。あなたのご意志のままに、という語りかけは、願いとはちょっと違います。**キリスト教の祈りは、「私の願いをぜひ叶えてください」というだけではないん**です。自身の欲望や希望を叶えてほしい。そのご利益のために、神をコントロールしようとする呪術のようなものではないわけです。

キリスト教の祈りは、愛と憐れみに満ちた「パパ」「お父ちゃん」である神様に呼びかけ、その神様に対して、腹を割って自分のすべてを話す行為です。神への信頼によってもたらされる神との交わりです。

苦しいときの神頼みという言葉があります。そのようなときもあるけれど、それだけではない。喜びで胸がいっぱいの時は感謝と賛美を、悲しみで心が潰れそうな時は叫びを、自分の心の奥にあることをありのままに神様に向かって告げるわけです。それで立派な祈りになるというのが、祈りについての聖書の考えかたです。

太宰の祈りに見る切実な告白

楊　私にとって、そのような祈りは自分勝手な独り言、あるいは宛先のない空っぽの言葉のように聞こえます。

カールセン　ぼくの親友はキリスト教徒です。お母さんが癌になってしまい、一生懸命祈っていました。でも、結局お母さんは亡くなりました。どちらにせよそういう結果が変わらないなら、神はいなくても同じだと思ってしまいます。

教授　でも、その祈りを聞いたお母様が、少しでも安らぎを得られたとしたらどうでしょう。それは神様が与えてくださった恵みであったのではないでしょうか。さて、祈りとはどういうものなのか。他の人はどう思われますか?

鈴木　なぜ神様ひとすじにすがっちゃうのかな。私は、祈ったところで何も起こらないと思う。困ったときは、自分で何か行動したほうがよくない?　それで、状況が好転したら、神様のお陰ではなくて、自分の力だと思うし。

教授 そうかもしれません。しかし、信仰を持たない人でも、一度くらいは、祈った経験があるのではないでしょうか。太宰治の代表作『人間失格』にも「祈り」という言葉はしばしば登場します。三カ所、引用します。

〔一〕

そういう時の自分にとって、幽《かす》かな救いは、シゲ子でした。シゲ子は、その頃になって自分の事を、何もこだわらずに「お父ちゃん」と呼んでいました。

「お父ちゃん。お祈りをすると、神様が、何でも下さるって、ほんとう？」

自分こそ、そのお祈りをしたいと思いました。

ああ、われに冷き意志を与え給え。われに、「人間」の本質を知らしめ給え。人が人を押しのけても、罪ならずや。われに、怒りのマスクを与え給え。

「うん、そう。シゲちゃんには何んでも下さるだろうけども、お父ちゃんには、駄目《だめ》かも知れない。」

〔二〕

ああ、もし神様が、自分のような者の祈りでも聞いてくれるなら、いちどだけ、生涯にいちどだけでいい、祈る。

〔三〕

自分には、どうしても、正面切っての議論が出来ません。焼酎の陰鬱な酔いのために刻一刻、気持が険《けわ》しくなって来るのを懸命に抑えて、ほとんど独りごとのようにして言いました。

「しかし、牢屋にいれられる事だけが罪じゃないんだ。罪のアントがわかれば、罪の実体もつかめるような気がするんだけど、……神、……救い、……愛、……光、……しかし、神にはサタンというアントがあるし、救いのアントは苦悩だろうし、愛には憎しみ、光には闇というアントがあり、善には悪、罪と祈り、罪と悔い、罪と告白、罪と、……ああ、みんなシノニムだ、罪の対語は何だ。」

金 主人公は「祈っても手に入れたいものが手に入るかはわからない」という態度ながら、それでも一縷《いちる》の望みを託して祈りたい、と思っているみたいですね。

岡田 祈りを聞いてくれるなら祈る、なんて言っているのは、自己中心的な気がします。でも、とにかく祈りに縋りたい。他の方法が思いつかないというほどの、切実な思いはよく伝わってきます。

楊 最後の「罪」という言葉が、牢屋に象徴されている社会的意味から、キリスト教的な意味へと移行してゆく過程に、作者の意図を感じます。神のアントニム、つまり、神の対義語がサタンかどうかは検討の余地があると思うけれど、キリスト教的な考えを意識して、太宰はこの部分を書いたんでしょうね。

教授 引用からわかるように、太宰はキリスト教に大変関心があったんですね。他の作品にも時々、聖書の言葉が出てきます。しかし、彼がキリスト教を信仰していたかは謎のままです。

私に祈る資格はあるのか？——罪悪感のはざまで

カールセン ぼくの話を聞いてもらってもいいですか？　罪の告白のようなものです。ぼくは最近、自分の行動について悩んでいるんです。これは偽善ではないか、罪深いことをしているのではないか、と、ぐるぐると考えています。

ぼくには付き合ってもうじき一年になる彼女がいます。仮にAちゃんと呼びます。ぼくは彼女が大好きだし、彼女もぼくを好きでいてくれているのがわかります。Aちゃんとは同じサークルに入っているんですが、後輩にBちゃんという女の子がいます。サークルで親しくするうちに、Bちゃんはぼくにいろんな悩みを打ち明けるようになりました。ただの親しい先輩と後輩だったんだけど、なんだか微妙に関係が変化してしまいました。相談に乗るうちに、寂しそうなBちゃんのことが気にかかり、惹かれる気持ちを自覚しました。キスしたりは、していないですよ！　話を聞いてあげるだけ。でも、もしかしたら、これって踏み込んだ関係と何も変わらないのかもしれない。

Aちゃんを裏切っているかもしれないという気持ちがいつもあって、AちゃんにもBちゃんにも罪悪感を抱いています。

楊　えーっ。なんか、ひどくないですか？　そういうのは、どちらが好きなのかはっきりさせないと。

カールセン　正直に言うと、ぼくはAちゃんにもBちゃんにも愛を感じるんです。

キリスト教的に言えば、エロスとフィリアの違い？　よくわからないけれど。どちらにせよ、Aちゃん以外の人に惹かれるという事実がつらいんです。

ぼくがBちゃんの孤独を一時的に埋めることができたとしても、ぼくにはAちゃんがいるし、Bちゃんに対する偽善ですよね？　でも、Bちゃんを放っておくのは、ぼくにとって「善」ではない。Bちゃんを放っておくことも、Aちゃんを裏切ることもできません。Aちゃんにこのことを打ち明けることもできないし。

こんなとき、もしぼくがクリスチャンだったら、神に罪を告白して、赦しを乞うのかな。

太宰が言ったように、自分のような者の祈りでも聞いてくれるなら、ぼくも祈ってみたい。人生で一度でいいから祈ってみたい。

でもぼくはクリスチャンでもないし、自分には祈る資格がないような気がする。自分のようなものが祈っていいのかわからない。自分がどうすれば良いのか、神様に聞いてみたいですよ。

教授 カールセンさん、正直な経験談をありがとうございます。人にはときに、誰にも打ち明けられず、どうして良いのかわからないことがありますね。

フランス文学者で哲学者だった森有正《もりありまさ》さんはこんな文章を残しています。

人間というものは、どうしても人に知らせることのできない心の一隅を持っております。醜い考えがありますし、また秘密の考えがあります。またひそかな欲望がありますし、恥がありますし、どうも他人に知らせることのできないある心の一隅というものがあり、(略) そこでしか神様にお眼にかかる場所は人間にはない。人間がだれはばからずしゃべることのできる観念や思想や道徳や、そういうところで人間はだれも神様に会うことはできない。人にも言えず親にも言えず、先生にも言えず、自分だけで悩んでいる、また恥じている、そこでしか人間は神様に会うことはできない。

カールセンさんも、いちど神様に語ってみたらどうでしょうか。**孤独に悩む心の深いところ、その心の一隅で、これからどうすれば良いのか途方にくれるその時に、神さまに出会えるかもしれません。**

（森有正『土の器に』）

人は問う生き物——動物は祈らない

ところで、神に祈ることや、神を信じることは、かなり不思議なことだと思う人も多いですよね。しかし、信じるということはそんなに不可思議な感覚でしょうか。**私たちは必ずしも、学問的に証明されていることにだけに基づいて生きているわけではありません。証拠のないこと、証明できないことも信じながら生きています。**たとえば、大丈夫だと信じて飛行機に乗ります。この人ならと相手を信じて結婚します。

ウィリアム・ジェームズ（William James：1842－1910）が『信ずる意志』で言ったように「人間は、人生で本物の選択に直面する際に、十分な証拠なしに何かを信じざるを得ない生き物」なのではないでしょうか。

楊 ウィリアム・ジェームズは、人は十分な証拠が揃うまで待つことができない生物だと考えているようですね。

教授 その通りですね。人は永遠に生きられないので、十分な証拠が揃うまで待つことはできません。限られた情報量のなかで、選択の決断を下さなければならないことが多くある、ということです。

これは宗教にも通じています。**宗教の土台には、「人間の質問」があります。**どんな有神論でも無神論でも、その土台には、「人間の質問」があります。

人間は質問する。

この事実が、人が他の動物と異なるところです。「ホモ・サピエンス（Homo Sapiens：賢い人）」ではなく、「ホモ・クァレンス（Homo Quaerens：尋ねる人）」ですね。神は祈りません。なぜなら全知だからです。動物は祈りません。なぜなら自分の存在意義について疑問を持たないからです。けれども人間は、自分の存在の根源について、その意味について問い続けます。

なにが私の存在の根源なのか。
なにが私の存在の意味なのか。

自らの存在、その根源、意味について、疑問を持ち、問い続ける。そういうユニークな生き物が人間です。

『パンセ』（Pensées）を書いたブレーズ・パスカル（Blaise Pascal：1623－1662）は、人間の偉大さがどこにあるかということについて、「人間の偉大さは自分の惨めさを知る事。／人間の偉大さは自分の無知を知る事。／人間の偉大さは自分の罪深さを知る事」と言いました。

人は何でも知っているから偉いのではなく、逆に無知であることを自覚しているから偉いのだ。人間はきれいで道徳的に素晴らしいから偉い、のではなく、むしろ惨めで罪深いということを自覚しているからこそ偉いのだ、と。

これは言い換えると、「**人間の偉大さは、自分の有限性を知っていることにある**」と言えるのではないでしょうか。惨めさ、無知さ、罪深さ、といったものは、どれも人間の有限性を表しています。つまり、パスカルの言葉は「人間は有限な存在であることを知っているからこそ偉い」と言い換えられます。

では、なぜ人間がある種の弱さ、ネガティブな点である自らの有限性に気づくことは偉いのでしょうか。その理由は、そこにこそ、その**有限性を乗り越える可能性が開かれているか**らです。

たとえば先ほど述べたように、問い続けるという行為も、その一つですね。そう考えると、祈りとは、まさに「自らの有限性の自覚」に由来するものである、と言えそうです。

自分の限界を知る存在である。
自分の限界を知っている。
だから人間は祈る。

私はそう思います。祈る生き物は人間しかない。「ホモ・オーランス（Homo Orans：祈る人）」です。祈りは人を人たらしめる本質の一つなのではないでしょうか。

つまり、祈りというのは、なにも、信仰者だけがするものではないのです。信仰のあるなしにかかわらず、自分の限界を知る者は祈りたいという気持ちになる。ですから、**この世界で「祈り」という言葉がない言語はない**そうです。

死から逃れられないから豊かに生きようとする

カールセン 先生の話から、あるドイツ語の単語が思い浮かびました。「トートズィッヒャー（todsicher）」という形容詞です。「トート」は「死」を意味します。「ズィッヒャー」は「確か」という意味です。合わせると「死のように確かな」。なにが起きるかわからない人生だけど、一つだけ確かなことがある。それは「死ぬ」ということ。**人間は必ず死ななければならない。**

この形容詞は、「死」が人生において一つだけの確かな事がらである、という事実に基づいています。つまり、これって、人の有限性を示しているのかもしれないよね。

教授 深い言葉ですね……。ラテン語には「メメントー・モリー（memento mori）」という言葉があります。「死を覚えよ」、つまり**「自分が（いつか）必ず死ぬことを忘れてはならない」**という意味です。「トートズィッヒャー」は「メメントー・モリー」ともつながりますね。

楊 ラテン語は、英語の「mortal（死ぬべき運命の、致命傷の）」という語にも通じていますよね。

教授 その通りです。時間は、私たちが拒否することのできない力です。時間は、望まないところに私たちを連れて行きます。「死」という未知の現実です。

キリスト教は、私たち人間が死という現実から逃れられない、あまりにも偶然的な存在であると教えてくれます。同時に、しかしその現実を無気力に受け入れなければならないとは言いません。このような現実の真ん中に神が在るからです。

神学的な考えによりますと、**神は人間に語りかける言葉です。人間に方向を提示する光です。私たち人間の命と生に真の動機を与える意味なのです。**

楊 死と神を意識することで、人間はより豊かに生きられるということですね。

ある本では、他のアジア諸国の人々と比べて、日本人の死に対するイメージが暗いと指摘されていました。たとえば、ネパール・タイ、シンガポールでは三十パーセント以上の人々が死に対して「安らか」といったポジティブなイメージを持っていました。しかし、日本では七・五パーセントしか、そうしたポジティブなイメージを持っていませんでした。日本では八十パーセント以上が死に対して「苦しい」「寂しい」「怖い」といったネガティブなイメージを持っているということです。この本の著者は、死についてのイメージは宗教に左右されるとし、日本人が暗いイメージを持つのは死に明確な意味づけをする宗教を持っていないからだと分析していました。どうなんでしょうね。

遠藤 どうなんだろう。私は昔から日本にある宗教的価値観が影響しているように思うけどな。仏教は輪廻の思想で、仏陀は見ることのできない死後の世界に対して何も論じなかった。神道的価値観では死を「穢れ」として認識する。江戸時代の国学者の本居宣長（1730－1801）も、死は悲しいものとして受け止めるべきだという旨を述べている。

田村 死の問題もそうだけど、日本人が感じている人間の有限性の問題には、偽善の問題もあるような気がするな。

人間は不完全で有限である――悩む力とキルケゴール

教授 確かに。私は毎年、この講義を担当していますが、偽善の問題について考えている人は多いですね。「やらない善」より「やる偽善」のほうが良い、と考える人が多いようです。でも、偽善は偽善であり、完全な善にはならない。そのことは人を苛むんですね。

苛まれる。
悩む。

この行為は人間しか持たない行為であり、力です。

これは、有限な人間が無限を知るということに通じます。善というものを知っても、実際できることは偽善だったら、そのギャップに人は悩むのです。まさに、それは「悩む力」です。キリスト教は、その人間の矛盾、罪深さ、有限性に苛まれている人々に対して、「**あなたの本質に戻りなさい」と求める**宗教です。

金 有限とか無限とか、先生の言葉が抽象的で少しわかりにくいかも。

教授 すみません。少しわかりづらい話になりましたね。

皆さんは、セーレン・キルケゴール（Søren Aabye Kierkegaard：1813－1855）という、デンマークの哲学者を知っていますか？　キルケゴールは二十世紀の神学と哲学に大きな影響を与えた人物です。彼は人間が「真の生き方」に到達するまでの道を三段階に分けて考えました。

1　美的段階

2　倫理的段階

3　宗教的段階

簡単に説明します。最初の「美的段階」の人間とは、一時的な楽しみや快楽を追って生きる人間です。この段階の人間にとっての価値とは、ラクで、楽しくて、美しいことです。感覚の世界に生きています。しかし、快楽では本当の幸せは得られない。そう気づいた人間は、良心に目覚めます。欲を抑え、道徳的に生きようとします。これが、「倫理的段階」の人間です。倫理を基準にして、それに忠実であろうと努力している人間です。この世界は、美的段階の世界とは打って変わり、倫理的な世界です。

しかし、倫理を根拠に善を目指しても、不完全な人間は、完全な善を遂行できない。「倫理的段階」でもなお不十分なことに気づいてしまう。善に向かおうとするほど、これまで見過ごしてきた自分の悪が浮き彫りになります。真面目になろうとするほど、罪悪感が深まり、絶望するしかありません。そうして、人は「宗教的段階」に到達します。

一人の人間として神の前に立ち、誰もが知っている客観的な真理ではなく、自分にだけ理解できる主体的で、実存的な真実として神を理解する人間が、キルケゴールにとっての宗教的な人間です。つまり、「1+1=2」といった真理ではなく、自分だけに理解できる、たとえば、お母さんの愛情のように神の愛を体験した人間です。

頭ではなくて、心でわかる真理ですね。そうした真理を神に対して体験した人間を、キルケゴールは「宗教的人間」と呼びました。そして、いちばん尊い生きかたは「宗教的段階」の人間の生きかたであると考えました。

キルケゴールの三段階の人間観は、自身の人生に基づいているようです。若いときは、自分の好きなことをして生きました。でも、そのうちに、快楽を求める生活のなかでは意味を見いだすことができなくなった。だから、倫理的に生きることを通して人生の真の幸せを得ようとしました。しかし、それでも幸せになれなかった。その原因を探るなかで、キルケゴールは気づきました。

不完全な人間が、完全な善を遂行することはできない。善になろうとすればするほど、偽善者にしかなれない。

彼は深く絶望しましたが、その絶望には意味がありました。**絶望こそ、救済への飛躍を可能にしてくれる大切なもの**だとわかったからです。絶望は、彼をキリスト教へと導きました。神の前で主体的な単独者として立つ。神の愛のなかで受け入れられ、赦され、そのなかで生きていく。「宗教的人間」として生きることを決意しました。

楊 キルケゴールは、『死にいたる病』のなかでも、絶えず、絶望や信仰について語っていますね。「絶望」の反対語は「希望」ではなく「信仰」である……ということですかね。

激しい絶望の叫び——エレミヤの祈り

教授 ではここで、皆さんと一緒に旧約聖書にあるエレミヤの祈りを読んでみたいと思います。

7）主よ、あなたがわたしを惑わし／わたしは惑わされて／あなたに捕らえられました。あなたの勝ちです。わたしは一日中、笑い者にされ／人が皆、わたしを嘲ります。

8）わたしが語ろうとすれば、それは嘆きとなり／「不法だ、暴力だ」と叫ばずにはいられません。主の言葉のゆえに、わたしは一日中／恥とそしりを受けねばなりません。

9）主の名を口にすまい／もうその名によって語るまい、と思っても／主の言葉は、わたしの心の中／骨の中に閉じ込められて／火のように燃え上がります。押さえつけておこうとして／わたしは疲れ果てました。わたしの負けです。

10）わたしには聞こえています／多くの人の非難が。「恐怖が四方から迫る」と彼らは言う。「共に彼を弾劾しよう」と。わたしの味方だった者も皆／わたしがつまずくのを待ち構えている。「彼は惑わされて／我々は勝つことができる。彼に復讐してやろう」と。

11）しかし主は、恐るべき勇士として／わたしと共にいます。それゆえ、わたしを迫害する者はつまずき／勝つことを得ず、成功することなく／甚だしく辱めを受ける。それは忘れられることのない／とこしえの恥辱である。

12）万軍の主よ／正義をもって人のはらわたと心を究め／見抜かれる方よ。わたしに見させてください／あなたが彼らに復讐されるのを。わたしの訴えをあなたに打ち明け／お任せします。

13）主に向かって歌い、主を賛美せよ。主は貧しい人の魂を／悪事を謀る者の手から助け出される。

14）呪われよ、わたしの生まれた日は。母がわたしを産んだ日は祝福されてはならない。

15）呪われよ、父に良い知らせをもたらし／あなたに男の子が生まれたと言って／大いに喜ばせた人は。

16）その人は、憐れみを受けることなく／主に滅ぼされる町のように／朝には助けを求める叫びを聞き／昼には鬨《とき》の声を聞くであろう。

17）その日は、わたしを母の胎内で殺さず／母をわたしの墓とせず／はらんだその胎を／そのままにしておかなかったから。

18）なぜ、わたしは母の胎から出て労苦と嘆きに遭い／生涯を恥の中に終わらねばならないのか。

（エレミヤ書20章7―18節）

教授　皆さんは、このテキストについてどう思いますか。

カールセン　これって「祈り」と呼べるんですか？　ちょっと激しすぎませんか。

教授　そうかもしれません。しかし、これも立派な祈りとして聖書に書き記されています。私は、いま読んだエレミヤの姿が、まさにキルケゴールが言う「宗教的人間」なのではないかと思っています。

この、エレミヤ書20章7―18節は、「エレミヤの告白」と呼ばれる祈りです。7節でエレミヤは「主よ、あなたが私を惑わし」と言いながら自分の内面を叫びはじめます。「惑わす」にあたるヘブライ語の「パター」という語は、誘惑する、あざむく、誘い出すなどの意味を持っています。出エジプト記22章16節では、この単語が、性的に、男性が女性を誘惑することを意味しています。冒涜的な語感を避けるために、この単語を「説得する」とか「あおり立てる」というふうに翻訳することもあります。でも「主が私をあざむいた」「主が私を誘惑した」と翻訳するほうが、原文により近い表現になると思います。

7節で、エレミヤの告白はこのように続きます。

「あなたの勝ちです。わたしは一日中、笑い者にされ、人が皆、わたしを嘲ります」

エレミヤは神様に召命された当時から、その役割を果たすことが自分にできるかどうか不安に思っていました。それでも神様の約束を信じ、神様の言葉を伝えることに専念しました。しかし、迫害がますますひどくなるなかで、深く悩み、そして、神に嘆いています。エレミヤの預言は実現していないどころか、いつ実現するか誰もわかりません。神様との約束を守らないイスラエルの人々に対する批判と、エルサレムに対する滅亡宣言は人々の物笑いの種になり、エレミヤへの激しい反発と迫害を招いたのです。

16節を見てみましょう。エレミヤは自分の父親に自分の生まれた消息を伝えた人のことまで「主に滅ぼされる町」のようになりなさいと呪っています。**エレミヤは苦悩のどん底のなかで、自分の生まれた消息を伝えた者に、ソドムとゴモラに下された審判が下されるようにと激しく呪っている**のです。

最後に18節を見てみましょう。エレミヤは神様に質問を投げかけます。

「なぜ、わたしは母の胎から出て労苦と嘆きに遭い、生涯を恥のなかに終わらねばならないのか。」

このように、**自分の苦しい人生の意味について、エレミヤは神に、「なぜ」「どうして」と問い続けています。**

楊 エレミヤは、信仰心が深いように見えませんね。倫理的にさえ見えません。

教授 そうですね。エレミヤの祈りは神様の召命を受け入れた者にしては、えらく泣き言っぽく聞こえますよね。しかし、エレミヤの人間的な、あまりに人間的な告白は、心に響くものがありませんか。**この嘆きは、神を心から信頼した者、神を本当に心から敬った者だけが吐露できる言葉**だからです。一人の弱い人間として、どうしても耐えられない。そういう経験をした者だけが叫ぶことができる、本物の絶望の言葉だからです。

田村 私もエレミヤの気持ちが少しわかるな。裏切られたとき、その相手が信頼していた人であればあるほど、憎しみや恨みの感情が沸くと思うから。相手に憎しみや恨みを持つときっていうのは、その人のことをとても信頼して、愛していたからじゃない？ **愛と憎しみは表裏一体**というか。そういう経験、何度かあるな。前に付き合ってた彼に裏切られたとき、ほんとにムカついたけど、それはまだきっと彼が好きだったからなんだよね。そのあと、ほんとに愛想が尽きて好きじゃなくなったら、憎しみと一緒に、関心もなくなっちゃった。エレミヤの激しい告白は、どれほど神を信頼していたのかが表れてるよ。

教授 聖書学では、エレミヤ書20章7－18節のテキストはすべてエレミヤによって語られたわけではなく、多くの部分は後にエレミヤを尊敬する信仰共同体の人々によって付け加えられたと推測されています。もしそうならば、エレミヤの祈りはエレミヤ個人だけではなく、捕囚期以後の信仰共同体全体が、主体的で実存的な真理として、神と対面していたということになります。

信仰とは一目惚れ？

遠藤 ところで祈りとは、「宗教的段階」の人間にしかできないんだろうか。「美的段階」や「倫理的段階」の人間には、祈ることはできないんだろうか。

教授 そんなことはないと思います。そもそも、信仰というのは、わかりやすいものです。何にたとえたらいいでしょうね……。そうだ、一目惚れです！　皆さんのなかには一目惚れを経験した人はいるでしょうか。私は一目惚れから結婚しましたが、信仰って簡単に言ったら一目惚れですね。

相手のすべての良さを知って一目惚れをする人はいません。一目ですべてはわからないから。でも、一目惚れは、とにかく、よく知らないその人のことを好きになるんですね。そういう感覚。

キリスト教の良さ、魅力、そうしたことを全部わかってから信じるのではないんです。とりあえず、惹かれる。気になる。すべてを理解してから信じるというのは、信仰ではなくて知識でしょう。いわば、目的地に到達した人、みたいな。目的地に到達した人を表すのが信仰ではない。むしろ**キリスト教の信仰とは、出発点**です。これから一歩を踏み出したい。神に向かって近づきたい。知りたい。本質に近づいていきたいと思う人が信仰を持つわけです。

ですから、信仰を持つということは、特に不思議なことではなく、自然な感情です。信仰というのは出発点。それをまず理解してもらいたいと思います。ですから、もちろん、「美的段階」でも「倫理的段階」でも、人は神に祈れるはずです。未熟ならば、未熟な祈りを捧げればいい。成熟した人は、成熟した祈りを捧げればいい。神から見ると、その差はどんぐりの背比べのようなものではないでしょうか。神はどんな祈りでも喜んで聞いてくださるはずです。

カールセン ぼくもAちゃんには、一目惚れしちゃったんだよなあ。

キリスト教は正直な気持ちを受け止める

教授 恋愛トークになってしまいましたね……。聖書の話に戻りましょう。

旧約聖書に詩編という書物があります。読むと、詩編を書いた人々がいかに正直に、驚くほど正直に、自分の気持ちを神に打ち明けているのかがよくわかります。宗教改革者カルヴァンは詩編を「魂の解剖図」と呼んだほどです。もちろん、詩編113－118編や、146－150編のように、「ハレルヤ」というキリスト教の賛美の言葉がたくさん出てくる祈りも多数あります。しかし、もう一方では詩編22編のような祈りもあります。22編は、イエス・キリストが十字架の上で死ぬ直前に叫んだ祈りです。

わたしの神よ、わたしの神よ
なぜわたしをお見捨てになるのか。

これは、願いでも感謝でもありませんよね。どちらかといえば、エレミヤの告白のような祈りです。叫びであり、怒りであり、悲しみであり、格闘であり、苦しみである。ありのままの表現です。

キリスト教ではこのような率直な祈りを神への不敬《ふけい》だと批難しません。そうではなく、神に真正面から誠実にぶつかる勇気と捉え、信仰の表現として尊重します。

ドロテー・ゼレ（Dorothee Steffensky-Sölle：1929－2003）というドイツ人のフェミニス

ト神学者は、キリスト教の祈りを次のように定義します。『時を刻んだ説教　クリュソストモスからドロテー・ゼレまで』という本から紹介しましょう。

私たちは度々祈りの意味を問います。神が神であるように、神と闘うことであるというのが、この問いへの答えです。祈るということは、今日牢獄にあって辱められ、虐待されている南アフリカの黒人の子らを神に突きつけることです。祈るということは神を無罪放免にするということではありません。「これらの人々もまたあなたの子らです。神よ」と祈るのです。自由へと向けて造られ、天使よりも少し低いものであり、いのちの娘、息子たちなのです。あなたは彼らをそのままのたれ死にさせることはできません。とりなしの祈りをするということは、自分が神から忘れられていると思うあらゆる理由をもつ人々のことを神に思い起こさせるということです。

楊　「牢獄の子ら」という表現は、第一講でのオメラスで地下に閉じ込められていた子を思い出させますね。こういう種類の祈りは、オメラスにはなかったように思います。

どん底で綴られた希望の詩――ボンヘッファーの祈り

田村　私は、ボンヘッファーの言葉を思い出しました。

「われわれは——《たとえ神がいなくとも》(etsi deus non daretur)——この世の中で生きなければならない。このことを認識することなしに誠実であることはできない。そして、まさにこのことを、われわれは——神のみ前で認識する！　神ご自身が、われわれを強いて、この認識にいたらせたもう。」

教授　第五講にも出てきたディートリヒ・ボンヘッファーはナチズムに抵抗して殉教したドイツの牧師であり、神学者ですね。せっかくボンヘッファーの名前が出ましたので、彼がつくった最後の讃美歌の歌詞を紹介しましょう。ドイツの讃美歌集の637番に、信仰・愛・希望の曲として収録されています。第二次世界大戦終結後、この詩には旋律がつけられ、現在では世界各地で歌いつがれています。私はこの詩が、ボンヘッファーの信仰と神学が結実した「祈り」に他ならないと思っています。

善き御力持つ者らに

善き御力持つ者らにかかわりなく静かに囲まれ
護られ、こよなく慰められ

わたしはこの日々をあなた方とともに生き
ともに新しい年へと入ってゆく

いまなお古い年は私たちの心を苦しめ
いまわしい日々が私たちに重荷を負わせようとする
ああ、主よ、私たちの愕然たる魂を救いたまえ
そのためにあなたは私たちをお造りになったのです

あなたの差しだされるのが重く苦い苦悩の
なみなみとつがれた盃であろうとも
私たちはあなたの好ましい御手よりそれを
震えることなく感謝にみちて受けましょう

でも今一度あなたが私たちにこの世界と
その太陽の輝きの悦びを贈ってくださるなら
私たちは過ぎ去ったものを思い起こしつつ
人生を安んじてあなたに委ねます

私たちの暗闇にもたらされた蝋燭の火を
今日は暖かく明るくともしてください
なろうことなら私たちをまた一つに導いてください
知っています、あなたの光の夜輝くことを

深い静寂が私たちのまわりに広がるとき
眼に見えることなく私たちをつつむ世界の
かの澄んだ響きに私たちは耳を傾けます
あなたの子らすべての気高い賛美の歌声に

善き御力持つ者らにこよなく庇護され
何が来ようと心安んじて私たちは待とう
夜も朝も私たちのかたえに神はつねにある
そしてまちがいなくどの新しい日にも

（横手多佳子「殉教者ディートリヒ・ボンヘッファーにおける讃美歌と詩篇」）

ボンヘッファーはフロッセンビュルク強制収容所に収容されていました。人間の目では希望のかけらも見えない空っぽの暗闇に、自分の紡ぐ言葉が粉々に崩れてしまうような不安と絶望を味わっていたことでしょう。

しかし、**「祈り」には力があるのです。**

祈るとき、失意で曇ったボンヘッファーの目の前には、再現されたのではないかと思うのです。神の栄光と支配のもとで、当たり前のように思っていた毎日の生活、そして、世界が再び生き生きと響き合う光景が。いつ処刑されるかもわからないどん底にあったボンヘッファー。一九四五年四月九日に、**とうとう処刑されてしまった彼が、これだけ希望と光に満ちた詩を書いた。そのことは、「祈り」が持つ力を雄弁に物語っている**のではないでしょうか。

彼の祈りをもって今日の授業はここで終わりにしましょう。それではまた、次の講義で会いましょう。

第十一講

資本主義と共存の倫理

競争社会で出し抜かずに生きることはできるのか？

課題文献

『中命記』／『ニコマコス倫理学』／『大転換：市場社会の形成と崩壊』／『世界史と救済史：歴史哲学の神学的前提』

キリスト教の倫理の二本柱「ヘレニズム」と「ヘブライズム」

教授 それでは講義をはじめます。今日はキリスト教を倫理的な観点から眺めてみましょう。**キリスト教の倫理は「ヘレニズム（Hellenism）」と「ヘブライズム（Hebraism）」という二つの思想・文化の融合によって形成されました。**融合といっても両者は完全に一体化できるものではないので、あるときにはヘレニズム的思考が優勢に、また別のときにはヘブライズム的思考が顕著に表われます。

鈴木 「ヘレニズム」、「ヘブライズム」って？

教授 **「ヘレニズム」は、古代ギリシア人由来の思想や文化**を意味します。**「ヘブライズム」とは、古代イスラエル人、あるいはユダヤ教由来の思想や文化**です。

岡田 それぞれの倫理はどのように違うんですか？

教授 両者の決定的な違いから説明しましょう。
「ヘレニズム」の倫理は、普遍的な原理に基づく**三人称の倫理**です。普遍的な原理に基づくので、過剰や欠如といった両極端を避ける倫理に発展していきました。「ヘレニズム」の倫理は、アリストテレスの『ニコマコス倫理学』(Ethica Nicomachea)で見られるように、**中庸を基本**とします。それに対して、「ヘブライズム」の倫理は人格神(知・情・意をもち、道徳性をそなえ、人間とかかわる神)との契約に基づく**二人称の倫理**です。人格である神を相手にして誓う倫理ですから、両極端を厭わず、神に対する絶対的な純粋さを追求することで到達する美徳を評価する傾向があります。たとえば、申命記6章4－5節を読んでみましょう。

聞け、イスラエルよ。我らの神、主は唯一の主である。あなたは心を尽くし、魂を尽くし、力を尽くして、あなたの神、主を愛しなさい。

心を、魂を、そして力を尽くして神を愛する行為は、中庸の倫理の姿勢とは、かなりかけ離れていますね。言い換えれば、「ヘブライズム」の倫理は**「尽くす」倫理**と呼ぶことができると思います。

カールセン 「中庸の倫理」と「尽くす倫理」って面白い比較ですね。でも、神に対する絶対的な純粋さを追求し「尽くす倫理」を目指すことになると、他宗教の人々や無神論者に対して寛容でなくなり、とても排他的な倫理になってしまいませんか？　実際、聖書には「滅ぼし尽くす」といった激しい表現もあって、びっくりすることがあります。

教授　いい質問ですね。私は「尽くす倫理」が必ずしも不寛容で排他的な倫理になるわけではないと思います。それどころか逆に、「ヘブライズム」の**「尽くす倫理」の根底には、共存・共生に尽くす精神**が横たわっています。表面的な言葉だけに捕らわれずに読むと、旧約聖書が言う「滅ぼし尽くす」の本質は「生きよう」という意志です。

私は**「ヘブライズム」の倫理は「生きよう」に尽くす倫理**であると考えています。そう考えると「ヘブライズム」は共存・共生的であると捉えることができます。

形を持たない火は美しいか？

鈴木　「ヘブライズム」と「ヘレニズム」の間には、他にどんな違いがあるんですか？

教授　そうですね。**両者の考えかたの違いは、美徳観や美意識にまで深い影響**を及ぼしました。

たとえば、**古代ギリシア人の美徳は、運動等による活発さよりも、安定や静止を好みまし**

た。アリストテレスの思想に触れてみましょう。アリストテレスにとって、もっとも優れた幸福とは、観照を営むことでした。アリストテレスの観照とは、理性、知性をもって真理を追い求めることです。つまり、人間の究極の美徳は、行為や実践ではなく、真理の追求です。なぜなら、行為や実践は、自分以外のさまざまな他者と関わりますが、観照は自己の内面のみに関わるからです。そのため、自足性と究極性が優れています。だから観照は最善であり、最終的にはより高次元の幸福をもたらすと考えられました。

一方、古代イスラエル的、つまり**ヘブライ的美徳を特徴づけるのは、動的で、力強く、そして情熱的な性質です。**このような性質は、ヘブライ語動詞によく表われています。ヘブライ語動詞は停止状態を意味する場合でも、基本的に運動の側面を含んでいます。たとえば、ある動詞が停止状態を表すとき、その停止状態は、「運動の終わり」「結果」あるいは「潜在する運動が抑制されている」状態を示します。逆に考えると、古代イスラエルの人々にとって、運動のない、つまり活動がまったくない存在は、ある種の無を意味していたと思われます。

こうした違いは、美意識にも影響を及ぼしています。**古代ギリシア人は美を形式的、調和的なものとして捉えており、その美は、静穏と平和のなかにある**ものでした。一方、古代イスラエル人は、美をまったく違う感覚で理解していました。美に形式や調和を求めるよりは、

ヘレニズムとヘブライズムの比較

	ヘレニズム	ヘブライズム
担い手	古代ギリシア人	古代ユダヤ人
基準	普遍的な原理／三人称	人格神との契約／二人称
過剰・欠如の美徳性	×	○
倫理観	中庸の倫理	尽くす倫理
美徳	静的	動的

むしろ、形を持たない火や、光のなかに、美の形を見いだしました。

たとえば、イザヤ書35章1－2節を読みますと、古代イスラエルの人々は、神の栄光、これはヘブライ語で「カボド」と言いますが、これを美の原型として受け止めていたことがわかります。**古代イスラエル人にとっての美は、満ち溢れる激烈さを伴う圧倒的な力のなかにある**ものでした。そしてこのような美意識は、倫理観にも通じるところがありました。「ヘレニズム」と「ヘブライズム」を簡単に表で比較してみると上のようなものになると思います。

たとえば、「ヘレニズム」と「ヘブライズム」では「希望」についての捉えかたも、かなり異なります。さて、皆さんは「希望」が倫理道徳的な美徳になり得ると思いますか？　理由とともに教えてください。

希望とは美徳か？

楊 「希望」はもちろん美徳ですよ。人間は「希望」がないと生きられないと思うからです。「希望」には人を頑張らせる力があります。大きな災害が起きたときにも、「希望」という言葉が人を励まします。

教授 興味深い意見ですね。しかし、頑張らせる力は「希望」のみが持っているわけではないですよね。何かに失望して、その悔しさから頑張る人も多くいます。逆に、「希望」があるせいで頑張らないこともありませんか？　ギャンブルや宝くじに当たるという希望にかまけて、働かなくなってしまう人もいますよね。

楊 先生、そのたとえは少し強引ですよ。

教授 そうですね、少し強引でした（笑）。私が言いたかったのはこういうことです。「希望」は、自分にとって都合がよいことが起きると勝手に信じ込むこと、とも言えるのではないでしょうか。実際、おそらくこの考えによって、アリストテレスの『ニコマコス倫理学』では、「希望」が美徳として認められていません。

こう考えると、「希望」は、本当に倫理道徳的美徳になり得るのでしょうか？

岡田 「希望」をそのように定義してしまうと、倫理道徳的美徳ではなくなる気がします。美徳であるためには、倫理道徳的に称えられる要素が必要なんじゃないかな。

教授 では、倫理道徳的に称えるべきところはどこにあるのでしょうか。たとえば、「希望」と「楽観主義」との違いはどこにあるのでしょうね。「楽観主義」は、一つの人生観ですが、美徳ではないですよね。この場合、人生観としての「楽観主義」と、美徳としての「希望」はどう違うと思いますか？

カールセン 「希望」は、自分で努力をしながら、良いことが起こると信じることで、「楽観主義」は、特に努力せず、ただ待つということじゃないですか？

教授 それも面白い定義ですね。しかし、一生懸命努力する楽観主義者もきっといるでしょう。何かもっと、決定的なポイントが、ありませんか？ 実は聖書には、「希望」はもっとも大切な美徳として登場するんです。

聖書の世界観では、「希望」は、人間が勝手に自分で抱くようなものではなく、神の約束

によって抱かされるものです。神の約束を信じ、その実現を望む態度は、忠誠、貞節、誠実を表し、倫理道徳的に美しいと思われたのです。ですから、そこには美徳性があるわけです。

楊 ということは、自分勝手に抱くものは「希望」ではなく「楽観主義」に過ぎないということですか。「人間が勝手に抱く希望」と、「神の約束によって抱かされる希望」とはどう違うのでしょう? 私がいま、なんとなく感じている希望は、神の約束によって抱かされたものなのか、勝手に自分で抱いたものなのか。

教授 そういうときには、ぜひ祈りのなかで神に聞いてみてくださいね。

現代社会では、「希望」が見えない、というフレーズをよく耳にします。それはキリスト教的に解釈すると、神の約束の言葉を聞くことができないことから来る飢餓感のようなものです。それからもう一つ。もし皆さんが「希望」を美徳として認めているのであれば、自分自身も知らないうちに、キリスト教の世界観に由来する倫理的美徳を受け入れています。

聖書の倫理とは「共存の倫理」

遠藤 ドイツの哲学者エルンスト・ブロッホ(Ernst Simon Bloch : 1885 - 1977)が書いた『希

望の原理』の一節を思い出す。

大切なのは、希望を学ぶことである。

Es kommt darauf an, das Hoffen zu lernen.

教授 私もその言葉はけっこう好きです。

倫理的美徳の話から、宗教的世界観の話になってしまいましたが、ここで、聖書の倫理観についても考えてみましょう。私は**聖書が唱える倫理を一つの言葉で要約すると「共存・共生の倫理」になる**のではないかと思います。イエスが唱えたアガペーの愛も究極のところ、個人、共同体、国同士が共存するために欠かせない霊的、精神的姿勢を示しているからです。

岡田 以前に学んだ「スプランクニゾマイ（σπλαγχνίζομαι）」という動詞を思い出します。「はらわたがちぎれるくらいに痛みを感じる憐れみ」が、アガペーという愛でしたよね。

教授 よく覚えていましたね！「共存・共生」という文脈で特に私が注目するのは、カール・ポランニー（Karl Polanyi：1886－1964）が唱えた「共存・共生の経済学」です。カール・ポランニーについて知っている人はいますか？

カールセン オーストリアのウィーンで生まれた人ですよね。

教授 ポランニーは一八八六年、ウィーンで生まれましたが、子どもの頃、両親と共にハンガリーに移住しました。第一次世界大戦でオーストリア＝ハンガリー軍に従軍した後、ハンガリー革命にも参加しましたが、その後、ウィーンに亡命しました。そこでは「オーストリア・エコノミスト」の編集者として働いた時期もあり、ジャーナリストとして活躍したのですが、ファシズムの影響力が増大した一九三三年、オーストリアを去り、イギリスに亡命しました。イギリスではオックスフォード大学とロンドン大学に依頼され、成人教育を担当するようになりました。そのときの経験が、後に代表作となる『大転換』（The Great Transformation）の執筆につながります。ポランニーは一九四〇年から一九四三年まで、アメリカのベニントン大学で教えながら『大転換』を完成させ、一九四四年にニューヨークでそれを出版しました。

楊 『大転換』が「共存・共生の経済学」に関するものなのですか？

教授 そうです。大著ですから、ひと言では要約できませんが、『大転換』には、カール・ポランニーが現代社会に投げかけるいくつかの問いが記されています。まとめてみましょう。

1　市場経済は自然発生的な現象か、それとも政府の干渉による人為的制度か？
2　市場経済の促進は個人と共同体の幸福と福祉への脅威にならないか？
3　市場経済が許容する民主主義は真の民主主義か？
4　市場経済がもたらす平和は安定的なものか？
5　市場経済が保障する自由は人間を抑圧から真に解放するものか？

これらの問いに対して皆さんはどのように答えますか？

本当に人間は経済的な生き物なのか？――現代資本主義の命題

田村　どの問いにも思うところはありますが、なんとも答えにくいですね。

教授　本当にそうですね。私たちは二十一世紀の資本主義社会のなかで生きています。そして、この私たちの時代には、当たり前のように受け入れられている命題があります。それはたとえば、「人間は経済的な生き物である」あるいは「市場のみがすべての経済問題を解決できる」という命題です。しかし、こうした命題は本当に正しいのでしょうか？

現在の世界経済には金融危機がつきものです。生活の不安定と貧富の格差は日々、急速に深刻化しています。カール・ポランニーは、**「人間は経済的な生き物である」、「市場のみがすべての経済問題を解決できる」または「人間の自由は市場経済のなかでのみ可能である」という資本主義のイデオロギー**に、人生をかけて抵抗した経済学者でした。彼はクリスチャンで、その思想には、彼のキリスト教理解が横たわっています。ポランニーはクリスチャンが政治や経済問題を宗教的、信仰的問題として受け止めるべきであると考えました。

鈴木 ねぇ、ちょっと待って、「人間は経済的な生き物である」「市場のみがすべての経済問題を解決できる」「人間の自由は市場経済のなかでのみ可能である」って命題は、無批判的に受け入れられているイデオロギーなの？　私は、これらの命題って現代社会の前提だと思う。普遍的に通用する真理っていうのかな。いま、この世界のいろんな制度や文化が、この三つを、結果として受け身的に捉えるのではなく、むしろ、積極的に構築することで成り立っているんじゃない？　この三つの前提が崩れた社会を想像できないよ。

教授 では想像力を働かせて、三つの命題が否定されると、どんな社会になるのかを一緒に考えてみましょう。

私たちは日常生活で多くのものを必要とします。食べ物、飲み物、家、テレビ、電話、靴、服……。たくさんありますね。でも、それらのものすべてを一人でつくることはできません。ですから、私たちは必要なものを、市場で購入します。それでは、この市場というものはどのようにしてつくられたのでしょうか？

楊 自分ですべてのものをつくることはできませんが、それぞれの人が自分の得意分野に特化した生産を行うのは、むしろ効率的です。自分が得意でつくったものと、苦手だからつくって欲しいものを物々交換した場が市場ではないでしょうか。そして、その原始的な市場には、後に発明されたお金が導入され、さらに発展し……。良くも悪くも進化したんだと思います。

教授 良くも悪くもというと、どういうことでしょう？

楊 お金があってこそ、投資などの概念が生まれました。おかげで人間の生活が豊かになったことは疑いようがありません。反面、格差が広がったり、なんというか、人間はいつも自分の利益を増やすのに一生懸命になりました。本来は手段であったはずのお金が、目的になっているような気がします。

教授 分業と物々交換、お金と目的。いいポイントをついていますね。順を追って、分業と物々交換について考えてみましょう。まず、単に物々交換を行う場は、果たして市場と呼べるでしょうか？　たとえば、お隣さんが夕飯のおかずをお裾分けしにきたとき、手持ちのお菓子を返したら、これは物々交換ですが、これを市場と呼べるでしょうか？

贈り物の経済は単純ではない——贈与論

遠藤 他の授業で、市場以前の経済システムを考察した『贈与論』（The Gift）というものを聞いたことがある。

教授 鋭いですね！『贈与論』は、マルセル・モース（Marcel Mauss：1872－1950）の有名な著作ですね。遠藤さん、贈与論について簡単に説明していただけますか？

遠藤 『贈与論』は奥が深いので、簡単に説明することは難しいんだが、その触りはこんなところだ。マルセル・モースは、先史社会で行われていた、社会現象としての贈り物、贈り物の力学について考察した。**贈る、贈られる、という関係について、契約法制度的かつ経済的**

観点から考えはじめたのだが、それはまた、宗教的、法的、道徳制度的、政治的、家族的、軍事的、儀礼的なことでもあった。つまり、社会制度の側面を含んだ意味で経済的な現象でもある。そういう点を、発見したんだ。彼はそれを「〈全体的〉現象」と呼んだ。そして、特にその現象が、ある複数社会で義務的な性格をもち、利害関係を生み、社会間に競争的な性格をつくり出すとき、それを「闘争型の全体的給付」と呼び、「ポトラッチ（potlatch）」と命名した。

鈴木 ただの贈り物が、宗教的で法的で政治的で……？　意味不明なんだけど！

遠藤 ただ好意であげているように見える贈り物の背後には、実は緻密な社会的関係の網がはりめぐらされているということだよ。

贈り物の関係には、一種の契約の力がはたらく。契約は、とても法的なものだ。そして契約するということは、それにまつわる義務が発生するわけだ。しかし、それをどうして義務として守らなければならないのか？　それを考えていくと、精霊など土着文化からきた価値観が深く関わってくる。非常に宗教的だ。また、社会間の現象なので、その均衡に関わるという点で政治的だ。そして、均衡が崩れると戦争にすら発展するかもしれないという点では軍事的だ。交換という形によって、分業を行っているという点で協同的とも言える。

岡田　市場以前は、ワケありの贈与の世界だったんですね。贈与の世界は先史社会ということですが、それなら市場経済というのはいつできたんでしょうか？

交易なのに金銭的利益がモチベーションにならない――クラ交易

教授　ポランニーによると、**私たちが知っている市場経済というのは、機械による生産方式が普及した産業革命によって、ようやく歴史に登場した制度です**。その前までは、私たちが知っている市場経済という制度は存在していなかったのです。

カールセン　市場経済って、意外と最近のものだったんですねぇ。さっきの遠藤さんの話だと、贈与の世界では経済のみが独立していたわけではないのだから、経済が経済単体として意味を持ちはじめたのも最近ということになりますね。最近になって、人間のお金にがめつい部分が出てきたってこと？

教授　どうでしょうね。では議論を進めて、お金と目的について考えてみましょうか。カールセンさんがいま言った「お金にがめつい人間」という人間観は、市場経済主義者の「Homo

Economicus（経済人）」という考えに似ていますね。**人間の行動の背景には、常に自分の経済的利益を最大化しようとする動機がある**という考えです。でも、人間が自分の利益を最大化するのに一生懸命になるというのは普遍的なことでしょうか。ここでまた、ポランニーの考えを引用してみましょう。

ポランニーもまた、贈与論に注目しました。特に「クラ交易（Kula Trade）」というものに着目しました。クラ交易とは、パプア・ニューギニアのトロブリアンド諸島、ルイジアード諸島、ウッドラーク島、ダントルカストー諸島などの住民によって行われた一つの大きなポトラッチです。パプア・ニューギニア島東端とその北東および東にある島々を円環状に結んで行われました。円環の周囲は数百キロメートルにも及ぶので、一周するのに二年から十年という長い年月がかかります。交易品は、赤い貝からつくるソウラヴァという首飾りと、白い貝からつくるムワリという腕輪です。どちらもお金や日常の装飾としての機能はなく、大規模な儀式的舞踊や祝祭などの重要行事でのみ身につけられます。ですが、クラ交易はこの地方の人々の生活の中心となる重要な行事でした。彼らは交易を行うためにカヌーに乗って、命をかけ、荒波の海上を何年も旅しました。

ここで興味深いことは、この多大な時間とエネルギーを要する営みにおいて、経済的もしくは金銭的利益というものが、モチベーションとしてまったく機能しない、という点です。むしろこの交易に参加する人々の目的は、自分自身の利益を最大化することではありません。むしろ、社会的威信や名誉、そして共同体間の相互性と互恵性を増進することが目的でした。この点で、クラ交易は、**人間が常に経済的利益を考える生き物であるという人間観が、時代と地域を超えて普遍的に妥当するものではない**ことを指します。

この事例を示すことによって、ポランニーは「Homo Economicus」としての人間観は、市場経済主義者たちがつくり上げた虚構に過ぎないと力説しました。経済的利益を最優先に考える人間像も、市場経済という制度も、自然の必然的産物ではなく、普遍的現象でもないんですね。

田村 なるほど。「Homo Economicus」としての人間観も、市場経済制度も、すべての文化圏で普遍的に表われる自然発生的な現象ではなく、一部の文化圏でのみ発生し、通用する人為的構成物にすぎないということですね。

産業革命の前後で市場の在りかたはどう変わったのか？

教授 その通りです。もちろん、市場というもの自体は、産業革命の前にも存在していました。ポランニーは「embedded（埋め込まれる）」という言葉を使うのですが、市場は制限された形で文化に組み込まれて機能していました。産業革命以後の市場は産業革命以前の市場と比べて、次の三つのポイントが決定的に異なります。

1　文化からの独立
2　全国化
3　労働、土地、貨幣の商品化

ポランニーは、産業革命後の市場のありかたを、特に、労働、土地、貨幣の商品化を痛烈に批判します。彼によると、労働、土地、貨幣は商品化できないものであり、商品化してはいけないものなのです。「商品」という言葉は「生産されたもの」を指します。しかし、**労働、土地、貨幣は、生産されたものではありません。**

労働は言い換えれば人間です。
土地は自然です。
貨幣は信用です。

これらは本来、売り買いするようなものではありません。つまり、商品化できるものではありません。ポランニーは、このように商品化できないものを、むりやり商品化したところに市場経済の悲劇が生まれ、ゆくゆくは人間と自然を破壊すると分析します。

加えて、このような市場経済システムは人間の本性と合わないため、激烈な社会の自己防衛運動が起きると考えています。ポランニーはこれを「二重運動」と表現します。市場経済システムが拡大する運動の一方で、それが人間と自然を破壊することに耐えきれず、市場経済を規制する運動も同時に起きるということです。この二重運動によって、個人も共同体も、両方が引き裂かれていきます。

ポランニーによりますと、その代表的な事例が第一次世界大戦です。十九世紀から二十世紀にかけて起きているあらゆる戦争、暴力、飢餓、全体主義、ファシズムは、この自己分裂的な二重運動の影響から引き起こされたと分析しています。

カールセン 確かに無関係ではなさそうですが、すべての悲劇が市場経済システムのせいというのも、無理がある気がします。

教授 その点に関しては、様々な考えがあるでしょうね。いずれにせよ、経済は私たちの暮らしに重要な影響を及ぼします。経済は人間の生活を維持し、発展させる機能を遂行しなければなりません。いま、私たちが生きている、この世界を支える経済システムはどうでしょうか？

いま、この世界の経済システムの痛みとは

田村 産業革命後の市場経済システム、というと、資本主義が思い浮かびます。いまの社会構造は、資本主義に支えられているけれど、やはり限界も見えているような気がします。

楊 これは社会学の授業で学んだことですが、マックス・ヴェーバー（Max Weber：1864－1920）は、お金のみを追求する賎民的および原始的な資本主義は、歴史のなかで、複数の時代に、複数の文明で現れたと考えました。しかし、起業家精神に基づいて、継続的に投資と生産が行われる近代的な資本主義は、カルヴァン主義の影響を受けた地域を中心に初めて形成されたと主張しました。つまり、カルヴァン主義が強調する労働と職業への召命という概念に触発されたカルヴァン派のキリスト教徒たちが、禁欲、質素、勤勉、節制などを実践することによって、近代資本主義の生産様式に大きな影響を及ぼしたということです。しかし、今日のような、血も涙もない市場万能、貨幣万能の資本主義社会は、カルヴァンが望んでいたことでは決してないでしょう。

ある意味で現代の資本主義は、近代資本主義以前の状態、つまり賎民資本主義および原始資本主義に逆戻りしていると言っても過言ではないと思います。

田村　私が読んだ本によると、**カルヴァンがジュネーブで施した政策は、資本主義的なものと社会主義的なものが混ざっていた**ようです。

たとえば、カルヴァンはジュネーブで一五五八年、贅沢禁止法を制定し、過剰消費を規制しました。そして、翌年には、ジュネーブ大学の母体となったジュネーブアカデミーという教育機関を設立しながら、教授の給料をジュネーブ市が支払い、貧しい学生の授業料が免除になるようにしました。それだけではなく、カルヴァンはジュネーブ市当局が貧しい人々を経済的に助け、失業者には仕事を与える努力をすべきだと勧告しました。

これらは今日《こんにち》ならば、政府の役割増加による福祉と無償教育に当たります。どちらかといえば社会主義的な政策ですよね。

「新自由主義」に代表される現代資本主義は、キリスト教的ではなくなっているのではないでしょうか。

たとえば、ＵＮＥＳＣＯ（国連教育科学文化機関）の統計によると、二〇一六年の段階で、文字を読めない非識字者の数は、全世界的に七億五千万人を超えています。うち、三分の二は女性です。それだけではない。十八億人の人々が飢餓で苦しんでいます。六秒に一人の子どもが飢えで亡くなっています。一日に換算すると一万五千人もの子どもが、食べるものがなくて亡くなっているのです。統計は、いまの市場経済が多くの痛みを生み出していることを雄弁に物語っていませんか？

鈴木 皆、市場経済の問題点についてすごく厳しく批判するけど、私はちょっと違うと思うな。そんなに自由放任な経済システムって悪いの？　もちろん、皆が言う通りに貧富の格差とか色々弊害もあるんだけど、市場経済システムってそれに対応しながら、いままでちゃんと進化してきたんじゃない？　良いところもたくさんあると思うよ。たとえば、新自由主義的政策によって自由競争が促進された結果、毎年、世界の貿易も飛躍的に拡大しているし、技術の発展も著しい。全体的には上手くいってる感じ。物事を判断するときはいいところ、悪いところ、両方をバランスよく捉えないと。いま、この大学で学費払いながら勉強している人は、どこかで市場経済システムの恩恵をきっともらってるわけだし。貧富の格差だって、上下に広がっているのではなく、主に上方だけに広がっているとしたらそれは別にいいんじゃないの？

岡田 統計によると上方だけではなく下方にも広がっているよ。ＵＮＩＣＥＦ（国連児童基金）公式サイトを見ると痛ましい統計が詳しく発表されています。年間二百四十万人の子どもたちが出生後、一ヶ月も生きることができません。年間約百五十万人の子どもたちが、先進国なら助かるはずの三つの病気、肺炎、下痢、マラリアで命を落としています。世界の五歳未満児死亡の約四十五パーセントの死に、栄養失調が関係しています。そして、年間百五十万人の子どもが、予防接種で防げるはずの病気で亡くなっているという事実も明らかにされています。

統計で見る経済格差と貧困

金 その批判は少し短絡的だと感じてしまうな。現状は完全ではないよ。でも、五十年前、百年前の状況と比べれば、改善されていることも多いのではないですか？ 識字率や飢餓による死亡率も、統計の数字だけではなく、その方向性の推移などに注目して見ないといけないんじゃないかな。

遠藤 私も金さんの意見に賛成の一票を投じる。一八二〇年頃にイギリスで起きた産業革命によって、大幅な生産コスト削減と輸送コスト削減が実現した。その後、さらなる飛躍的な技術進歩と貿易の拡大によって、世界経済は目覚ましい発展を成し遂げている。たとえば、世界全体のＧＤＰは、二〇一九年時点で八十五・九兆ドルに至り、一九六〇年と比べると約六十倍の規模へと成長している。これは、産業革命前の世界全体ＧＤＰとは比べようもないほどの規模だ。

なお、二〇一九年時点における世界の貿易額は三十八・八兆ドルであり、世界のＧＤＰに対する貿易の比率は四十五・二パーセントとなっている。これらの数字は、世界経済が順調に進んでいるという証しに違いない。企業活動のグローバル化や関税条約および自由貿易協定といった貿易円滑化のための制度整備が結んだ大切な実りである。現代資本主義は新自由主義に導かれ、前例のない成功と勝利を手に入れつつあるのだ。

楊 統計をどう解釈するかは個人の価値観や世界観とも深く関わりを持ちます。ですから、一概にこうとは言えないと思うよ。

二〇一八年にトマ・ピケティ（Thomas Piketty：1971－）という経済学者が四名の同僚とともに出版した『世界不平等レポート2018』（RAPPORT SUR LES INÉGALITÉS MONDIALES）を読むと、**世界的に貧富の格差は確実に深まりつつある**ようです。この本によると、世界の一パーセントの超富裕層の収入が、世界の全体収入の二十パーセント以上を占めています。下位階層五十パーセントの収入はすべて足しても、世界の全体収入の十パーセントにも満たないそうです。

国際NGOのオックスファム（Oxfam）による、世界の経済格差問題に関する二〇一九年のレポート（Public Good or Private Wealth：公共の利益か、個人の富か）も、似たような分析結果を示しています。レポートによると、世界の大富豪トップ二十六人が、世界人口のうち経済的貧困に当たる半数、約三十八億人の総資産と同額の富を所有しているそうです。

二〇一六年にはじめてこのレポートが発表されてから、世界の経済格差は、毎年、拡大の一途をたどっています。

数えきれない人々の生活を揺るがした、二〇〇八年の金融危機から十年以上が経ちました。そんな世界的な苦しみのなかでも、超富裕層の資産は劇的に増え続けました。二〇〇八年以来、億万長者の数はほぼ二倍に増えました。彼らの富は二〇一八年だけで九千億ドルも増加しました。一日に換算すると、超富裕層の資産は毎日二十五億ドル増えているということになります。

一方で、一日一人一・九ドルという最低限の生活水準を維持できない極度の貧困者の数も増えています。このような状況は、やはり多くの人々に耐え難い理不尽や不条理を与えるものではないでしょうか。

カールセン コロナウイルスのワクチンだって、その分配が不公平で不平等に行われることが指摘されていますよね。たった十カ国の先進国で、世界のワクチンの七十五パーセントを投与しているんだって。

遠藤 市場経済システムがいかに適していないかという主張がくり広げられているが、実際どうなんだろうか。確かに貧富の格差が拡大したり、超富裕層がお金を持ちすぎていることが不平等であるとも言える。しかし、裏を返せば市場経済はこれ以上のデメリットはないということだ。何億人もの人が納得して暮らせているこの経済の形は、功利主義的に見てもまったく不当ではない。部分的ではあるが、貧しい人々に対するサポートも徐々に向上している。ここで安易に「みんなの平等」を意識した共産主義的生活になっても問題は増えるばかりであり、お金を稼いでいま以上の贅沢をするという目標もなくなれば、希望もなくなってしまう。私は課題が目に見えている市場経済システムに理想しか感じない。貧困層のサポートさえうまくできれば市場経済は、これからさらに理想的になるに違いない。

金 さらに、超富裕層の所有する財産は、何も一人だけのお金ではありません。何人で所有する財産であろうと、そのお金が消費されれば経済は循環し潤います。貧しい層には社会に循環させるための富がありませんが、超富裕層の消費は社会にとって健康なものです。相対的貧困をできる限り緩和するためにも、社会全体でのお金の総量を増やす政策を施すべきであり、現代における一般市民の幸福の総量は、あらゆる過去と比べても格段に増え続けているのも事実であると思います。

鈴木 そうそう、私もそう思う。それにまた、どこまでを不平等と判断するかも重要じゃないかな。お金がないと何もできない。逆に言えば、お金さえあれば生活が保障される。そういう状態は平等だといえるんじゃない？　お金があっても生活が保障されない仕組みであるならそれは不平等だよ。あるいは、働いても働いても給料が増えないとか、残業代がでないとか、昇給がないとか、そういう状態こそ不平等だと思う。自由競争の問題点とか、悪いところとか、色々言うけど自由競争ってそんなに悪いこと？　何より、競争のない人生は楽しくないと思うよ。競争があるからこそ、負けたときにちょっとつらいけど、結果を出したときには、それが大きな喜びになるじゃん。この経験が得られない人生って、果たして本当によいものなのかっていう疑問がどうしても残るんだよね。法律の枠のなかで競争しながら、がんばって経済活動をくり広げた結果、貧富の格差ができたとしても、それを果たして不平等だといえるのかなぁ。本人の努力と結果に応じて報酬が与えられる制度が、健全に社会を支えていけるんじゃないの？　現代社会の平等って、機会の平等でしょ、結果の平等ではなくって。

「お金さえあれば、勉強したかった」――教育機会の不平等

田村　まさに、その機会の平等が保障されないことが問題ではないかな。人によって競争のスタートラインが大きく異なることはどうなんだろう。ある新聞記事にびっくりしたことがあります。みんなは「貧困率四十八・三パーセント」と聞くと、どこの国の数字だと思う？

アフリカや南米、東南アジアの開発途上国ではないんです。この数字は、日本の「ひとり親の家庭」が置かれている現状なんだそうです。

貧困率とは、所得が中央値の半分を「下回る」世帯の割合を言います。ひとり親世帯の半数近くが貧困状態にある。こんなひどい事態が、いま現在、この日本で起きているんです。両親が揃っている家庭の貧困率は十一・三パーセントです。ひとり親で子どもを育てるのがいかに大変なことか。

記事によれば「貧困率四十八・三パーセント」は、厚生労働省が二〇一九年に公開した国民生活基礎調査のデータですが、この公表は三年おきなのだそうです。いまのコロナ禍で、この割合はもっと悪化していると想像できるよね。助けを求めるのは、父子家庭よりも母子家庭のほうが多いそうです。母子家庭の平均年収はわずか二百四十三万円です。それなのに、元夫から養育費を受け取っているのは全体の二十四・三パーセントに過ぎないんです。

いま、お腹をすかせている子どもが、何人いるか誰も正確にはわかっていないのですが、貧困率から言って、たくさんの子どもたちがつらい目に遭っているはずです。

記事にあったインタビューを受けた女性の言葉は忘れません。彼女は「娘を大学まで通わせるのが夢なんです！」と言っていました。高校を卒業してすぐに働きはじめ、それから結婚し、出産し、そして離婚を経験した女性です。ずっと働き詰めの人生でした。「あのとき、大学に入っていたら……」と、いまになって思うのは、自分が置かれている貧困が耐え難いからだそうです。自分は叶えられなかったけれど、どうしても娘には大学に入学してほしいということでした。

楊 私の友だちの一人は、最近大学を辞めました。家庭の経済状況が、どうしても学費をサポートできる状況じゃなかったし、自分のアルバイトだけで学費を何とかすることもできないと判断したからです。友だちは、退学届けを提出する前に私に言っていました。

「できれば、卒業したかったな。お金さえあれば、勉強したかった」

最近、文部科学省は『新型コロナウイルスの影響を受けた学生への支援状況等に関する調査』という調査を実施したようです。全国の国公私立大学、高等専門学校を対象に、二〇二〇年十二月時点における、経済的に困難な学生に対する支援状況や中途退学者・休学者の状況などについて調査をしたものです。九十八・五パーセントの大学等では、後期分の授業料の納付猶予を実施しました。それに対して、全学生の七・〇四パーセントが納付猶予を申請しているそうです。また七十四パーセントの大学等では、経済的に困難な状況にある学生を対象に、授業料等の減免を実施しています。

しかし、このような支援を行っていても、中退者や休学者は絶えません。二〇二〇年四月から十二月にかけて、たとえば中退者は二万八千六百四十七人いて、「経済的困窮」を理由にあげているのは、そのうち十九・三パーセントです。新型コロナウイルス感染症の影響と判明しているのが千三百六十七人です。休学者の状況も同様に過酷なものです。

こんな統計を見ると、**日本社会も大学の学費を機会の平等という点から検討する必要がある**と思います。ドイツ、オーストリア、フィンランドなど、多くのヨーロッパの国々が大学を含む次世代の教育費をほぼ無償にしています。

私の友だちのように「お金さえあれば、勉強したかった」とつぶやく若者が多い社会ほど、その社会が提供する名誉や経済力は偽物みたいに思えてしまう。それは公正な競争の結果ではなくて、暫定的な競争者をその人の資質とは関係のない、「お金がない」という理不尽な条件で排除した結果だから。

岡田　経済的な問題で医療や教育の格差が生まれてしまうということは本当に心苦しいことです。ぼくは幸いに大学まで行かせてもらえる恵まれた環境に育ちましたが、勉強をするのが嫌になったこともしばしばありましたし、受験なんてしたくないと思ったことも何度もありました。でも、勉強がしたくてもできなかった楊さんの友だちのことを考えると申しわけない気持ちになります。

「お金で買えないものもある」という話をよく耳にしますが、正直のところ、ぼくはそのようなものを思いつきません。いまの世界では究極的には、お金で買えないものはなくなってしまっているのではないかと思います。お金は本来、取引の道具のようなもので、それを何かに換えることはできても、本当はそれ自体に価値があるわけではないはずなのに、いまはそれが人生唯一の目標のように生きる人があまりにも多い気がします。愛も、人格も、信仰さえも、全部お金で買えちゃう世界になってしまうんじゃないのかなぁ。もし、そうなったらそれは人類の進歩なんだろうか、退化なんだろうか。

ヴィジョンを持つ力が社会を改善する

遠藤 確かに、資本主義経済は色んな問題を抱えていると思う。それを否定するわけではない。しかし、そのすべての問題にもかかわらず、市場経済システムに基づく資本主義は人間が進化するなかで生み出した偉大な仕組みである。無限競争とか、機会の不平等とか、色々と批判は多いけど、言い換えれば資本主義は人間が働くことに対しての強力なモチベーションを与えてくれる、素晴らしいシステムだということだ。競争がなければ人間は働かなくなる。人々の労働意欲は弱くなり、食糧や工業製品など、あらゆるものの生産性を低くするだろう。そして、結局は経済が崩壊し、飢餓やモノをめぐる争いを生んでしまうに違いない。世界史がそれを教えてくれるよ。たとえば、ソビエト連邦が運営していた共産主義経済は自由競争を否定し続けた結果、一九九一年に崩壊した。

貧困問題は、あくまで資本主義の枠内で解決すべきではないだろうか。もっと正直に言うと、**我々が直面している本当の問題は、市場経済システムの代案がないことだろう。**共産主義社会も崩壊したいまになっては、良くも悪くも、市場経済に基づいた資本主義社会以外の選択肢が現実的にはありえない。

田村 アリストテレスは、**想像する力こそ、人間を人間たらしめる**ものである、と考えました。**「想像する力」とは、言い換えれば「ヴィジョンを持つ力」**とも言えるでしょう。市場経済の代案がないという考えは、私たちの想像力とヴィジョンが足りていないだけのことかもしれませんよ。

自由競争の仕組みがなければ人々の労働意欲がなくなり、経済が崩壊してしまうというのは果たして鉄則でしょうか? もしかしたらそれは「Homo Economicus」という人間観に基づいて、そのような人間しか育てることができなかった現代社会の教育システムの問題かもしれません。自由競争の仕組みがなくても、労働意欲に溢れる人間の精神を育むことは不可能でしょうか。

岡田 “Is There No Alternative?” というフレーズで有名な、マーク・フィッシャー(Mark

Fisher：1968－2017）の『資本主義リアリズム』（Capitalist Realism）が頭に浮かびました。そもそもこのフレーズは、サッチャリズムで有名な新自由主義の旗手、マーガレット・サッチャーの“There is no alternative.”という言葉を逆手にとった表現です。

マーク・フィッシャーは「資本主義の終わりより、世界の終わりを想像する方がたやすい」と言い、官僚制などのマクロな視点から、個々人の欲望や精神障がいなどのミクロな視点までをつぶさに分析しました。そうして、資本主義がいかに現代の社会に浸透し、暴力的な力でこの世界を支配しているか示しました。しかし、フィッシャーは最後には、歴史の終わりを一つの契機として捉え、強固な資本主義ですら破ることができると、希望を説いていました。ぼくはまだ、資本主義以外の可能性もあると信じています。

「終末論」とは「希望」をもたらすもの

教授 マーク・フィッシャーはキリスト教の終末論からインスピレーションを受けたようですね。この授業の冒頭で「ヘブライズム」において希望が美徳になる理由について触れました。「ヘブライズム」を受けついだキリスト教において、希望のもっとも大切な形は何と言っても終末論です。

終末論は本質的にはユダヤ・キリスト教の概念です。終末論は英語では「Eschatology」

です。この単語は「終わり」を意味する「エスカトーン（eschaton）」と「言葉」を意味する「ロゴス（logos）」が結合してできたものです。

終末論はこの世界には一つのはじまりがあり、その世界が終わりに向かって進んでいる、という世界観を前提にする思想です。言い換えれば、この世界の歴史には「目標」や「目的」があるという話になります。

現代社会では「終末論」という言葉が、「破滅」や「滅亡」といった非常に否定的な語感を引き起こすわけですが、もともと**聖書の終末論的なメッセージは、歴史の完成としてメシア、つまり救い主が到来するという「希望」を知らせるもの**でした。古代、ユダヤ教やキリスト教を信じる人々にとって、終末論は暗闇のなかで輝く光そのものでした。このように、ユダヤ・キリスト教は終末論を通して、人類に「運命」や「虚無」を乗り越えるための「希望の原理」を教えてくれた宗教なのです。

田村　先生のおっしゃることが少しわかります。人間が歴史を捉えるとき、そこに終わりや究極的目標を想定しなければ、歴史的なできごとを相互に関連づけ、その最終的意味を見いだすことはできないと思います。終わりの目標がなければ、現在と過去に起きた個々のできごとが、その究極目標の実現に貢献したか、あるいは阻害したかを判断することができないからです。新幹線に乗るときに、目的地が広島なのか、横浜なのかわからない人にとっては、博多駅行きを選ぶべきか、東京駅行きを選ぶべきかがわからないのと同じです。**終末論には人間に歴史の真の意味をわからせるという側面があるる**ということですね。

教授 わかりやすいたとえですね。歴史の終わりの意味をわかるときのみ、人間は揺るぎない希望を持ち、より輝かしい新しい世界、つまり歴史の完成のために献身する勇気を得るのではないでしょうか。カール・レーヴィト（Karl Löwith：1897－1973）というドイツの哲学史家は『世界史と救済史：歴史哲学の神学的前提』（Weltgeschichte und Heilsgeschehen: Die theologischen Voraussetzungen der Geschichtsphilosophie）という本で次のように述べています。

> 最終的な目標の時間的な次元は、終末論的な未来である。私たち人間にとって未来とは、終末論的な目標においてのみ期待と希望をもたらす。（略）歴史の最終的な意味について、人間は希望と信仰という方法を通してのみ知らされる。

そういう意味で「ヘブライズム」が唱える希望、そしてそれに基づく終末論というのは、**共存・共生的経済システムをつくり上げるうえで、大いに役立つ原動力になる**かもしれません。

「共存・共生精神」がつくる「共存・共生の世界」

金 確かに終末論とそれがもたらす希望の可能性は大事です。しかし、可能性は可能性です。現実問題として考えたとき、たとえばポランニーが主張した共存・共生の経済は、資本主義を否定し、共産主義革命を主張するようなものになりませんか？　キリスト教倫理によると、具体的に、どのような経済制度を導入すべきなのでしょうか？

教授 共存・共生の経済は、共産主義革命で成し遂げられるようなものではないと思います。私は経済的価値を量的、表面的、物質的、機械的に均等にすることで、現代社会の諸問題が解決できるとは思っていません。それは真の平等の実現にもならないと思います。

それより、私は聖書の「共存・共生精神」、つまり「より弱き者、より小さき者の痛みを減らすことをより強い者の快楽を増やすことより大切に思う」精神から学び、その精神を心に抱くことができれば、現代社会のあり方は、より自由で、より平等で、より豊かになると思います。そうすれば、現代資本主義社会の極端な貧富の差も緩和されるのではないでしょうか。

この世界は弱肉強食のジャングルではありません。というか、そうなってはいけないと思います。キリスト教的に言うと、この世界は神によって創られた、創造の秩序に満ちた、自然と人間の共同体です。**現代社会は量的な資本主義や共産主義ではなく、質的な共存・共生精神に思いをよせることによって救われるのではないでしょうか。**

ポランニーの思想を紹介しましたが、それをすべて現実に移すべきだと言うためではありません。ポランニーの思想は「共存・共生の世界」を目指した一つの試みです。一つの可能性に過ぎません。しかし、それは「共存・共生の世界」に対する想像力を刺激する力を持っていませんか？　歴史の終末を意識しながら、希望を抱き、自然と人類が仲良く共に生きる。その道を探すために参考となる、貴重な思想であると思います。

歴史には終わりがあり、その終わりには目標があります。ですから、私たち一人ひとりの人生とそのなかのできごとには、不可逆的な意味と価値、つまりかけがえのない意味と価値があるのです。皆さん、ぜひ希望と勇気を持って生きてくださいね。それではまた、次の講義で会いましょう。

第十二講

キリスト教と環境倫理

私たちは動物や自然をアガペーできるのか？

課題文献

『創世記』／『出エジプト記』／『動物の解放』

キリスト教が環境問題を招いた？

教授 それでは、講義をはじめます。最近、国連が掲げる「ＳＤＧｓ（持続可能な開発目標）」という言葉を聞く機会が増えましたね。より良い世界を目指すための国際目標で、十七のゴールが設定されています。なかでも、年々悪化している環境問題を、経済や社会の課題と共に総合的に解決していくことの重要性を際立たせています。人類がみんなで地球温暖化をどう防いでいくかは、差し迫った問題ですよね。

楊 温暖化の大きな要因になっている二酸化炭素は、産業革命以降、化石燃料（石油、石炭、天然ガス）の使用が劇的に増えたことで排出量が増えました。二十一世紀の終わりには地球の平均気温が、今よりも、一・四度から、五・八度も上昇するのだそうです。そうすると、海水面は一メートルも上昇するところがあるんだって。本当にこのような事態になれば、たとえば、バングラデシュの米耕作地は半分以上が水の下に沈んでしまうし、温暖化で北極の氷山が溶ければ、ニューヨークも、ロンドンも、東京も、アトランティスの運命をたどることになるかもしれません。

岡田 ぼくは菜食主義者になることを考えているところなんです。家畜の世話には大量の水や飼料が必要で、環境に影響します。つまり、大規模な畜産業は、肥料や農薬などの散布による水質汚染、牧場の拡大による森林破壊、メタンガスの排出による地球温暖化の原因になっているんです。特に、牛のげっぷにはメタンなどの温室効果ガスが多く含まれています。だから、肉食を減らすことは地球への負荷を減らすことにつながると知りました。

先週、ためしに肉や魚をやめて生活してみました。面白い経験だったけど、たいへんでした。大豆ミートはかなり美味しいけど、やっぱり、肉のうまみが出なかったし、そもそも、大豆ミートがなかなか手に入らないんです。大豆ミートを探しにスーパーへ行くとき、お肉屋さんから漂ってくるコロッケの香りの誘惑と戦うのはつらかった。

教授 環境破壊の原因についてはよく議論されます。歴史学者リン・ホワイト（Lynn Townsend White Jr：1907－1987）は、環境問題の根本的な原因はキリスト教であると主張した人物です。キリスト教の人間中心主義が原因だというのです。創世記1章26－28節を引用し、**キリスト教思想が人間と自然を分離し、人間が自然の支配者であると考えたことで、自然破壊が生じたのだという主張**です。

神は言われた。「我々にかたどり、我々に似せて、人を造ろう。そして海の魚、空の鳥、家畜、地の獣、地を這うものすべてを支配させよう。」神は御自分にかたどって人を創造された。男と女に創造された。神は彼らを祝福して言われた。「産めよ、増えよ、地に満ちて地を従わせよ。海の魚、空の鳥、地の上を這う生き物すべて支配せよ。」

（創世記1章26－28節）

田村 この箇所を読むと、たしかに。でも、多くの環境学者によると、歴史上、人間が移住するところには、必ず生態学的惨事が発生するのだそうです。特に大型哺乳類は被害者になりやすく、人が多くの種を滅ぼしてきました。創世記が書かれるよりも、人類が文字を発明するよりも遥か昔から、人類は地球の大型動物の半数ちかくも生態系から追い出したんです。

教授 **聖書を読むときは、それが書かれた歴史的背景を考える**ことが大切です。創世記1章全体は、「捕囚期」と呼ばれる時代に書かれました。捕囚とは「バビロン捕囚」のことです。紀元前五八七年、ユダヤ王国が、新バビロニア帝国のネブカドネザル王の攻撃を受けて完全に滅亡したという、悲惨な出来事です。その悲惨な状況のなかで、「産めよ、増えよ」という、神の約束と祝福の言葉が告げられるわけです。

創世記1章では、すべてを失ったイスラエル民族が、神の民として再び歴史のなかを歩もうとする希望が語られています。この背景を知れば、1章26－28節が違って見えてきますよね。

この言葉は、人が自然を支配し搾取することの弁護ではなく、むしろ人の責任と希望の表現である。そう理解することができるのではないでしょうか。

岡田 創世記は何度も読みました。第1章が、そんなに過酷な時代背景を持っていたとは知りませんでした。ぼくは聖書の自然に対する態度は、自然の脅威からの人間解放なのではないかと思っています。人の尊厳を取り戻そうという神学的思いが込められていたのではないかな。

遠藤 私は創世記1章26－28節は、やはり人間中心過ぎると思う。苦しい歴史背景は、1章が人間中心主義的であるという批判に対する免罪符にならないよ。状況が悲惨であれば、そこから抜け出そうとする営みはすべて正当化されるのだろうか。私はそう思わないな。

教授 それでは創世記2章はどうでしょうか。2章には面白いことが書かれています。創世記2章7節によれば、最初の人間であるアダムは土から創られました。そして、この人間には使命が与えられます。2章5節、15節、3章23節などを読むとわかります。アダムは土を耕すことを神から命じられます。それが彼の使命です。

ここで「耕す」と訳されているヘブライ語は「アバト」です。「アバト」には、もともと、「大切に管理する」という意味があります。「奉仕する」「礼拝する」という意味も含まれています。

土を耕す。
土を大切に管理する。
土に奉仕する。

つまり、人間の使命は自然を大切に管理すること、あるいは自然に奉仕することであるという神学的な意味が書き込まれています。

私は創世記2章、3章の自然観は、環境倫理に大きなインスピレーションを与えていると思います。創世記3章19節を読むと、「アダムは死ぬと、土に返ることになった。自然に返ることになった」という主旨のことが記されています。

塵にすぎない人間は塵に返る。

つまり、自然の一部に過ぎない人間は自然に返るという考えが表れています。自然平等的な人間観ですね。創世記2章、3章は、人間と自然の相互依存関係を強調しています。**聖書は、自然の存在意義を否定する、あるいは自然破壊を正当化しようとする書物ではありません。自然と人間の相互依存性を力説する本**です。またそれだけではなく、聖書の思想は、人間が自然の脅威から自分のアイデンティティーを守り、生存しようとする必死の努力の反映でもあります。

遠藤 先生はクリスチャンなので、かなりバイアスがかかった目線で聖書を読んでいるように聞こえます。私は聖書の動物観についても少し知りたい。聖書では動物をどう捉えているのですか？

聖書における動物の位置づけ

教授 旧約聖書では動物を三種類に分けています。一つめは「ベヘマ」です。口語訳や新共同訳では「家畜」と訳されています。牛、羊、山羊、ロバ、らくだなどの草食動物を示します。二つめは「レメス」です。日本語聖書では「這うもの」と訳されることが多いです。「地を這うもの」の意味で、主に爬虫類を表します。三つめは「ハイェト・エレッ」です。直訳すると「地の獣」で、実質的には肉食動物を指します。**旧約聖書では、動物を、草食動物、爬虫類、肉食動物の三種類に分けているんですね。**

楊 けっこう単純な分類なんですね。魚や鳥は、動物とは考えられなかったんでしょうか?

教授 そうですね。創世記1章20－22節を読むと、空に棲む鳥と水に棲む魚は、また別の生き物のカテゴリーに属すると捉えられています。古代イスラエルの人々は、解剖学的な観点からではなく、動物が生息している生存圏の観点から、種類を分けたようです。鳥や魚は生活圏が異なるので、六日目に創造された動物とは異なる日、つまり五日目に創造された別の種ということになっています。実は、創世記1章で創造の順番は偶然に、決まったのではありません。そこには神学的に深い意味があるのです。つまり、1日目の創造(光)は4日目の創造(太陽、月、星)と対応し、2日目の創造(大空、海)は5日目の創造(鳥、魚)と対応する。そして、3日目の創造(地、植物)は6日目の創造(動物、人間)と対応する構図です。前半の3日間、神はフレームワークを創り、後半の3日間、コンテンツを創ります。鳥と魚を創造する前に、これらの被造物が生きられるような環境と仕組み、すなわち大空と海を用意しました。同じく動物と人間を創る前に、彼らが幸せに暮らせるための場所(地)と食べ物(植物)を準備されたのです。このように創世記1章では、創造の順番さえも神の驚くべき知恵と被造物に対する深い慈愛を表しています。
旧約聖書には、様々な箇所で動物が登場します。特に神学的に重要な箇所を紹介しましょう。

神はノアと彼の息子たちに言われた。「わたしは、あなたたちと、そして後に続く子孫と、契約を立てる。あなたたちと共にいるすべての生き物、またあなたたちと共にいる鳥や家畜や地のすべての獣など、箱舟から出たすべてのもののみならず、地のすべての獣と契約を立てる。わたしがあなたたちと契約を立てたならば、二度と洪水によって肉なるものがことごとく滅ぼされることはなく、洪水が起こって地を滅ぼすことも決してない。」更に神は言われた。「あなたたちならびにあなたたちと共にいるすべての生き物と、代々とこしえにわたしが立てる契約のしるしはこれである。すなわち、わたしは雲の中にわたしの虹を置く。これはわたしと大地の間に立てた契約のしるしとなる。わたしが地の上に雲を湧き起こらせ、雲の中に虹が現れると、わたしは、わたしとあなたたちならびにすべての生き物、すべて肉なるものとの間に立てた契約に心を留める。水が洪水となって、肉なるものをすべて滅ぼすことは決してない。雲の中に虹が現れると、わたしはそれを見て、神と地上のすべての生き物、すべて肉なるものとの間に立てた永遠の契約に心を留める。」神はノアに言われた。「これが、わたしと地上のすべて肉なるものとの間に立てた契約のしるしである。」

（創世記9章8－17節）

「ノア契約」と呼ばれる契約です。この契約の特徴は、神が人間だけではなく、動物を含むすべての生き物とも契約を結んだところにあります。神の契約共同体には人間だけではなく、すべての生き物、鳥、家畜、地のすべての獣が含まれるわけです。

「動物と人間」か「動物としての人間」か

楊 しかし、神は「すべての生き物」とも一つずつ契約を結んだのでしょうか。それとも、「ノアと彼の息子たち」が、すべての生き物の代表として結んだのですか？ 神は「ノアとその息子たち」だけに話しかけていますよね。人間以外の生き物は契約の当事者ではなく、あくまで対象のように思えます。当然のように人間が、すべての生き物の代表をしています。契約を結んだ主体として、神と人間しか想定されていない時点で、やはり人間中心主義ではないのでしょうか？

教授 鋭い質問ですね。言葉を理解できる生き物は人間しかいないので、神はノアと彼の息子に語りかけましたが、創世記9章15節には次のように書いてあります。

わたしは、わたしとあなたたちならびにすべての生き物、すべて肉なるものとの間に立てた契約に心を留める。水が洪水となって、肉なるものをすべて滅ぼすことは決してない。

「すべての生き物、すべて肉なるものとの間に立てた契約」とあるように、**神は人間だけではなく「すべての生き物」とも契約を立てました。**

田村 この箇所は環境倫理に何かよいヒントを提供しそうですね。現代の環境倫理が人間中心主義を乗り越えて、動物中心主義、あるいは生物中心主義に近づく思想的土台を与えるかもしれないな。聖書には環境倫理と関わる箇所があるんですね。

教授 まだまだありますよ。出エジプト記23章10－12節を読んでみましょうか。

あなたは六年の間、自分の土地に種を蒔き、産物を取り入れなさい。しかし、七年目には、それを休ませて、休閑地としなければならない。あなたの民の乏しい者が食べ、残りを野の獣に食べさせるがよい。ぶどう畑、オリーブ畑の場合も同じようにしなければならない。あなたは六日の間、あなたの仕事を行い、七日目には、仕事をやめねばならない。それは、あなたの牛やろばが休み、女奴隷の子や寄留者が元気を回復するためである。

ここで「残りを野の獣に食べさせるがよい」や、「牛やろばが休み」などは、**環境倫理における動物権の先駆け**として評価することができるのではないでしょうか。

それでは次に、コヘレトの言葉3章18－21節はどうでしょうか。

人の子らに関しては、わたしはこうつぶやいた。神が人間を試されるのは、人間に、自分も動物にすぎないということを見極めさせるためだ、と。
人間に臨むことは動物にも臨み、これも死に、あれも死ぬ。同じ霊をもっているにすぎず、人間は動物に何らまさるところはない。すべては空しく、
すべてはひとつのところに行く。すべては塵から成った。すべては塵に返る。
人間の霊は上に昇り、動物の霊は地の下に降ると誰が言えよう。

カールセン このテキストは深いですね。**「動物と人間」という対立ではなく、「動物としての人間」という視点**ですよね。人間中心主義的な印象はありません。

田村 民数記22章にある物語を思い出しました。ロバが預言者バラムに彼の罪を教える場面

です。動物が人間に理解できる言葉で話す、しかも人より賢く正しい判断をするんです。

動物と人間は道徳的に平等である――利益平等考慮の原則

教授 聖書の動物観は、人間中心主義というひと言で片づけることはできないですね。動物が人間にとって手段に過ぎないという感覚はありません。オーストラリア出身の哲学者ピーター・シンガー（Peter Singer：1946－）の『動物の解放』を読むと、彼の動物観は創世記9章、民数記22章、コヘレトの言葉3章の動物観と似ていることに気づきます。シンガーが唱える「the principle of equal consideration of interests（利益平等考慮の原則）」は、動物の道徳的地位や権利とは何かという鋭い問いを投げかけています。

楊 「利益平等考慮の原則」って何ですか？

教授 倫理学的観点から「同じ条件を持つ対象を平等に扱う態度」と考えると良いでしょう。もし人間と動物の間に、道徳的に質的な違いがなければ、両者は道徳的に同様の扱いを受けるべきでしょう。シンガーは、人間と動物の間に本質的な道徳的地位の違いがないから、人間だけではなく、動物の利益も考慮することが倫理的により正しいと主張しています。

カールセン　ぼくは、人間が動物の上だという話には違和感がありました。でも、「人間と動物の間に本質的な道徳的地位の違いがない」と言われると、それにも引っかかります。

人間は動物よりもできることが多いじゃないですか。批判的思考力や言語使用能力など、様々な能力を持っています。こうした能力が道徳的権利を持つための必要条件になるならば、人と動物の間に道徳的地位において本質的な違いがないというのは、なんだか変な感じがします。

教授　シンガーはジェレミー・ベンサム（Jeremy Bentham：1748－1832）の思想に深い影響を受けています。ベンサムといえば、「快楽」と「苦痛」に基づく功利主義を提唱したことで有名です。ベンサムによると「利益」とは、快楽や苦痛を感じる感覚能力を持つ存在ならば、誰もが本能的に欲するようになるものです。人間にかぎりません。

シンガーはベンサムの倫理観に基づき、**人間と動物の利益が本質的に同様のものである、**と考えました。動物も人間のように感覚器官を持っていて、「快楽」と「苦痛」を感じるからです。

シンガーにとっては**「快楽」と「苦痛」を感じるか否かという基準のみが、自分と他者の利益を判断するための尺度**となります。ですから、感覚能力のない石ころを蹴ることは問題ありませんが、犬を蹴ることは犬の利益を侵害する、非倫理的行為になります。

岡田 シンガーは、ぼくたちが動物とどう接するべきだと考えているんですか？

教授 シンガーが特に問題にすることは、次の二点です。一点目は動物を食べる行為、つまり肉食です。二点目は研究のために動物を利用する行為、つまり動物実験です。シンガーは、この二つの行動が倫理的に間違いだと批判します。

カールセン ぼくは肉が大好きなんですけど……。ぼくは倫理的に間違ってるんでしょうか？

教授 シンガーは菜食をすすめるでしょうね。旧約聖書の創世記によると、もともと、神は人間と動物を菜食するように創造したのだそうですよ。創世記1章29－30節にはこうあります。

神は言われた。「見よ、全地に生える、種を持つ草と種を持つ実をつける木を、すべてあなたたちに与えよう。それがあなたたちの食べ物となる。地の獣、空の鳥、地を這うものなど、すべて命あるものにはあらゆる青草を食べさせよう。」そのようになった。

創世記9章3節によると、神が人間に肉食を許したのは洪水の審判が行われた後です。

カールセン 焼肉はともかく、動物実験をやめるのはどうでしょう? 新薬の開発も難しくなってしまいますよね。

あなたは、動物実験に賛成か、反対か?

教授 現状、動物実験は人間に新しい発見を可能にしてくれるという理由で正当化されています。動物実験は重要な医学的目標への貢献が目的で、実験によって生じる動物の苦痛よりも、それによって軽減される人間の痛みのほうがより大きいと捉えられているわけです。しかし、シンガーによると動物実験で得られる医学および科学的知識は、わずかで、そのために、動物から健康や命といった決定的な利益を奪う行為は「利益平等考慮の原則」に反します。人間の幼児を実験に使ってはいけないのと同様だとシンガーは言い切ります。猿や猫、鼠、犬などは、場合によっては人の幼児よりもはるかに現状認識ができます。幼児を実験に使わないのに、動物を実験に使うことには躊躇がない。それは人間の福利を最優先に考える「種差別」という偏見にとらわれているから、ということになります。

「種差別」とは英語の「speciesism」です。心理学者のリチャード・ライダー（Richard D. Ryder：1940－）が一九七〇年に使いはじめ、シンガーが広めました。**「人種差別」が悪であるように「種差別」も悪徳**だとシンガーは考えます。功利主義の立場から見ると、「種差別」は「利益平等考慮の原則」を犯すもので、倫理的合理性に欠けるからです。

鈴木　理屈はわかるけど、少し行き過ぎじゃない？　動物の苦痛を減らすために、肉食や動物実験をやめるっていうのは、逆に人という種よりも、動物の福利を優先するってことになるのでは？　だって、野生の動物は互いに殺しあって食べていますよ。それが自然の理ですよね。雑食である私たち人間だけが、自然の理に逆らって菜食をしなければならないっていうのもおかしい話です。

教授　いい意見ですね。シンガーなら、次のように答えそうです。動物が、他の動物を食べることは生存のために避けられない選択肢です。しかし、現代の人間には、動物の肉が生存のための必需品ではありません。動物には、肉食以外の選択肢を検討する能力や、自分たちの食事の倫理性を反省する能力がありません。**動物の肉食に対して、倫理性を求めたり、動物が他の動物を捕食するのを見て、人も動物を食べてよいと正当化したりすることは、倫理的に正しい態度ではない**、と。

カールセン でも、人権さえ享受できない人がたくさんいるこの世界のなかで、動物を人間と平等に扱い、その権利まで考えなければいけないって、理不尽に感じます。それとも、この感覚さえも種差別主義にすぎないのでしょうか？

教授 注意しなければならないことがあります。「平等」という原理を「Aという種」から「Bという種」に拡張して適用することと、「A」と「B」を同等に扱い、同じ権利を持たせることは別の問題だということです。

人間は人間の本性に応じて、動物は動物の本性に応じて待遇してあげればそれでよいとシンガーは考えます。**「同等の待遇」ではなく、「同等の考慮」をする**のです。寒さと飢えに苦しむ牛の利益を平等に「考慮」するために、高級住宅や高級な食事を提供する必要はないのです。

動物は手段ではない――動物解放論

田村 でもやっぱり、私はシンガーの主張に賛成できません。なぜ「快楽」と「苦痛」を感じる能力のみが、道徳的権利を持つための唯一の境界線になるのかが分かりません。**カント**

的な人間観に基づくと、倫理的平等性の基礎は批判的自己認識力、概念操作力、言語使用能力、反省能力など、「自律」を可能にする能力です。「自律」が、道徳的義務と権利を持つための必要条件になるからです。私たちは動物に関して義務を持ちますが、それは動物に対する義務ではないと思います。動物に苦痛を与えないように気をつけることは、私自身やその動物を所有する他の人間に対する義務で、その動物に対する義務ではないということです。私にとってシンガーの倫理観はラディカル過ぎます。

遠藤 私は、シンガーの倫理的立場は中途半端な気がする。彼の本は「動物の解放」というより「動物の福祉」とでも名づけたほうが適切だな。彼の主張は、動物をすべての束縛から救いだそうとするものではなく、ただ工場式動物農場や製薬会社の実験室で酷い扱いを受けている動物の苦痛を少し緩和してあげましょうということに過ぎないよ。

ユヴァル・ノア・ハラリの『サピエンス全史：文明の構造と人類の幸福』に次のような記述がある。

ホモ・サピエンスの必要性に応じて世界が造り替えられるにつれて、動植物の生息環境は破壊され、多くの種が絶滅した。かつては緑豊かな青い惑星だった私たちの地球は、コンクリートとプラスティックのショッピングセンターに変貌しつつある。今日、地球上の大陸には70億近くものサピエンスが暮らしている。全員を巨大な秤に載せたとしたら、その総重量はおよそ3億トンにもなる。もし乳牛やブタ、ヒツジ、ニワトリなど、人類が農場で飼育している家畜を、さらに巨大な秤にすべて載せたとしたら、その重量は約7億トンになるだろう。対照的に、ヤマアラシやペンギンからゾウやクジラまで、残存する大型の野生動物の総重量は、1億トンに満たない。児童書や図画やテレビ画面には、今も頻繁にキリンやオオカミ、チンパンジーが登場するが、現実の世界で生き残っているのはごく少数だ。世界には15億頭の畜牛がいるのに対して、キリンは8万頭ほどだ。4億頭の飼い犬に対して、オオカミは20万頭しかいない。チンパンジーがわずか25万頭であるのに対して、ヒトは何十億人にものぼる。人類はまさに世界を征服したのだ。

このような状況のなかで、人間は動物に対する接し方を根本的に変える必要があると思う。シンガーの中途半端な動物解放論では足りないよ。私はシンガーよりトム・レーガン（Tom Regan：1938－2017）の動物権利論に共感する。時代にも合ってるしね。

教授 遠藤さんがレーガンの動物権利論について触れてくれたので、少し説明しましょう。シンガーの動物解放論が功利主義から出発したのに対し、レーガンの動物権利論はカント的な義務論から出発します。カントの定言命法の一つに、「すべての理性的存在者は、自分や他人を単に手段として扱ってはならず、つねに同時に目的自体として扱わねばならない」というものがあります。**レーガンは「目的自体」として扱わなければならない存在の範囲を、人間だけではなく動物にまでに拡張するべきだと考えました。**哺乳動物なら「subject of life」つまり「生の主体」として捉えることができるからです。「生の主体」である動物は「inherent value」、つまり内在的価値を持ち、目的自体として扱われるべきであるということです。そうなると、カントの定言命法は次のように修正されなければならないんですね。

すべての生の主体は、単に手段として扱われてはならず、つねに同時に目的自体として扱われなければならない。

動物も人間と同様に「目的自体」であり、内在的価値を有する存在であると考えるところにレーガンの動物観の独特性があると思います。彼は、内在的価値を持つ動物は、道徳的権利も持つと考えるわけです。皆さんはシンガーとレーガン、どちらの倫理的観点により共感できるでしょうか。そして、どちらの見解が聖書の動物観とより合致すると思いますか？

遠藤 どちらの見解も聖書の動物観とはほど遠いものではないでしょうか。先生は聖書のほんのわずかな例外的な箇所を引用して、聖書が人間中心主義的な書物ではないと、立証しようとしました。しかし、その論拠はやはり説得力がない。百歩譲って、聖書が人間中心的な書ではないとしても、その書物を解釈してきたキリスト教は人間中心的だったといえるのではないかな。今日の授業の初めに、先生は歴史学者リン・ホワイトの主張を紹介しました。彼はこんな言葉を残しています。

「われわれは、自然は人間に仕える以外になんらの存在理由もないというキリスト教の公理が斥けられるまで、生態学上の危機はいっそう深められつづけるであろう」

楊 私も遠藤さんの意見に賛成です。色々と言うけど、動物を含めすべての自然の存在理由は「人間に仕えるためである」というのがキリスト教の本音なんじゃないかな。中世最大の神学者トマス・アクィナス（Thomas Aquinas：1225－1274）は、人間が動物を残酷に扱うことを禁じる箇所が聖書に存在するのは、動物のためではない。人間が動物を残酷に扱うことで、人にも残酷になったり、他人をけがさせたりするのを防ぐためである、と述べたそうです。先生が尊敬している宗教改革者カルヴァンも、神が万物を創造した目的は、人間が生きていく際に不足がないようにするためであった、と言い切っています。これらの神学者たちは人間と自然との間に厳密な序列があると信じていました。そして、この人間と自然の間の位階秩序、この二元論を打ち破ることなしに現代の環境問題を根っこから解決できるかは疑問です。

自然を愛したアッシジのフランチェスコ

教授 遠藤さん、楊さん、鋭いコメントをありがとうございます。キリスト教の歴史のなかにはアッシジのフランチェスコ（Francesco d'Assisi : 1182－1226）という人物もいましたよ。彼の自然への共存・共生精神は、鳥に向かって説教したことでも有名ですね。フランチェスコの祈りに「兄弟なる太陽の讃歌」というものがあります。

この上なく高き、全能の、善き主よ、
賛美、栄光、名誉とすべての祝福が、あなたにありますように。
あなたのみに、この上なき方よ、これらはふさわしい。
誰一人、あなたのみ名を呼ぶにふさわしいものはいません。
讃えられよ、わが主よ、あなたのすべての被造物とともに、
とりわけ兄弟なる太陽様とともに。
彼は昼をつくり、彼によってあなたはわれらを照らします。

彼はなんと麗しく、なんと大いなる輝きを放っていることでしょう。
この上なき方よ、彼こそがあなたを象徴するのです。

讃えられよ、わが主よ、姉妹なる月と星々のゆえに。
あなたは彼女らを天に明るく、気高く、美しく創られました。

讃えられよ、わが主よ、兄弟なる風のゆえに、
大気と雲と晴れた空と、あらゆる天候のゆえに。
彼らによって、あなたはあなたの被造物を養ってくださいます。

讃えられよ、わが主よ、姉妹なる水のゆえに、
彼女はとても助けになり、控えめで、気高く、清純です。

讃えられよ、わが主よ、兄弟なる火のゆえに。
彼によって、あなたは夜を明るく照らされます。
彼は若々しく、愉快で、たくましく、屈強です。

讃えられよ、わが主よ、姉妹なる、われらの母なる大地のゆえに。
彼女はわれらを支え、養い育て、
様々な果実を、色とりどりの草花とともに生み出します。

讃えられよ、わが主よ、あなたへの愛のために赦し、
弱さと苦しみを耐え忍ぶ人々のゆえに。

幸いなるかな、それを安らかに耐えぬく人々。
彼らは、この上なき方よ、あなたから冠を授けられるからです。

讃えられよ、わが主よ、われらの姉妹なるこの身の死のゆえに。
生きている人は誰も、彼女から逃れることはできません。

禍いなるかな、大罪のうちに死にゆく人々。
幸いなるかな、あなたの聖なるみ旨のうちにある人々。
第二の死も彼らを害することはないからです。

讃えよ、祝せよ、わが主を、
感謝を捧げ、仕えよ、大いにへりくだって。

（R．D．ソレル『アッシジのフランチェスコと自然』）

アッシジのフランチェスコは自然を愛した聖人として広く尊敬されています。その自然愛の根底にはキリスト教信仰がありました。『アッシジのフランチェスコと自然』を著したロジャー・D・ソレルによると、アッシジのフランチェスコは中世という暗黒時代に、自然親和的思想を最初に唱えた英雄というわけではありません。彼はすでに存在していたキリスト教的自然観に深い影響を受けて、それを忠実に表現したのです。その自然観とは**人間と他の創造物との間の親密な絆と調和を大切にし、環境や自然が人間にとって神の栄光を表す共同作業のためのパートナーである**と捉えるものでした。

あえて言うなら、キリスト教本来の自然観は、人間中心主義ではなく、神中心主義と言えるでしょう。被造物は神のために存在します。「被造物はなぜ存在するのか」もっと言えば「動物は何のために存在するのか」という問いがあるとします。キリスト教の答えは「創造主である神のため」です。人間のためではありません。動物を含むすべての自然は人間の目的の手段として捉えられてはならないのです。

人間は社長ではなく課長である

カールセン 人間は社長ではなく、課長みたいなもんですねぇ。神が社長ですから。

教授 そうですね。**キリスト教の観点では、自然に対する所有権や主権を持っているのは神だけです。人間は神から暫定的に自然の管理を任された存在**に過ぎません。神は人間に自然を所有せよと命じたのではありません。委託し、管理させているのです。

現代のキリスト教では「スチュワードシップ（Stewardship）」という表現を頻繁に使います。英語で「スチュワード（Steward）」は、執事や財産管理人を意味する言葉です。人間が自然の主人ではなく、神から委託された管理人に過ぎないという思想によるものです。確かに聖書は人間の特別性を教えますが、それは何よりも使命と責任における特別性です。

私は、**人は責任を担う「善いスチュワード」として、動物の内在的価値と権利を尊重すべき立場にいる**のではないかと思います。そういう意味で、動物の権利を主張するピーター・シンガーやトム・レーガンの見解は、キリスト教的倫理観の根底にある「共存・共生精神」につながっているのではないでしょうか。もちろん、彼らの思想にはキリスト教側から見て、同意できない部分も多いです。すでに話しましたが、ピーター・シンガーは人間と動物の平等性を過度に強調し、動物に対する実験と人間の幼児に対する実験を同じ事柄として扱います。全体的に、彼の種差別批判は、動物の倫理的地位を上げるために、人間の倫理的地位を下げる傾向があるので、人命を軽視する風潮につながる危険性をはらんでいると言えるでしょう。キリスト教的な観点からすると、人間の尊厳を傷つけたり、人間の地位を下げたりすることなく、動物の地位を高める思想的土台を築くことが切実に要請されています。しかし、これらの欠点にもかかわらず、創造共同体のパートナーである動物の痛みに着目し、人間はそれを配慮すべき存在であることに注意を喚起したことはシンガーの大きな業績であると思います。だからと言って明日から肉食や動物実験をやめましょうという話ではありません。でも、たとえば毎週1日くらいは「禁肉の日」をつくるなど、なにか私たちが地球と動物にかかるプレッシャーを軽減するための方法を考えるのは環境倫理的に、より平和的な生き方に一歩近づくことになると思います。

岡田 米国のある動物行動学者によると、動物の世界にも初歩的な倫理観があるそうです。犬、チンパンジー、ハイエナ、猿、イルカ、鳥、さらにはネズミと、様々な動物が単なる感情の次元を超え、羨望、思いやり、利他主義、正義感など微妙で複雑な心理状態を持っていて、ときには倫理的振る舞いをすることが明らかになりつつあるというのです。戦いに敗れた猿のもとに、他の猿が近づき、抱きしめたり、毛づくろいしてあげる。戯れ合うときに、大きなネズミが小さいネズミにわざと負けてあげる。そんなことが観察されるのだそうです。動物もある程度の倫理観を持っていると考えるなら、「動物が苦しむならば、その苦痛について考えることを拒否する道徳的正当化はあり得ない」というピーター・シンガーの言葉がより深く心に響きます。

愛する——共存・共生の精神

教授 私も岡田さんの意見に同意します。第十一講でも話しましたが、聖書の根本精神の一つは「共存・共生精神」です。「より弱き者、より小さき者の痛みを減らすことを、より強い者の快楽を増やすことより大切に思う」ことです。

キリスト教が唱える愛の形は「アガペー」ですね。その愛はプラトンの『饗宴』に表われる「エロース」という愛とは正反対の方向性を持つ愛です。**新約聖書には「エロース」という言葉が一度も登場しません。しかし、「アガペー」は百二十回ほど出てきます。**「アガペー」はキリスト教において大切にされている愛なのです。

プラトンの「エロース」は自分の欠乏を満たすために、相手が持っている価値を渇望する「価値志向的」愛です。その愛を通して自分の上昇を目指す「上る」愛です。それに対してイエスの**「アガペー」は「下る」愛**です。

キリスト教の教えを一言で要約すると、いとも高き神であったイエスが、弱く、脆く、罪と悪にまみれた人間を救うために、自身を人間と同一化し、そのために苦しみ死ぬまで自己を低くしたということです。

これはもちろん愛の業ですが、この愛は「価値志向的」愛ではなく、「犠牲的」愛、もっと言うのであれば、「無価値志向的」愛です。より強い者が自分の快楽を増やすためではなく、より弱く小さき者の苦痛を減らすために働く愛です。

ですから**「アガペー」こそ、キリスト教が教える「共存・共生精神」の絶頂であると言え**るでしょう。この愛の範囲はホモ・サピエンスの範疇にとどまりません。人類は「下る」愛の範囲を「人間」から「動物を含む自然」にまでに拡張することを考えなければならない段階に入ったのかもしれませんね。

田村　先生のお話を聞いて、ふとこう思いました。キリスト教において「弱きもの」と「抑圧されたもの」は特別な道徳的カテゴリーで、それは「弱く小さきもの」に対する「私たち」の力関係に基づいていると。動物の弱さは逆に言うと、私たち人間の絶対的な力を示します。その力の道徳的意味について考えました。それは何を意味するんだろうかと。神はなぜその力を私たち人間に与えたのかと。

少なくとも、その力を利用して弱きものから取り立てたり、搾り取ったりするためではないと思うのです。イエス・キリストによって示された愛を体験したものは、イエスに倣って、自分も傷つきやすいもの、弱きものの苦しみをなくしたいと思い、そのために働きたいと思うのではないでしょうか。

教授 田村さんは「アガペー」の大切な一側面を語ってくれました。イザヤ書11章6－9節はこの「アガペー」の理想が自然界にまで広まった終末論的様子を次のように記しています。

狼は小羊と共に宿り／豹は子山羊と共に伏す。子牛は若獅子と共に育ち／小さい子供がそれらを導く。牛も熊も共に草をはみ／その子らは共に伏し／獅子も牛もひとしく干し草を食らう。乳飲み子は毒蛇の穴に戯れ／幼子は蝮の巣に手を入れる。わたしの聖なる山においては／何ものも害を加えず、滅ぼすこともない。水が海を覆っているように／大地は主を知る知識で満たされる。

鈴木 それじゃあ、人間はその「アガペー」の愛をどこまで向けるべきですか？　アガペーの対象範囲がホモ・サピエンスで終わらないのであれば、その範囲はどこまで拡張されるべきなんだろう。犬まで？　ハエまで？　それとも植物までですか？　それとも多摩川や高尾山までですか？　まさかコロナウイルスまでってことはないですよね？

教授 確かに境界線を引く必要もありますね。さすがに、コロナウイルスにまで「アガペー」の愛を注ぎなさいとは言えませんから（笑）。

皆さんはどのように考えるでしょうか。

今日はたくさん動物の話をしました。初回の講義でも言いましたが、より広い世界に挑戦していく鳥の精神を忘れないでいてください。若い皆さんらしく、柔軟な進取の精神で、この広い世界に向き合ってください。心を開いて、準拠枠を広め、深め、堂々と充実した人生を歩んでください。日本と世界を、いまよりもずっと豊かな「共存・共生の場」に変えていってくださいね。

「キリスト教概論」の講義は、終わります。皆さんと出会えたことに感謝します。ありがとうございました！

おわりに

愛し、赦し、共に生きる

ある学期を終えた私のもとに、学生からメールが届きました。

改めて、春の一学期間ありがとうございました。あんなに大人数の授業であったにもかかわらず、毎回、さまざまなトピックに対して、自身の持つ考えと向き合い、意見を求められる、という経験は、とても新鮮でした。

日常をなんとなく生活していれば、正義とか、神義論について触れる機会はなかなかありません。普段はあまりじっくりと考えないようなトピックについて（もちろん、人によって、普段考えている程度はバラバラだとは思いますが）、いきなり自分の意見を求められ、その場で答えるということは、少し危険をはらむのではないか（問いが、究極的なものであることが多かっただけに、余計に）、本当にそれは熟考されて述べられている意見なのか？　と、少し思い悩むところはありました。授業のこうした形式に、抵抗を感じたことも、じつは一時期あったのです。

しかしながら、一学期間の「キリスト教概論」を振り返ると、これだけ様々なことを考え、ときに自身を究極の問いに直面させ、さらに試験では、百五十人の学生と同じ空間で、一斉に聖書をめくって引用箇所を探す……ということを経験できました。それは、大きなことでした。魯先生の「passion」に溢れた講義を受講できてよかったです。

ほんとうにありがとうございました。

学生たちからの励ましの言葉に支えられ、勇気づけられ、私は「キリスト教概論」を教えてきました。ふと気づけば、二〇〇八年九月に国際基督教大学（ＩＣＵ）に着任してから、十年以上の年月が過ぎていました。様々な人たちの顔が思い浮かびます。素晴らしい生きかたをされてきた教職員の方々や学生たちと出会えたことは、私の人生にとって、大きな宝物です。

いま、私たちの日常は大きな変化を強いられています。新型コロナウイルスの感染拡大で、この世界は、私たちは、ライフスタイルを変えざるを得なくなった。それは、夢を追う若者たちにとっても、例外ではありません。大学に通うこともままならない、こんな日常の変化は、奪われた時間、失われた機会として受け止められることが多いでしょう。しかし、忘れないでいただきたいのです。

たしかにこの世界は、不条理と理不尽に満ちている。

しかし、私たちには「なぜ」と問う力がある。

キリスト教の教えには、いまの時代を生きる若者たちの価値観や世界観を、より豊かにする力があると信じています。人生に落胆したとき、本書が少しでも力になればと願ってやみません。若者たちが、勇気を持ち、多様な他者と語り合い、世界に高く羽ばたけるように。

本書を世に送り出すまでに、多くの人々の支えと助けがありました。

善元晋太郎さん、齋藤頌子さん、妹尾優暉さん、山崎智尋さん、小野津彩子さん、市川啓太さん、小野彩水さん、福田柊平さん、中静明夏さん、武田悠一郎さん。彼ら、国際基督教大学の卒業生や在学生は、本書の校正作業を手伝い、多くの貴重な助言をしてくれました。若い知性に満ちた彼らのおかげで、本書はより良いものとなりました。

筆者の同僚で、憲法学者の松田浩道先生は、本書の原稿を読んでくださり、さまざまな大切なアドバイスを下さいました。同じく、同僚で国際法学者の新垣修《あらかきおさむ》先生は自然法の歴史に関して貴重なご助言を下さいました。心より感謝いたします。

また、第九講「この不条理な世界と神義論——なぜ、この世界に悪が存在するのか？」は、私の教え子である荒井唯輝さんとの対話から多くのヒントを得たことを記しておきます。現在、日本のどこかで一生懸命頑張っている彼にエールを送ります。

最後に、ＣＣＣメディアハウスの皆さんに、特に田中里枝さんに大変お世話になりました。心より感謝を申し上げます。

このように、さまざまな方に支えられてきた本書ですが、誤認を含むすべての文責は私にあるということをお伝えしておきます。

学期が改まるたびに、その斬新な発想と人生への情熱で、私を刺激し続けてくれるＩＣＵの学生たちに、本書を献げます。

二〇二一年六月　国際基督教大学の研究室にて

魯　恩碩

参考・引用文献／ウェブ

アウグスティヌス『神の国（5）：アウグスティヌス著作集第15巻』松田禎二 他訳（教文館、一九八三年）

芦名定道 他『現代を生きるキリスト教：もうひとつの道から 改訂新版』（教文館、二〇〇四年）

アリストテレス『ニコマコス倫理学（上）』『ニコマコス倫理学（下）』渡辺邦夫・立花幸司 訳（光文社、二〇一五年、二〇一六年）

有馬平吉 編『キリガイ：ICU高校生のキリスト教概論名（迷）言集』（新教出版社、二〇一二年）

アルバート・アインシュタイン／ジグムント・フロイト『ひとはなぜ戦争をするのか』浅見昇吾 訳（講談社、二〇一六年）

稲垣健太郎「フーゴー・グロティウスにおける『信仰箇条』——神の『存在証明』と宗派間の調和」『哲学の探究』（44号、二〇一七）

稲垣良典「人権・自然法・キリスト教」『キリスト教と人権思想』日本カトリック大学キリスト教文化研究所連絡協議会 編（サンパウロ、二〇〇八年）所収

稲 正樹 他『法学入門』（北樹出版、二〇一九年）

上枝美典『「神」という謎——宗教哲学入門 第二版』（世界思想社、二〇〇七年）

ヴェイユ、シモーヌ『重力と恩寵』渡辺義愛 訳（春秋社、二〇〇九年）

遠藤 徹『人格と性：結婚以前の性の倫理』（聖公会出版、二〇〇〇年）

大木英夫『人格と人権：キリスト教弁証学としての人間学（下）』（教文館、二〇一三年）

岡野昌雄『イエスはなぜわがままなのか』（アスキー・メディアワークス、二〇〇八年）

尾内隆之、調麻佐志 編『科学者に委ねてはいけないこと：科学から「生」をとりもどす』（岩波書店、二〇一三年）

カント、イマヌエル「弁神論の哲学的試みの失敗」『カント全集13——批判期論集』福谷 茂 訳（岩波書店、二〇〇二年）

北森嘉蔵『マタイ福音書講話 上』（教文館、二〇〇九年）

キルケゴール、セーレン『死にいたる病』桝田啓三郎 訳（筑摩書房、一九九六年）

キング、コレッタ・スコット『キング牧師の言葉』梶原寿、石井美恵子 訳（日本基督教団出版局、一九九三年）

キング、マーティン・ルーサー『汝の敵を愛せよ』蓮見博昭 訳（新教出版社、一九六五年）

グローチウス、フーゴー『戦争と平和の法』一又正雄 訳（酒井書店、一九八九年）

小原克博「戦争論についての神学的考察——宗教多元社会における正義と平和」『基督教研究』（第64巻第1号、二〇〇二年）所収

小原克博「死刑制度と平和主義——キリスト教を参照軸として」『まなぶ』（第661号、二〇一二年）所収

経済産業省『通商白書 令和2年版』（経済産業省出版社、二〇二〇年）

相良 亨『日本人の死生観』（ぺりかん社、一九八四年）

ショウペンハウエル、アルトゥル『自殺について：他四篇』斎藤信治 訳（岩波書店、一九五三年）

シンガー、ピーター『動物の解放 改訂版』戸田 清 訳（人文書院、二〇一一年）

関根清三『ギリシア・ヘブライの倫理思想』（東京大学出版会、

二〇一一年）
ゼレ、ドロテー「現代の女性神秘家が神との闘いへと勇気づける」『時を刻んだ説教：クリュソストモスからドロテー・ゼレまで』徳善義和 訳（日本キリスト教団出版局、二〇一一年）
ソレル、R．D．『アッシジのフランチェスコと自然：自然環境に対する西洋キリスト教的態度の伝統と革新』金田俊郎 訳（教文館、二〇一五年）
太宰 治『人間失格』（新潮社、一九五二年）
筒井若水『戦争と法：第2版』（東京大学出版会、一九七六年）
デイヴィス、スティーブン・T．『神は悪の問題に答えられるか：神義論をめぐる五つの答え』本多峰子 訳（教文館、二〇〇二年）
デカルト、ルネ『方法序説』、谷川多佳子 訳（岩波書店、一九九七年）
デュボス、ルネ「自然保護に船ける二つの立場」『内なる神：人間・風土・文化』長野敬、新村朋美 共訳（蒼樹書房、一九七四年）所収
ドストエフスキー、フョードル・ミハイロヴィチ『カラマーゾフの兄弟2』亀山郁夫 訳（光文社、二〇〇六年）
長谷部恭男「個人の尊厳」『憲法の基底と憲法論：思想・制度・運用：高見勝利先生古稀記念』岡田信弘 他編（信山社、二〇一五年）
橋爪大三郎「売春のどこがわるい」『フェミニズムの主張』（勁草書房、一九九二年）
橋爪大三郎、大澤真幸『ふしぎなキリスト教』（講談社、二〇一一年）
ハラリ、ユヴァル・ノア『サピエンス全史：文明の構造と人類の幸福』柴田裕之 訳（河出書房新社、二〇一六年）
バーバー、イアン・G．『科学が宗教と出会うとき：四つのモデル』藤井清久 訳（教文館、二〇〇四年）
朴 憲郁 他『10代と歩む洗礼・堅信への道』（日本キリスト教団出版局、二〇一三年）
平野三郎「幣原先生から聴取した戦争放棄条項等の生まれた事情について平野三郎氏記」『憲法調査会資料』（一九六四年）所収
ピケティ、トマ 他編『世界不平等レポート２０１８』徳永優子、西村美由起 訳（みすず書房、二〇一八年）
ヒューム、デイヴィッド『自然宗教に関する対話』福鎌忠恕、斎藤繁雄 訳（法政大学出版局、一九七五年）
フクヤマ、フランシス『新版 歴史の終わり（下）』渡部昇一 訳（三笠書房、二〇二〇年［旧版一九九二年、二〇〇五年］）
古川敬康『キリスト教概論：新たなキリスト教の架け橋』（勁草書房、二〇一四年）
ブロッホ、エルンスト『希望の原理：第1巻』山下肇 他訳（白水社、一九八二年）
フィッシャー、マーク『資本主義リアリズム』セバスチャン・ブロイ、河南瑠莉 訳（堀之内出版、二〇一八年）
ベートゲ、エバハルト 編『ボンヘッファー獄中書簡集』村上伸 訳（新教出版社、一九八八年）
ヘッセ、ヘルマン『デミアン』高橋健二 訳（新潮社、二〇〇七年）
ペレス、フランシスコ「アウグスティヌスの戦争論」『中世思想研究』（27号、一九八五）
ポーキングホーン、ジョン『科学時代の知と信』稲垣久和、濱崎雅孝 訳（岩波書店、一九九九年）
ポーキングホーン、ジョン『科学と宗教：一つの世界』本多峰子 訳（玉川大学出版部、二〇〇〇年）
ポーキングホーン、ジョン『自然科学とキリスト教』本多峰子 訳（教文館、二〇〇三年）

ボーマン、トーレイフ『ヘブライ人とギリシア人の思惟』植田重雄 訳（新教出版社、一九五七年）
ホワイト、リン「現在の生態学的危機の歴史的根源」『機械と神：生態学的危機の歴史的根源』青木靖三 訳（みすず書房、一九九九年）所収
ポラニー、カール『[新訳] 大転換：市場社会の形成と崩壊』野口建彦、栖原 学 訳（東洋経済新報社、二〇〇九年）
ボンヘッファー、ディートリヒ『キリストに従う』森 平太 訳（新教出版社、二〇〇三年）
マクグラス、アリスター・E.『総説 キリスト教：はじめての人のためのキリスト教ガイド』本多峰子 訳（キリスト新聞社、二〇〇六年）
宮 葉子『憲法に「愛」を読む』（いのちのことば社、二〇一六年）
宮沢俊義『憲法Ⅱ：基本的人権』（有斐閣、一九七一年）
宮田光雄『ボンヘッファーを読む：反ナチ抵抗者の生涯と思想』（岩波書店、一九九五年）
宮田光雄『ボンヘッファー：反ナチ抵抗者の生涯と思想』（岩波書店、二〇一九年）
宮平 望『ルカによる福音書：私訳と解説』（新教出版社、二〇〇九年）
ミッタイス、H.『自然法論』林毅 訳（創文社、一九七一年）
ミル、ジョン・スチュアート『自由論』斉藤悦則 訳（光文社、二〇一二年）
村上陽一郎『新しい科学論：「事実」は理論を倒せるか』（講談社、一九七九年）
森 有正『土の器に』（日本基督教団出版局、一九七六年）
森島 豊『抵抗権と人権の思想史：欧米型と天皇型の攻防』（教文館、二〇二〇年）
森本あんり『現代に語りかけるキリスト教』（日本基督教団出版局、一九九八年）
森本あんり『アジア神学講義――グローバル化するコンテクストの神学』（創文社、二〇〇四年）
モース、マルセル『贈与論』吉田禎吾、江川純一 訳（筑摩書房、二〇〇九年）
横手多佳子「殉教者ディートリヒ・ボンヘッファーにおける讃美歌と詩篇」『金城学院大学キリスト教文化研究所紀要』（15巻、二〇一一年）
リンゼイ、A.『神は何のために動物を造ったのか：動物の権利の神学』宇都宮秀和 訳（教文館、二〇〇一年）
ル・グィン、アーシュラ・K.「オメラスから歩み去る人々」『風の十二方位』小尾芙佐 他訳（早川書房、一九八〇年）所収
ルイス、クライブ・ステープルス『C. S. ルイス宗教著作集 4：キリスト教の精髄』柳生直行 訳（新教出版社、一九七七年）
ルケード、マックス 著、マルティネス、セルジオ 絵『たいせつなきみ』、ホーバード・豊子 訳（いのちのことば社、一九九八年）
魯 恩碩『旧約文書の成立背景を問う：共存を求めるユダヤ共同体』（増補改訂版、日本キリスト教団出版局、二〇一九年）
魯 恩碩「五書と申命記主義的歴史書における共存・共生精神」『聖書学論集』（51号、二〇二〇）
若森みどり『カール・ポランニーの経済学入門：ポスト新自由主義時代の思想』（平凡社、二〇一五年）
渡辺康行 他『憲法Ⅰ：基本権』（日本評論社、二〇一六年）
Cottingham, John. Why Believe?（Continuum, 2009）
Doukhan, Jacques B..Hebrew for Theologians（University Press of

America, 1993）

Härle, Wilfried. „... und hätten ihn gern gefunden“: Gott auf der Spur（Evangelische Verlagsanstalt, 2017）

Heim, Karl. Christian Faith and Natural Science（Harper, 1953）

Kaufmann, Yehezkel. The Religion of Israel: From Its Beginnings to the Babylonian Exile（Allen & Unwin, 1961）

King, Martin Luther, Jr..Strength to Love（Harper & Row, 1963）

Löwith, Karl. Weltgeschichte und Heilsgeschehen: Die theologischen Voraussetzungen der Geschichtsphilosophie（J.B. Metzler, 2004）

Shepherd, Frederick M.（ed.）. Christianity and Human Rights: Christians and the Struggle for Global Justice（Lexington Books, 2009）

Stiglitz, Joseph E..Making Globalization Work（W. W. Norton & Company, 2007）

Theißen, Gerd. Zur Bibel motivieren : Aufgaben, Inhalte und Methoden einer offenen Bibeldidaktik（Gütersloher Verlagshaus, 2014）

김일방『환경윤리의 쟁점』（서광사、二〇〇五年）

남기호「독일 고전철학의 자연법（Naturrecht）개념: 그 문자적 어원과 국가 이론의 기초 기능」『사회이론』（第54号、2018年）所収

배철현『심연 : 나를 깨우는 짧고 깊은 생각』（21세기북스、二〇一六年）

배철현『승화 : 더 높은 차원의 삶을 위하여』（21세기북스、二〇二〇年）

손호현『인문학으로 읽는 기독교 이야기』（동연、二〇一五年）

朝日新聞社「（社説）若者の自殺　三下り半は書かせない」二〇一三年三月十五日［聞蔵Ⅱビジュアル http://database.asahi.com.othmer1.icu.ac.jp:2048/library2/main/top.php（二〇二一年三月二十四日取得）］

朝日新聞社「『ＳＤＧｓ的な生活』、無理なくできる？」二〇二一年三月二十三日［聞蔵Ⅱビジュアル http://database.asahi.com.othmer1.icu.ac.jp:2048/library2/main/top.php（二〇二一年四月二十四日取得）］

朝日新聞社「（２０３０　ＳＤＧｓで変える）若者がつないだ、日常と目標」二〇二一年四月二四日［聞蔵Ⅱビジュアル http://database.asahi.com.othmer1.icu.ac.jp:2048/library2/main/top.php（二〇二一年四月二十七日取得）］

志鷲 晃「『性行為なしで10万円も』マジメな女子大生ほどパパ活にのめり込む切実な事情――背景には『親世代の経済的困窮』が」『PRESIDENT Online』二〇二〇年十二月十七日［https://president.jp/articles/amp/41423?page=3（二〇二一年六月六日取得）］

スタディサプリ進路「日本の若者は自信がない？　調査結果を深読みすると実は…」二〇一四年七月一日［https://shingakunet.com/journal/trend/15375/（二〇二一年四月二十三日取得）］

中村淳彦「売春で学費を稼ぐ貧困女子大生の悲しい現実―カラダを売らないと学生生活を維持できない」『東洋経済 Online』二〇一七年四月十二日［https://toyokeizai.net/articles/-/166937?page=2（二〇二一年六月五日取得）］

日本ユニセフ協会「子どもの死亡に関する報告書発表」二〇一八年九月十八日［https://www.unicef.or.jp/news/2018/0152.html（二〇二一年四月二十八日）］

ロイター「世界の富豪２１００人、最貧困層46億人よりも多くの資産を独占＝報告書」二〇二〇年一月二十日［https://jp.reuters.com/

article/davos-meeting-inequality-idJPKBN1ZJ09V（二〇二一年四月二十五日取得）]

ＡＴＴＡＣ関西グループ「オックスファム報告書『Public Good or Private Wealth?（公共財か、それとも私有財産か？）』」二〇一九年一月二十二日 [http://attackansai.seesaa.net/article/463775784.html（二〇二一年四月二十五日取得）]

FAO, IFAD, UNICEF, WFP, and WHO「The State of Food Security and Nutrition in the World 2017: Building Resilience for Peace and Food Security」[http://www.fao.org/3/a-I7695e.pdf（二〇二一年四月二十九日取得）]

UIS（UNESCO Institute for Statistics）「Literacy Rates Continue to Rise from One Generation to the Next: Fact Sheet No. 45」[https://tinyurl.com/SBL2635k（二〇二一年四月二十六日取得）]

Yahoo! Japan ニュース「新型コロナで『大学中退』…生涯収入格差「５０００万円」に絶望」二〇二一年三月十二日 [https://news.yahoo.co.jp/articles/159822d00a053144757475adbbc383a760d91514（二〇二一年四月二十五日取得）]

著者略歴

魯 恩碩（ロ ウンソク／Johannes Unsok Ro）

国際基督教大学教養学部教授

韓国・ソウル生まれ。ドイツのヴェストファーレン・ヴィルヘルム（ミュンスター）大学神学部博士課程修了（神学博士）。2008 年より国際基督教大学で、聖書学、キリスト教学、聖書ヘブライ語、環境倫理などを教えている。

聖書とキリスト教について知ることは、急速にグローバル化する現代社会において、真の国際人になるための必須教養を身につけることを意味する、という考えを持つ。キリスト教の知識を深めることは、現代の文化と思想のなかで暮らしている「私たちの現在」を理解することにつながる、という信念に基づき、若者たちに、聖書とキリスト教の面白さや素晴らしさを伝えることに情熱を注ぐ。講演活動を行うほか、Facebook、Twitter、Instagram などの SNS で、聖書とキリスト教に関する知識や情報を発信している。

［著書一覧］※英語、日本語、ドイツ語による著作物

Die sogenannte "Armenfrömmigkeit" im nachexilischen Israel（Walter de Gruyter, 2002）
From Judah to Judaea: Socio-economic Structures and Processes in the Persian Period（共著, Sheffield Phoenix Press, 2012）
Poverty, Law, and Divine Justice in Persian and Hellenistic Judah（SBL Press, 2018）
『旧約文書の成立背景を問う：共存を求めるユダヤ共同体、増補改訂版』（日本キリスト教団出版局、2019）
Story and History: The Kings of Israel and Judah in Context（共著, Mohr Siebeck, 2019）
『ヨシヤの改革：申命記とイスラエルの宗教：学生用教本』（編訳書、博英社、2020）
『ヨシヤの改革：申命記とイスラエルの宗教：講師用教本』（編訳書、博英社、2020）
Collective Memory and Collective Identity: Deuteronomy and the Deuteronomistic History in Their Context（共著, Walter de Gruyter, 2021）

Facebook： https://www.facebook.com/johannes.ro.12
Twitter： @johannesro
Instagram： welcometoinchri

ICU式「神学的」人生講義

この理不尽な世界で「なぜ」と問う

2021年8月12日　初版発行

著　者　魯 恩碩

発行者　小林圭太

発行所　株式会社 CCCメディアハウス
〒141-8205　東京都品川区上大崎3丁目1番1号
電話 販売 03-5436-5721　編集 03-5436-5735
http://books.cccmh.co.jp

装　幀　渡邊民人（TYPEFACE）
本文デザイン　清水真理子（TYPEFACE）
協力　NPO法人企画のたまご屋さん（飯田みか）
校　正　株式会社円水社
印刷・製本　豊国印刷株式会社

ISBN978-4-484-21221-0